AF340856

RÈGLEMENT

SUR LE

SERVICE DE LA SOLDE

ET SUR LES REVUES.

Imprimerie de Cosse et J. Dumaine, rue Christine, 2.

ORDONNANCE DU ROI

PORTANT

RÈGLEMENT

SUR

LE SERVICE DE LA SOLDE

ET SUR LES REVUES,

Suivie

DES TARIFS DE SOLDE EN VIGUEUR.

NOUVELLE RÉDACTION

Conforme au texte des Lois, Ordonnances, Décrets et Décisions qui ont modifié ou interprété cette ordonnance ;

Accompagnée de Notes explicatives,

PAR AL. GARREL,

Employé au Ministère de la Guerre.

PARIS,

LIBRAIRIE MILITAIRE DE J. DUMAINE,

Ancienne maison Anselin,

RUE ET PASSAGE DAUPHINE, 30.

—

1852

ORDONNANCE DU ROI

PORTANT

REGLEMENT

SUR

LE SERVICE DE LA SOLDE ET SUR LES REVUES.

Le Pair de France, Ministre Secrétaire d'Etat de la guerre, à MM. les Lieutenants généraux et Maréchaux de camp commandant les divisions et subdivisions territoriales; les Intendants, Sous-Intendants militaires et Adjoints à l'intendance militaire; et aux Conseils d'administration des corps de troupe. (Contrôle, Centralisation et Comptabilité générale; 2ᵉ Division, Bureau de la Solde et des Revues.)

Paris, le 20 janvier 1838.

(Envoi de l'ordonnance royale portant Règlement sur le service de la solde et sur les Revues.)

Messieurs, j'ai l'honneur de vous adresser un exemplaire d'une ordonnance royale, en date du 25 décembre dernier, portant règlement sur le service de la solde et sur les revues, et qui doit recevoir son exécution à partir du 1ᵉʳ avril prochain.

Je vous adresse aussi un exemplaire de la collection des tarifs et des modèles annexés à cette ordonnance.

Vous trouverez expliquées, dans le rapport au Roi dont elle est précédée, les diverses améliorations apportées au système d'allocations précédemment établi; mais je dois encore appeler votre attention sur quelques dispositions de détail qui n'ont pu entrer dans ce rapport.

En 1833, l'indemnité représentative de fourrages fut accordée pour deux rations au lieu d'une aux chefs d'escadron du corps royal d'état-major; mais l'expérience a démontré que les besoins du service étaient loin de justifier cette exception. J'ai dû, en conséquence, la faire disparaître, et rétablir à cet égard la parité du droit entre les états-majors des différents corps spéciaux.

L'article 55 de l'ordonnance, qui est relatif au classement des officiers, substitue à des règles diverses, et d'ailleurs incomplètes, les principes déjà admis pour le cas de promotion. Ainsi, la solde de la première classe sera allouée aux officiers présents dès le jour même où le classement aura été arrêté par l'inspecteur général; les officiers détachés la recevront à compter du jour où l'avis officiel de la fixation de leurs droits leur sera parvenu, et les officiers en congé, à dater du lendemain de leur retour au corps. Du reste, les spécialités autorisées en faveur des adjudants-majors et des officiers comptables sont maintenues.

L'ordonnance donne une nouvelle sanction à la règle, depuis longtemps établie, qui a circonscrit **dans la limite de six mois** la durée des congés que MM. les lieutenants généraux commandant les divisions militaires peuvent accorder pour cause de maladie ; elle confirme aussi l'obligation imposée aux officiers de l'intendance militaire de s'abstenir de viser les titres de cette nature qui s'écarteraient de la règle. Je ne saurais trop insister sur le strict accomplissement de ce devoir ; car de là dépend le succès d'une mesure qui intéresse à la fois la discipline et le bon ordre. D'un autre côté, il n'est pas moins important de prévenir les fausses allocations de solde qui pourraient résulter de l'infraction commise dans la délivrance des congés. En pareil cas, il entre aussi dans les devoirs des officiers de l'intendance de soumettre à l'autorité militaire les observations convenables, et j'aime à croire qu'ils se montreront toujours soigneux de remplir cette obligation.

Les adjudants sous-officiers, les vétérinaires et les maîtres ouvriers reçoivent, pour leur habillement et leur équipement, des prestations en deniers composées d'une première mise et d'un abonnement annuel d'entretien, payables sur les fonds affectés au service de l'habillement. Cette combinaison a l'inconvénient d'introduire des individualités dans les comptes de ce service, dont toutes les dépenses sont et doivent être collectives ; elle cause d'ailleurs, dans les formes de la comptabilité, une complication à laquelle il est urgent de remédier. Ce but se trouve atteint par les articles 250, 254 et 258 de l'ordonnance, qui, en rattachant les prestations dont il s'agit au service de la solde, les font rentrer sous le régime commun de la première mise et de la prime d'entretien de la masse individuelle.

La législation en vigueur concernant les maîtres ouvriers établit, entre ceux qui ont souscrit un engagement légal et ceux qui ne servent que comme gagistes, une distinction qui forme la base de leurs droits sous le rapport de la solde. Le nouveau tarif a formellement consacré cette distinction, en n'attribuant aux gagistes que la solde spéciale de leur emploi, tandis qu'il accorde aux autres, suivant les règles tracées pour l'avancement, la solde de caporal ou de brigadier après six mois de service, et celle de sergent ou de maréchal des logis après un an. Vous remarquerez que cette disposition, en même temps qu'elle met les allocations en parfaite harmonie avec les prescriptions de la loi du 21 mars 1832, laisse subsister intact le droit de possession ; car elle conserve aux maîtres selliers gagistes, jusqu'au terme de leur engagement avec le conseil d'administration du corps, la solde supérieure dont quelques-uns d'entre eux jouissent seuls.

La suppression d'une expédition des feuilles de journées, résultant de l'article 534, est une mesure entièrement favorable à l'administration régimentaire, dont elle diminue les écritures sans nuire au service, puisqu'en effet l'article 592 donne aux sous-intendants militaires le droit de se faire représenter, au besoin, l'expédition des mêmes feuilles, qui est déposée dans les archives du corps.

C'est aussi dans le but de réduire les écritures, que l'article 535 prescrit de n'établir de coupures dans les feuilles de journées d'un corps ou d'une portion de corps qui change de position, que lorsqu'il passe d'un régime à un autre, c'est-à-dire du pied de paix au pied de guerre, et réciproquement. L'avantage incontestable que présente cette disposition ne peut être mis en balance avec l'objection peu sérieuse à laquelle pourrait donner lieu l'opération d'ordre qu'il faudra faire, dans la comptabilité intérieure du corps, pour fixer le point de démarcation entre l'ancienne et la nouvelle gestion, comme base de l'état comparatif des prestations allouées et de celles perçues.

L'ordonnance du 19 mars 1823 comprenait deux objets tout à fait étrangers au service de la solde : les frais de poste et les prestations de gîte et geôlage. Cette anomalie a disparu. Les frais de poste sont actuellement rattachés à l'ordonnance réglementaire sur les frais de route, et les dispositions en vigueur concernant le gîte et geôlage subsisteront séparément jusqu'à ce qu'elles soient devenues l'objet d'un règlement spécial.

Parmi les modèles qui ont éprouvé de notables modifications, j'indiquerai nommément l'état de paiement de la solde des officiers des corps de troupe, la revue des officiers sans troupe et le mandat individuel qui s'y rapporte.

D'après l'article 13 de la loi de finances du 9 juillet 1836, les saisies-arrêts ou oppositions sur le traitement des officiers doivent être faites entre les mains des payeurs sur la caisse desquels les mandats sont tirés. Pour faciliter l'exécution de cette disposition à l'égard des officiers de troupe dont la solde se perçoit sur un état collectif, il était nécessaire de faire ressortir distinctement à chaque article la somme passible de retenue pour dettes. Le nouveau modèle contient ce renseignement.

Quant à la revue des officiers sans troupe, le cadre en est développé de manière à présenter séparément, tant en journées qu'en sommes, et par position, le décompte de chaque nature d'allocation. Ainsi combinée, cette revue offre tous les éléments de vérification qu'on puisse désirer ; elle renferme en outre une série d'indications utiles sur les différentes espèces de retenues dont les officiers peuvent être passibles par voie administrative ; elle forme enfin le complément du système de justifications déjà appliqué aux revues des corps de troupe.

En ce qui concerne le mandat individuel, il me suffira de faire observer que, calqué sur la revue, il offre, dans un cadre plus resserré, mais tout aussi complet, les mêmes moyens de vérification.

Cette explication tend à démontrer une vérité désormais incontestable, c'est que la Cour des comptes, avec de semblables documents, sera complétement éclairée sur la régularité de toutes les dépenses du service de la solde. C'est dans cette prévision qu'une expédition des revues d'officiers sans troupe lui sera remise, ainsi que cela est d'ailleurs prescrit pour les corps de troupe.

Une question du plus haut intérêt pour l'administration doit trouver ici sa place; je veux parler de la responsabilité pécuniaire à laquelle les officiers de l'intendance militaire sont soumis par la nature même de leur mandat. Certes, la consécration nouvelle de ce principe eût pu être considérée comme surabondante, si des garanties morales pouvaient seules suffire là où les droits imprescriptibles du trésor se trouvent engagés ; mais il faut que la sécurité qu'ils réclament soit entière. Le principe subsiste donc dans toute sa force. Cependant, pour en rendre l'application plus sûre, l'équité exigeait qu'une définition nette et précise vînt faire cesser toute incertitude à cet égard ; le développement donné à l'article 617 atteint ce but. Je crois utile néanmoins d'y ajouter quelques explications.

Nulle difficulté ne saurait exister relativement aux allocations irrégulières perçues par des officiers : dans ce cas, les parties prenantes demeurent passibles de la retenue de ce qu'elles ont indûment touché, et ce n'est qu'à leur défaut que l'ordonnateur de la dépense en devient responsable. Ce principe, il importe de le remarquer, s'applique même aux paiements faits à des officiers de troupe, et qui n'auraient pas ensuite été admis dans les revues. En effet, la solde de ces officiers se paie sur des états qui, bien que réputés à bon compte, sont nominatifs et présentent tous les éléments de vérification nécessaires à l'appréciation des droits individuels ; ils prennent dès lors, aux yeux des sous-intendants militaires du moins, le même caractère que s'ils étaient définitifs.

En ce qui concerne les sous-officiers et soldats, le droit de recours contre eux est expressément renfermé dans un cas unique, celui où leur masse individuelle a profité de la fausse allocation. Hors de là, toute retenue pour une semblable cause demeure interdite de la manière la plus absolue. Je me hâte d'ajouter que cette règle doit toujours être religieusement observée, parce qu'elle est à la fois l'expression d'un sentiment de justice et de la constante sollicitude du Roi pour les intérêts de l'armée.

Ainsi donc, lorsque la troupe perçoit des allocations de solde qui lui restent acquises nonobstant leur irrégularité, la responsabilité du fait s'attache, selon les circonstances, soit au sous-intendant militaire, s'il les a spécialement autorisées, soit aux officiers dont le devoir était de prévenir ou d'empêcher le paiement. Et à cet égard j'admets d'abord, comme un point incontestable, que les officiers de l'intendance militaire ne sauraient jamais être pécuniairement responsables des allocations collectives qu'ils autorisent pour la troupe en ordonnançant les états de quinzaine ; car il est vrai de dire que ces pièces ne sont que des décomptes provisoires, dont le montant est perçu et distribué ensuite par le corps, sous sa responsabilité.

Mais si l'ordonnateur de la dépense, préalablement consulté sur un cas particulier, se prononce pour l'affirmative et donne dans ce sens une solution expresse, c'est par lui seul que doivent être supportées les conséquences de sa détermination.

S'il s'agit, au contraire, d'un paiement irrégulier effectué sans l'intervention spéciale du sous-intendant militaire, le commandant de la compagnie doit en répondre concurremment avec le trésorier ou l'officier payeur, si l'erreur commise dans la feuille de prêt était de nature à ne point échapper à la vérification du comptable. Il est entendu, au surplus, que, dans des circonstances extraordinaires que je ne puis prévoir, la question serait soumise à ma décision.

Telles sont les observations qu'il m'a paru nécessaire de vous adresser sur le règlement qui fait le sujet de cette circulaire. Il ne me reste qu'à vous recommander, Messieurs, de concourir à son exécution dans la sphère de vos attributions, avec le zèle éclairé que j'attends de vous, et sur lequel je compte entièrement.

Veuillez m'accuser réception de cet envoi.

Recevez, etc.

Le Pair de France, Ministre Secrétaire d'Etat de la guerre,

Signé BERNARD.

RAPPORT AU ROI.

Du 25 décembre 1837.

SIRE,

La législation qui régit le service de la solde est devenue susceptible de nombreuses améliorations indiquées par le temps, ou qui ont leur principe dans la constitution actuelle de l'armée. Il est surtout urgent, pour rendre l'application de cette législation et plus facile et plus sûre, de lui donner le caractère d'unité qu'elle doit avoir, en la consacrant de nouveau par une seule et même ordonnance, où seront réunies et coordonnées les innombrables modifications que celle du 19 mars 1823 a subies pendant une période de quatorze années. Ce grand travail a été pour moi l'objet du plus sérieux examen ; j'en ai médité les bases avec toute la maturité commandée par l'importance du sujet, et je viens aujourd'hui le soumettre à l'approbation de Votre Majesté.

L'ordonnance du 19 mars comprend, dans une partie entièrement distincte, l'administration et la comptabilité intérieure des corps de troupe ; mais elle n'a rien réglé pour le service de l'habillement. Il importe que cette lacune essentielle soit promptement remplie, et je fais préparer dans ce but un règlement spécial, qui embrassera l'ensemble des intérêts soumis à l'administration régimentaire. Jusque-là les errements actuels continueront d'être suivis.

Les corps spéciaux, dont l'organisation comporte la position de disponibilité, sont aujourd'hui traités, sous ce dernier rapport, selon deux bases différentes : les officiers généraux reçoivent une solde de disponibilité qui représente à peu près la moitié du traitement d'activité, y compris les indemnités de logement et de fourrages ; mais cette même solde, pour les autres grades, à partir de celui de colonel, ne consiste que dans la demi-solde, sans accessoires. Rien ne m'a paru pouvoir justifier une telle inégalité de traitement. J'ai d'ailleurs considéré qu'il n'était pas juste, lorsque l'officier mis en non-activité par licenciement et suppression d'emploi, ou pour infirmités temporaires, reçoit aussi la moitié de sa solde, bien qu'il ne fasse plus partie des cadres d'organisation, de n'admettre sur ce point aucune différence pour l'officier disponible qui continue d'appartenir à ces cadres, et qui, par conséquent, doit toujours être prêt à répondre à l'instantanéité d'un ordre de service. Ainsi donc, le nouveau tarif de la solde de disponibilité la fixe, pour tous les grades indistinctement, à la moitié du traitement complet d'activité.

Jusqu'ici la sévérité des règles concernant les militaires absents de leurs corps, n'avait pas permis que ceux qui rejoignaient tardivement obtinssent le rappel de leur solde, s'ils ne produisaient pas la preuve authentique d'un empêchement légitime. Tout en maintenant, dans l'intérêt de la discipline, le principe de cette obligation, j'ai pensé qu'il y avait lieu d'user d'indulgence, lorsque le retard se trouverait renfermé dans une limite de quelques jours, et qu'il s'agirait d'un militaire sortant de l'hôpital. Les sous-intendants militaires seront investis, par la nouvelle ordonnance, du droit de

faire, sur la proposition du chef du corps, l'application de cette mesure bien-
veillante.

La législation spéciale de la haute paie à l'ancienneté, n'admet point les
services faits dans la marine par des hommes qu'un engagement volontaire,
contracté après leur libération, ou toute autre détermination spontanée de
leur part, a fait entrer dans l'armée de terre. Cette exclusion a provoqué de
nombreuses réclamations, qu'il n'est guère possible de ne pas reconnaître
fondées en présence du principe d'après lequel les mêmes services sont
comptés pour la retraite. Je crois donc convenable de rétablir à cet égard
l'unité de la règle.

Une très ancienne disposition relative au traitement des troupes en marche, et que l'ordonnance du 19 mars 1823 a reproduite, leur refuse la solde
dite de route, pour les mouvements qui n'exigent qu'un seul jour de marche.
Cette restriction m'a paru mal fondée. L'allocation d'une solde supérieure
dans ce cas, est évidemment motivée sur la subdivision des ordinaires, et sur
ce que la fatigue de la route rend nécessaire une nourriture plus abondante.
Or, que le mouvement se prolonge ou qu'il soit de courte durée, ce besoin ne
se fait pas moins sentir à l'arrivée de la troupe dans un nouveau gîte, puisqu'alors elle a parcouru une distance de cinq lieues au moins. En conséquence, la solde de route sera désormais allouée pour toutes les journées de
marche indistinctement.

Dans la même position, une indemnité, dite *du cheval de selle*, est accordée aux officiers d'infanterie âgés de plus de cinquante ans, ou qui, atteints
de blessures ou infirmités, sont hors d'état de faire la route à pied. Mais
l'expérience a dès longtemps démontré que cette indemnité reçoit rarement
sa destination. Les officiers qui l'obtiennent voyagent presque toujours en
voiture, et l'allocation se trouve ainsi faussée dans son principe. J'ai jugé
qu'il était possible d'obvier à cet inconvénient, en adoptant une disposition
qui conciliât la moralité de la dépense avec les besoins réels du service. C'est
dans cette pensée que j'ai cru convenable de substituer à la fiction, sur
laquelle repose l'indemnité du cheval de selle, l'allocation de la double
indemnité de route. Je dois ajouter qu'il est notoire que cette double indemnité donne le moyen de pourvoir largement aux frais de diligence; les
intérêts des officiers ne seront donc pas froissés par l'adoption de la mesure
que j'indique. Il me reste à faire observer à cet égard que, désormais, la
cause de cette nouvelle allocation sera restreinte aux blessures ou infirmités,
l'invalidité qui résulte de l'âge devant donner lieu, de la part des inspecteurs
généraux, à des propositions d'admission à la non-activité, à la réforme ou à
la retraite.

Il est de règle générale que les officiers en congé n'ont droit au rappel de
leur solde que quand ils ont rejoint leurs corps. Appliquée aux semestriers,
cette disposition avait le fâcheux effet d'interdire à la plupart d'entre eux la
jouissance de ces sortes de congés, par l'impossibilité où ils se trouvaient d'attendre pendant six mois le paiement de leur solde. Ce grave inconvénient
n'existera plus désormais : les officiers semestriers recevront leur solde à l'expiration de chaque mois. Bien que cette disposition nouvelle ne soit en quelque sorte que de forme, j'ai néanmoins cru devoir la signaler à l'attention de
Votre Majesté, parce qu'elle répond à un besoin vivement senti.

Je n'ai pas non plus hésité à faire disparaître du règlement une ancienne
prescription marquée d'un caractère de fiscalité, qui la rend peu digne d'y
trouver place aujourd'hui : je veux parler de l'obligation imposée à l'officier
rentrant tardivement de congé, de rembourser la solde qu'il aurait touchée
dans ses foyers. La rigueur d'une pareille condition serait maintenant tout

à fait incompatible avec l'esprit d'équité et de bienveillance qui a dicté la précédente disposition en faveur des semestriers.

Ces considérations m'ont conduit à examiner une autre question non moins digne d'intérêt, c'est celle des prolongations de congé sans solde. La règle en vigueur sur ce point admet le cas de maladie dûment constatée, pour cause unique d'exception. Mais, tout en laissant subsister la privation de solde contre le militaire qui prolonge son absence de son plein gré et dans des vues de convenance personnelle, j'ai pensé qu'il serait équitable de rendre cette exclusion moins absolue. D'après le nouveau règlement, elle ne s'appliquera qu'aux prolongations de congé pour affaires personnelles, dont l'objet serait d'étendre la durée totale de l'absence au delà de six mois. Ainsi donc, il n'y aura suppression de solde, que pour le temps qui dépassera cette limite.

La législation actuelle n'accorde aux officiers mis en jugement, quand ils sont en activité de service, que le tiers de leur solde, jusqu'à ce qu'il ait été prononcé sur leur sort. Cette allocation, qui est considérée comme secours alimentaire, m'a semblé trop restreinte; j'ai jugé convenable d'en élever la quotité à la moitié de cette même solde, et mon opinion à cet égard se fonde, indépendamment des motifs puisés dans les besoins réels d'une telle position, sur l'exemple des officiers en non-activité, à qui, en pareille circonstance, la jouissance intégrale de leur solde est conservée en vertu des principes consacrés par la loi du 19 mai 1834. Or, il ne serait ni juste ni conforme aux convenances, de donner, dans cette situation, à l'officier en activité, une portion de solde moindre que celle qui est attribuée à l'officier en non-activité.

Les officiers généraux, les chefs de corps et les commandants de place reçoivent, à titre de frais de représentation et de bureau, une indemnité qui, de sa nature, est attachée à l'exercice même du commandement. De là dérivent, en cas d'absence des titulaires, les droits de leurs suppléants; mais, en consacrant ce principe, l'ordonnance du 19 mars 1823 l'a entouré de quelques restrictions qui n'étaient point motivées. Je les ai fait disparaître.

Dans les corps de toutes armes, la solde du grade supérieur est depuis longtemps accordée aux lieutenants adjudants-majors, comme un avantage justifié par la nature de cet emploi. Envisagée sous le même point de vue, la position des officiers comptables n'est pas moins digne d'intérêt : les devoirs multipliés que leur imposent des fonctions très laborieuses, et l'influence qu'ils exercent sur la bonne direction donnée à l'administration intérieure des corps, sont des titres qui méritent aussi d'être appréciés avec une bienveillance particulière. Déterminé par ces considérations, je propose à Votre Majesté d'étendre aux lieutenants-trésoriers et officiers d'habillement, le bénéfice de la règle déjà consacrée pour les adjudants-majors, en leur accordant, comme solde de fonctions, celle de la deuxième classe du grade de capitaine.

Le système de l'indemnité de fourrages, appliqué, comme il l'est aujourd'hui, aux officiers comptables des régiments de cavalerie, tend à altérer la régularité de cette dépense. En effet, ces officiers sont explicitement dispensés d'être montés, et cependant on leur accorde l'indemnité, dont l'allocation suppose toujours l'existence des chevaux. Une semblable spécialité, admise en dehors du droit commun, ne peut plus être maintenue; et je crois convenable en conséquence de substituer à l'indemnité représentative la fourniture des fourrages en nature, pour les chevaux existants, jusqu'à concurrence du nombre déterminé pour chaque grade.

Les frais de bureau régimentaires sont réglés, sous la forme d'abonnement, par un tarif qui remonte à l'année 1827. Mais depuis lors de nouvelles obligations imposées aux trésoriers des corps d'infanterie et de cavalerie, ont rendu pour eux ces allocations insuffisantes, ainsi que je m'en suis assuré par un examen attentif des réclamations qui me sont parvenues à cet égard. Le nouveau tarif comprend, en faveur de ces officiers, une augmentation qu'il m'a paru équitable de fixer à 200 fr. par an.

Le principe des indemnités pour pertes d'effets et de chevaux à l'armée, a jusqu'ici été restreint à deux cas déterminés : il en est alloué, pour ces deux espèces de pertes, aux officiers faits prisonniers autrement que par capitulation, et, pour la dernière seulement, à ceux qui ont perdu des chevaux dans une affaire contre l'ennemi. Au delà de cette limite, les intérêts du trésor ne permettent pas d'admettre des droits absolus ; car il serait difficile de fixer avec quelque précision la nature des justifications propres à constater la vérité des faits. C'est ce qui m'a fait penser que la règle primitive devait être maintenue comme base des allocations exigibles. Toutefois, j'ai reconnu que, dans des circonstances imprévues de force majeure, il était essentiellement juste de statuer par voie d'exception, en laissant au ministre de la guerre la faculté d'apprécier, d'après des informations authentiques, et la réalité des pertes, et l'indemnité spéciale qu'elles pourraient équitablement motiver. Le nouveau règlement contient une disposition rédigée dans ce sens.

Telles sont, Sire, les améliorations que la législation de la solde peut recevoir dans sa partie la plus importante, celle qui détermine les droits de l'armée. Je l'ai d'ailleurs rendue plus complète, en y rattachant, sous un titre particulier, les diverses dispositions réglementaires, jusqu'ici éparses, qui concernent la solde de réforme et les secours.

Quant à la régularité des formes, elle trouve toutes les garanties désirables dans un système qui a reçu la sanction d'une longue expérience, et qui, au reste, repose sur des principes mis en harmonie avec les prescriptions de l'ordonnance du 14 septembre 1822, concernant la comptabilité des dépenses publiques. J'ajouterai que ces garanties sont devenues plus positives encore par le développement que j'ai donné au modèle de la revue générale trimestrielle de liquidation, où sont maintenant réunis et présentés, selon l'ordre des grades et des positions dans chaque grade, tous les moyens de contrôle que désirait la Cour des comptes. Aussi a-t-elle donné à ce travail une entière adhésion.

En résumé, Sire, le projet d'ordonnance que je mets sous les yeux de Votre Majesté, est conçu dans le double intérêt de l'armée et de l'administration ; il a pour but tout à la fois de réaliser de véritables améliorations, d'affermir l'action du contrôle en l'éclairant, et de satisfaire enfin aux nécessités de l'un des services qui tiennent le plus haut rang dans le budget de la guerre. Par tous ces motifs, je prie instamment Votre Majesté de le revêtir de sa sanction.

Je dois ajouter une observation essentielle. Le corps d'occupation d'Afrique est en possession de quelques allocations extraordinaires, motivées sur la spécialité même de sa position ; il se trouve aussi placé, pour les prestations de vivres et de fourrages, sous le régime d'un tarif particulier, approprié aux besoins de cette situation, et dont les bases sont d'ailleurs en rapport avec les prévisions du budget. Cet état de choses étant justifié par des considérations qui ont conservé toute leur force, je prie Votre Majesté de m'autoriser à le maintenir comme mesure spéciale.

Le Pair de France, Ministre Secrétaire d'Etat de la guerre,

Signé BERNARD.

TABLEAU ANALYTIQUE

DE L'ORDONNANCE SUR LA SOLDE ET LES REVUES.

ORDONNANCE DU ROI

PORTANT

RÈGLEMENT

SUR

LE SERVICE DE LA SOLDE ET SUR LES REVUES.

⸺◦⸺

Au palais des Tuileries, le 25 décembre 1837.

LOUIS-PHILIPPE, etc.

Vu l'ordonnance du 19 mars 1823, portant règlement sur le service de la solde et sur les revues ; — Vu la loi du 19 mai 1834 sur l'état des officiers ; — Considérant que les positions créées par cette dernière loi et les droits qui en dérivent, forment la base de toute allocation de solde aux officiers de l'armée ; — Considérant que l'ordonnance royale du 19 mars 1823 a éprouvé de nombreuses modifications qu'il importe de coordonner entre elles et de rattacher aux dispositions maintenues de ladite ordonnance, pour en former un règlement complet sur la matière ;

Voulant d'ailleurs introduire, dans l'administration et la comptabilité du service de la solde, les améliorations dont l'expérience les a fait juger susceptibles ;

Sur le rapport de notre Ministre Secrétaire d'Etat de la guerre,

Nous avons ordonné et ordonnons ce qui suit :

TITRE PRÉLIMINAIRE.

Définition générale du service de la solde.

Art. 1er. Le service de la solde a pour objet de pourvoir à toutes les prestations qui entrent dans la composition du traitement, en deniers, soit des militaires considérés individuellement, soit des corps de troupes ou autres réunions, considérées comme parties prenantes collectives du département de la guerre.

2. Les prestations qui ressortissent au service de la solde sont :

La solde ; — Les accessoires de solde ; — La masse individuelle ; — Les masses générales d'entretien.

3. Les droits aux prestations de solde et accessoires varient en raison des positions dans lesquelles peuvent se trouver les officiers sans troupe et employés militaires, les corps de troupe et autres réunions considérées comme corps.

4. Les positions et les droits qui en dérivent sont constatés par les fonctionnaires du corps de l'intendance militaire, investis du contrôle de toutes les dépenses du service de la solde.

2

5. Des comptes établis sous le titre de Revues de liquidation constatent, par trimestre, les dépenses du service de la solde.

6. Les revues de liquidation servent en outre à constater les consommations de prestations en nature qui se distribuent à la ration, telles que le pain, les vivres de campagne, les liquides, le chauffage et les fourrages.

7. Les diverses prestations qui composent le traitement de chaque grade, sont fixées, pour chaque arme, par les tarifs annexés à la présente ordonnance.

Ces prestations sont allouées suivant les règles ci-après déterminées.

Ire PARTIE. —Des Règles d'allocation.

TITRE Ier. — DES POSITIONS.

Énumération des positions.

8. Les positions sont générales ou individuelles.

Positions générales.

9. Les positions générales sont : Le pied de paix ;—Le pied de guerre.

10. La position du pied de paix se subdivise, pour les corps et les détachements de troupe, en position de station et en position de route.

Positions individuelles.

11. Les positions individuelles sont : — L'activité, pour les militaires et employés militaires de tout grade ;—La disponibilité, tant pour les officiers généraux que pour les officiers supérieurs et autres d'état-major ;—La non activité et la réforme, pour tous les officiers, sans distinction d'armes ou de corps spéciaux.

12. Pour les militaires en activité de service, les positions individuelles se divisent en position de présence et en position d'absence.

13. La position de présence est celle de tout militaire ou employé militaire : — Présent au drapeau, soit en station, soit en route ; — Présent au poste qui lui est assigné, ou en route pour s'y rendre ;—En mission.

14. La position d'absence est celle du militaire :—En congé ;—A l'hôpital ;—A l'hôpital, étant en congé ; —En jugement ou détenu ;—En captivité à l'ennemi.

TITRE II. — DES PRESTATIONS EN DENIERS.

CHAPITRE Ier.—De la Solde.

DISPOSITIONS GÉNÉRALES.

Désignation des différentes espèces de solde.

15. On distingue deux espèces principales de solde : — La solde d'activité, la solde de non-activité.

16. La solde d'activité se divise en solde de présence, en solde d'absence et en solde de disponibilité.

17. La solde de présence diffère dans les circonstances ci-après :

    1° En station
    2° En route   } sur le pied de paix ;

    3° Sur le pied de guerre.

18. La solde d'absence se modifie dans les positions suivantes : — 1° En congé ou en semestre ;—2° A l'hôpital ;— 3° A l'hôpital, en congé ;— 4° En jugement ou en détention ;—5° En captivité à l'ennemi.

19. La solde de disponibilité ne se modifie que dans le cas d'emprisonnement ou de séjour à l'hôpital.

20. La solde de non-activité varie dans sa fixation, selon les causes pour lesquelles les officiers ont été placés dans cette position.

Principes généraux sur les droits à la solde d'activité.

21. Aucun militaire ou employé militaire ne peut jouir d'une solde quelconque d'activité, s'il n'est pas en activité de service.

22. Les officiers sans troupe et employés militaires entrent en solde, lorsqu'ils prennent possession de leur emploi ou lorsqu'ils se mettent en route pour aller en prendre possession.

L'officier de troupe entre en solde le jour où il est reçu sous les drapeaux, ou lorsqu'il se met en route pour se rendre à sa destination.

23. Les jeunes soldats appelés à l'activité entrent en solde, du jour où, étant formés en détachement, ils sont mis en route pour rejoindre les corps auxquels ils sont destinés.

Les jeunes soldats isolés et les engagés volontaires entrent en solde, du jour même de leur incorporation, s'ils n'ont point eu droit à l'indemnité de route, ou du lendemain de leur arrivée au corps, quand ils ont eu droit à cette indemnité.

Le remplaçant d'un militaire sous les drapeaux entre en solde à partir du jour de la radiation du remplacé.

Cessation des droits à la solde.

24. Les droits à la solde d'activité cessent, pour les officiers et employés militaires, le lendemain du jour où il reçoivent l'ordre de rentrer dans leurs foyers, et pour les sous-officiers, caporaux ou brigadiers et soldats, du jour où leur congé définitif leur est remis.

Ils cessent, pour l'officier démissionnaire, le lendemain du jour où l'acceptation de sa démission lui a été notifiée, sauf le cas prévu par l'art. 242.

25. A l'armée, l'aide de camp dont le général a été tué ou fait prisonnier de guerre, et qui reste attaché à l'état-major général, conserve ses droits à la solde d'activité, jusqu'à ce qu'il lui ait été assigné une destination.

Dans l'intérieur, l'aide de camp cesse de recevoir la solde d'activité en même temps que son général ; toutefois, en cas de décès du général, l'aide de camp conserve cette solde jusqu'à ce qu'il reçoive une nouvelle destination, ou que ses lettres de service soient formellement révoquées.

26. L'officier rentré de captivité à l'ennemi, n'a droit qu'à la solde de non-activité, à compter du jour de son arrivée en France, s'il a été remplacé dans son emploi.

Cette disposition est applicable aux officiers de santé, aux officiers d'administration et aux employés militaires faisant partie des cadres constitués.

Les employés militaires prisonniers de guerre, autres que ceux dont il est fait mention dans le paragraphe précédent, sont licenciés, du jour où ils rentrent des prisons de l'ennemi en vertu d'un cartel d'échange ou sur parole.

27. Les sous-officiers, caporaux ou brigadiers et soldats, prisonniers de guerre, ne cessent point d'être en activité de service au jour de leur rentrée, à moins qu'ils ne soient renvoyés dans leurs foyers par libération ou pour toute autre cause emportant radiation des contrôles.

2*

Interdiction de tout cumul.

28. Aucune solde d'activité, de disponibilité ou de non-activité ne peut être cumulée avec une pension civile ou militaire, accordée à quelque titre que ce soit (1), ni avec un traitement quelconque à la charge de l'Etat ou des communes, sauf la pension des donataires (2) et le traitement des membres de l'ordre royal de la Légion d'honneur.

Militaire remplissant les fonctions d'un grade supérieur ou inférieur au sien.

29. Tout militaire ou employé militaire, commissionné pour remplir temporairement des fonctions attribuées à un grade supérieur ou inférieur au sien, a droit à la solde du grade dont il a le brevet, sauf l'exception prévue par l'art. 43.

Toutefois, les sous-lieutenants d'artillerie et du génie, employés comme lieutenants en second, reçoivent la solde du grade dont ils remplissent les fonctions.

Militaire proposé pour la retraite.

30. Tout militaire proposé pour la pension de retraite cesse, à moins d'ordres contraires émanés du ministre de la guerre, de jouir de la solde de présence, à partir du jour où il reçoit la notification officielle du règlement de sa pension.

L'officier en expectative de la retraite, qui obtient un congé pour se retirer immédiatement dans ses foyers, sans cesser de faire partie des cadres d'activité, reçoit, dans cette position, la demi-solde de son grade et de sa classe, sans accessoires.

Solde due aux militaires décédés.

31. La solde due par l'Etat aux officiers, aux employés militaires et aux vétérinaires décédés, est acquise, jusqu'au jour inclus de leur décès, à leurs héritiers ou ayants droit.

La solde due, à quelque titre que ce soit, aux sous-officiers, caporaux, brigadiers et soldats morts ou désertés, ou rayés des contrôles, soit pour longue absence, soit par suite de condamnation, est acquise à l'Etat.

CHAPITRE II. — *De la Solde d'activité.*

—

SECTION Ire. — SOLDE DE PRÉSENCE.

§ 1er. — *De la solde en station sur le pied de paix.*

Officiers mis en activité ou promus à un grade supérieur.

32. L'officier sans troupe ou l'employé militaire qui est mis en activité dans le lieu de son domicile, ou qui, promu à un grade supérieur étant en activité de service, ne change pas de résidence, jouit de la solde affectée à son emploi ou à son nouveau grade, à compter du jour où il a reçu l'avis de sa nomination.

Toutefois, la réception de cet avis n'a de date légale que celle du visa de l'intendant ou du sous-intendant militaire employé sur les lieux, ou, à son défaut, de l'officier ou du fonctionnaire chargé de le suppléer.

---

(1) Article 27 de la loi des finances du 25 mars 1817. Décret du Gouvernement provisoire du 13 mars 1848.

(2 Articles 5 et 6 de la loi du 26 juillet 1821.

Si l'officier ou l'employé militaire remis en activité ou promu, change de résidence par suite de sa nomination, il n'a droit à cette solde qu'à compter du jour de son départ, constaté par sa feuille de route (1).

33. L'officier sans troupe ou l'employé militaire, qui, à l'époque de sa promotion, se trouve absent par congé, jouit de la solde affectée à son nouveau grade, à compter du lendemain du jour où il est de retour à son poste ; et l'officier qui appartient à un corps de troupe, à compter du jour où il est reçu dans son nouveau grade, après son retour au corps.

La même règle est applicable à celui qui, promu étant en congé, change de résidence ou de corps par l'effet de sa promotion.

Si le corps est divisé, l'officier n'est considéré comme ayant rejoint que du jour de son arrivée au détachement dont il fait ou doit faire partie.

L'époque du retour ou de l'arrivée est constatée par la date du visa du sous-intendant militaire, sur la pièce qui a autorisé l'absence, ou sur la lettre de nomination. En conséquence, cette pièce doit lui être présentée aussitôt après l'arrivée de l'officier ou de l'employé militaire.

Cependant, si l'officier ou l'employé militaire en congé reçoit, avec l'avis de sa promotion, l'ordre de se rendre immédiatement à sa destination, et s'il l'exécute dans les quarante-huit heures, il est rappelé de la solde attribuée à son nouveau grade, à compter du jour de son départ, dûment constaté.

L'officier promu étant à l'hôpital, pour cause de blessures reçues devant l'ennemi ou dans un service commandé, jouira de la solde affectée à son nouveau grade, à dater du jour où il aura reçu l'avis de sa nomination. (Décis. minist. du 31 oct. 1848, 2ᵉ sem. p. 180.)

Officiers présents qui montent à de nouveaux grades.

34. Les officiers présents qui montent à de nouveaux grades dans leurs corps, et les sous-officiers également présents promus dans leurs corps au grade d'officier, sont payés de la solde affectée à leur nouveau grade, à compter du jour où leur réception a lieu, conformément à ce qui est prescrit par les ordonnances sur le service intérieur des troupes.

Aussitôt après la réception des officiers promus, leur titre de nomination est présenté par eux au visa du sous-intendant militaire.

Officiers promus étant absents par mission.

35. L'officier ou l'employé militaire qui, à l'époque de sa promotion, se trouve absent par mission autorisée, ainsi qu'il sera indiqué à l'art. 45, ou détaché pour le service, entre en jouissance de la solde affectée à son nouveau grade, à compter du jour où il reçoit l'avis de sa promotion. La réception de cet avis doit être constatée comme il est prescrit à l'art 32.

---

(1) La disposition des articles 32 et 37, aux termes de laquelle l'officier changeant de résidence ou de corps par l'effet d'une promotion, entre en solde de son nouveau grade à compter du jour de son départ, n'est pas applicable à celui qui est retenu momentanément par ordre du Ministre et dans l'intérêt du service, à son ancien poste ou à son ancien corps ; en pareil cas, et sauf l'exception prévue par l'article 45 de la présente ordonnance, l'officier doit entrer en jouissance de la solde de son nouveau grade à partir du jour où il a reçu l'avis de sa nomination, conformément à ce qui est réglé par l'article 35 de la même ordonnance pour l'officier, qui, à l'époque de sa promotion, se trouve absent par mission, détaché pour le service, retenu dans une place en état de siége.

La même disposition n'est pas non plus applicable, lorsque l'officier changeant de résidence ou de corps par l'effet d'une promotion, va en congé avant de se rendre à sa nouvelle destination ; dans ce cas, l'officier doit être traité d'après la règle consacrée par l'article 33 pour l'officier promu étant en congé. (Decision ministérielle du 17 avril 184* *Journal militaire*, 1847, 1ᵉʳ sem.. p. 135.)

Cette disposition est applicable à l'officier promu étant retenu dans une place en état de siége.

36. A droit à la solde d'activité, comme étant en mission, tout officier ou employé militaire absent de son poste, soit pour exercer les fonctions de membre d'une des Chambres législatives, d'un conseil général de département, d'un collége électoral, d'un conseil de guerre ou d'enquête, soit pour déposer devant un tribunal civil ou militaire siégeant hors du lieu de sa résidence ou garnison.

Officier présent passant d'un corps dans un autre par promotion.

37. L'officier passant d'un corps dans un autre par l'effet d'une promotion, est payé de la solde affectée à son ancien grade jusqu'au jour exclu de son départ ; à dater de cette époque, et après son arrivée à destination, il est rappelé de la solde attribuée à son nouveau grade. L'arrivée doit être constatée par le visa du sous-intendant militaire sur la feuille de route de l'officier (1).

Officier en congé changeant de corps ou de résidence.

38. L'officier ou l'employé militaire qui, étant en congé, reçoit une nouvelle destination avec l'ordre de s'y rendre sans délai, recouvre ses droits à la solde entière, à compter du jour de son départ, s'il se met en route immédiatement, ainsi qu'il est dit à l'art. 33, pour le cas de promotion.

Elèves des écoles militaires nommés officiers.

39. Les élèves sortant de l'école royale spéciale militaire avec le grade de sous-lieutenant, les élèves des corps royaux de l'état-major, de l'artillerie et du génie, sortant des écoles d'application pour passer à des emplois d'officier, ont droit à la solde de congé du grade qui leur a été conféré, ou de l'emploi qu'ils sont destinés à remplir, à compter du jour déterminé par leurs lettres de nomination jusqu'à celui de leur arrivée à destination.

Cette disposition est commune aux élèves de l'Ecole polytechnique passant à l'Ecole d'application d'état-major et à celle de l'artillerie et du génie, ou nommés sous-lieutenants dans l'infanterie, et aux élèves sous-lieutenants sortant de l'Ecole de cavalerie pour rejoindre des régiments.

Sous-officiers, caporaux ou brigadiers et soldats promus ou passant dans les compagnies d'élite.

40. Les sous-officiers, caporaux ou brigadiers et soldats promus sans changer de corps, sont payés de la solde affectée à leur nouvelle position, à compter du jour de leur réception (2).

---

(1) Voyez le nota relatif à l'article 32.

(2) Les soldats d'élite ou de 1re classe admis à remplacer sans quitter le drapeau, peuvent être maintenus dans leur position précédente. Mais ceux qui rentrent au service après l'avoir quitté par libération ou autrement, ne peuvent être replacés dans leur précédente position qu'après avoir de nouveau rempli la condition de durée déterminée par l'article 11 de l'ordonnance du 16 mars 1838 sur l'avancement. (2e sem. 1838, p. 365, et 1er sem. 1840, p. 268.)

Les sous-officiers volontairement redevenus soldats pour passer d'un corps sur le pied de paix dans un corps sur le pied de guerre, sont susceptibles d'être immédiatement pourvus de l'emploi qu'ils occupaient dans leur ancien corps.

Lorsqu'ils sont nommés à un grade ou à un emploi inférieur à celui qu'ils occupaient dans ce corps, ils comptent leur ancienneté dans ce grade ou cet emploi de l'époque de leur première nomination, en faisant déduction du temps pendant lequel ils ont été dans une position inférieure.

Lorsqu'ils sont nommés de nouveau à l'emploi qu'ils occupaient dans leur ancien corps

Cette disposition est applicable à ceux qui, devant passer à une portion de leur corps éloignée de celle où ils se trouvent, sont retenus pour des raisons de service, et dont la réception immédiate est autorisée par le lieutenant général commandant la division. S'ils ne sont pas reçus dans leur nouveau grade avant de rejoindre leur destination, la solde de ce grade ne leur est allouée qu'à dater du jour de leur départ.

Les hommes passant des compagnies du centre dans celles d'élite, les soldats d'artillerie, du génie, de la cavalerie et du train des équipages, qui montent à une classe supérieure, ont droit à l'augmentation de solde, du jour où ils changent de compagnie ou de classe, s'ils sont présents. En cas d'absence, la solde de la classe supérieure n'est allouée aux hommes qu'à compter du lendemain de leur rentrée au corps.

Sous-officiers, caporaux ou brigadiers et soldats promus changeant de corps.

§ 41. Les sous-officiers, caporaux ou brigadiers et soldats passant isolément d'un corps dans un autre, par l'effet d'une promotion, sont rappelés à leur nouveau corps, pour le temps de la route, de la solde attribuée à leur nouveau grade, à compter du jour de leur départ.

Ce rappel a lieu sur le pied de solde sans vivres.

Homme passant dans des corps d'une autre arme, et recrues pour les armes spéciales.

42. Les sous-officiers, caporaux ou brigadiers et soldats passant des corps de la ligne dans ceux de l'artillerie et du génie, ou de l'infanterie dans la cavalerie, continuent à toucher leur ancienne solde jusqu'au jour exclu de leur admission dans leurs nouveaux corps. A partir de ce jour, ils ont droit à la solde de l'arme et de la classe dans lesquelles ils entrent (1).

Les hommes de recrue et les engagés volontaires reçoivent pendant le temps de leur route, lorsqu'ils forment détachement, et jusqu'au jour exclu de leur admission, la solde par le tarif (§ Ier).

Colonel nommé maréchal de camp.

43. Le colonel qui, promu au grade de maréchal de camp, continue à commander son régiment, n'a droit qu'à la solde de son ancien grade, jusqu'à ce qu'il ait cessé d'en exercer les fonctions.

Militaires rappelés avant l'expiration de leur congé.

44. Les militaires et les employés militaires qui, étant en semestre ou en congé, sont appelés avant l'expiration de leur semestre ou de leur congé, ont droit, à compter du jour de leur départ, à la solde de présence, cumulativement avec l'indemnité de route.

Le rappel de solde, en ce qui concerne les sous-officiers, caporaux ou brigadiers et soldats, s'effectue sur le pied de solde sans vivres.

Ces dispositions sont applicables aux militaires en congé illimité, qui reçoivent l'ordre de rejoindre.

Officiers en mission.

45. Tout officier envoyé en mission par le ministre de la guerre, ou, en cas d'urgence, par le général commandant une armée ou une division ter-

---

ils comptent pour leur ancienneté dans cet emploi, le temps pendant lequel ils l'ont précédemment occupé. Ces dispositions sont applicables aux caporaux et brigadiers volontairement redevenus soldats pour passer dans un corps sur le pied de guerre. (2e sem. 1840, p. 285.)

(1) Les sous-officiers, caporaux ou brigadiers et soldats, destinés pour le corps des sapeurs-pompiers, doivent être dirigés sur ce corps isolément, quel que soit leur nombre ; ils ne reçoivent pour les journées de marche que l'indemnité de route.

ritoriale, a droit à la solde d'activité pendant le temps de son absence ; mais, à moins d'ordres contraires du ministre, il ne peut en être rappelé qu'à son retour à son corps ou à son poste.

L'ordre ou l'autorisation dont il est porteur, doit être visé par le sous-intendant militaire, tant au moment de son départ qu'à celui de son retour, à l'effet de constater le temps de son absence.

Si, sans cause légitime, il dépasse le temps fixé pour sa mission, il ne peut obtenir le rappel de sa solde qu'en vertu d'une décision ministérielle.

Officiers membres de tribunaux militaires.

46. Tout officier en activité de service, appelé à faire partie d'un conseil de guerre ou de révision, ou d'un conseil d'enquête, continue à recevoir son traitement d'activité.

L'officier de troupe remplissant près d'un tribunal militaire les fonctions de commissaire du Gouvernement, de rapporteur ou de substitut, et qui, nonobstant le départ de son corps, se trouve retenu pour l'instruction ou le jugement d'une affaire, conserve également ses droits au traitement d'activité, comme s'il était présent à son corps. La durée de sa mission doit être constatée par un certificat du président du tribunal.

Militaires appelés en témoignage.

47. Les officiers et les employés militaires appelés en témoignage devant les tribunaux civils ou les conseils de guerre, continuent d'avoir droit à la solde d'activité. Ils en sont rappelés, à leur retour, sur la production d'un certificat du président, constatant le jour où leur présence a cessé d'être nécessaire, et sous la condition toutefois qu'ils auront rejoint leur corps ou leur poste, dans les délais fixés.

48. Dans le cas prévu par l'article précédent, les sous-officiers, caporaux ou brigadiers et soldats, quel que soit leur nombre, sont mis en subsistance dans un corps de la garnison, et y reçoivent la solde de station pour toutes les journées du séjour.

S'il n'est pas possible de les mettre en subsistance, ils sont traités comme isolés, pour le temps de leur séjour dans la place où siège le tribunal ou le conseil de guerre, et, à leur rentrée au corps, ils sont rappelés de la solde pour le temps de leur absence, sur le pied déterminé par l'art. 44. Ce rappel donne préalablement lieu aux mêmes justifications que celles ci-dessus prescrites à l'égard des officiers.

Hommes cités étant en congé ou en semestre.

49. Tout militaire ou employé militaire, en congé ou en semestre, qui est cité en témoignage devant un tribunal civil ou militaire siégeant hors du lieu de sa résidence, est rappelé de sa solde d'activité depuis le jour de son départ dudit lieu, jusqu'à celui de sa rentrée dans ses foyers ou à son corps.

S'il est cité dans le lieu de son domicile, la disposition ci-dessus ne lui est point applicable ; mais s'il est retenu au delà du terme de son congé ou de son semestre, il a droit au rappel de la solde d'activité, à dater du lendemainde l'expiration dudit congé ou semestre.

Ces rappels ne peuvent être effectués que sur la production du certificat exigé par l'article précédent (1).

---

(1) Les dispositions de l'article qui précède sont applicables aux militaires des corps de troupe qui, détachés dans certaines garnisons, ont à se rendre au lieu où siége le con-

Garnisaires.

50. Les sous-officiers, caporaux ou brigadiers et soldats employés comme garnisaires, ont droit à la solde d'activité depuis le jour de leur départ jusqu'à celui de leur rentrée, sur le pied déterminé par l'art. 44.

Militaires rentrant des prisons de l'ennemi.

51. L'officier ou l'employé militaire qui rentre des prisons de l'ennemi, reçoit l'indemnité de séjour à compter du jour de son arrivée dans le lieu où il lui serait prescrit d'attendre que sa position fût fixée, sans que, dans aucun cas, cette allocation puisse se prolonger au delà de quinze jours.

Si l'officier ou l'employé militaire n'a pas été remplacé à son corps ou à son poste, et qu'il le rejoigne immédiatement, la solde d'activité de son grade lui est allouée à dater du jour de sa rentrée en France.

S'il a été mis en non-activité, il reçoit la solde affectée à cette position, également à compter du jour de sa rentrée en France.

L'employé militaire qui n'est pas susceptible d'être mis en non-activité reçoit, s'il est licencié, une indemnité, une fois payée, égale à un mois de traitement sur le pied de guerre.

52. Les sous-officiers, caporaux ou brigadiers et soldats venant des prisons de l'ennemi rentrent en solde, à compter du jour de leur arrivée en France, s'ils sont en nombre suffisant pour former détachement, ou s'ils sont mis en subsistance dans un des corps de la garnison.

Dans le cas contraire, ils n'ont droit qu'à l'indemnité de route jusqu'au jour inclus de leur retour au corps.

Tambours et clairons.

53. L'accroissement de dix centimes par jour, qui fait partie de la solde des caporaux-tambours, tambours et clairons, dans l'infanterie, leur est payé dans toutes les positions autres que celles de congé et de captivité (1).

Enfants de troupe.

54. Les enfants de troupe entrent en solde, du jour de leur admission.

A l'âge de quatorze ans, ceux qui font titulairement le service de tambour, clairon ou trompette, ont droit à la solde affectée à ces emplois.

S'ils font le même service sans être titulaires, ou s'ils sont employés, soit dans la musique, soit dans les bureaux des officiers comptables ou dans les ateliers du corps, ils reçoivent une solde spéciale qui est déterminée par le tarif.

Classement des officiers.

55. Dans les corps de troupe de toute arme, les droits des capitaines et des lieutenants à la solde de la première classe de leur grade, sont fixés conformément aux règles qui déterminent le mode de classement des officiers.

---

seil d'administration et devant le sous-intendant militaire pour souscrire un acte de rengagement. Elles ne s'appliquent pas à ceux qui font le même déplacement pour souscrire un acte de remplacement (1er sem. 1840, p. 112). Voy. l'explication de l'article 71.

(1) L'article ci-dessus est modifié au Journal militaire, 2e sem. 1843, ainsi qu'il suit :

A compter du 1er janvier 1844, il sera opéré, sur la solde des tambours ou clairons, dans les armes où elle excède de dix centimes au moins celle des soldats, un prélèvement de cinq centimes par jour, dont le montant sera versé à leur masse individuelle. Les frais d'entretien de leurs caisses, baguettes et instruments demeureront dès lors à la charge de cette masse. (2e sem. 1843, p. 416.)

L'allocation première de cette solde aux ayants droit a lieu d'après les mêmes principes que ceux applicables au cas de promotion (1).

§ 2.—*De la solde en route.*

A qui allouée.

56. Les corps et détachements ont seuls droit à la solde de route. Pour former un détachement, il faut au moins six hommes réunis du même corps. Cependant, le détachement qui est réduit en route au-dessous de six hommes, continue à recevoir la solde de route jusqu'à sa destination (2).

57. La solde de route est allouée pour toutes les journées de marche de douze kilomètres au moins et de séjour indistinctement, y compris le jour du départ et celui del'arrivée à destination. Elle cesse d'être due, lorsque durant la route, le séjour se prolonge au delà de deux jours (1er sem. 1841, p. 246).

58. Lorsqu'une troupe se rend de l'intérieur du royaume à une armée stationnée hors du royaume, elle a droit à la solde de route jusqu'au jour inclus de son arrivée à la frontière. Si elle quitte cette armée pour se rendre

---

(1) C'est-à-dire conformément aux articles 32 et 33 de la présente ordonnance, avec cette différence qu'en ce qui concerne les capitaines, l'allocation n'a lieu qu'à compter du jour de la réception au corps du numéro du Journal militaire où la décision ministérielle se trouve insérée, s'ils sont présents, et dans le cas d'absence, du lendemain de leur rentrée au corps. (Explication ministérielle du 31 octobre 1838)

CLASSEMENT.

Dans l'infanterie, le nombre des lieutenants de 1re classe est fixé à la moitié du complet des emplois de ce grade que comporte le complet d'organisation du corps. Lorsqu'il survient une vacance parmi les lieutenants de 1re classe, le plus ancien lieutenant de 2e classe du régiment passe immédiatement à la 1re. (1er sem. 1838, p. 493.)

Dans la cavalerie, le nombre des lieutenants de 1re classe est aussi fixé à la moitié du complet. Les lieutenants en second parviennent par ancienneté aux emplois de lieutenant en 1er. Cet avancement roule sur chaque régiment. 1er sem. 1838, p. 502.)

Dans les bataillons de chasseurs à pied, et dans les bataillons d'infanterie légère d'Afrique, la première moitié des lieutenants est de 1re classe. Les lieutenants de 2e classe parviennent à la 1re par le rang d'ancienneté déterminé par la liste générale de ces bataillons. (1er sem. 1841, p. 69)

Le nombre des capitaines de 1re classe dans l'infanterie est fixé à la moitié du complet de ce grade, y compris ceux d'adjudant-major, de trésorier et d'officier d'habillement que comportent les cadres d'organisation de l'arme.

Les capitaines ne parviennent à la 1re classe que par ancienneté, sur la désignation du ministre. Ils concourent ensemble pour l'admission à cette classe, sur toute l'arme, y compris les bataillons de chasseurs à pied; les bataillons d'infanterie légère d'Afrique, le corps des zouaves et la légion étrangère. (1er sem. 1838, p. 493 et 494.—2e sem. 1840, p. 564, voir aussi les ordonnances d'organisation des autres armes.)

Les capitaines en second, dans la cavalerie, parviennent à l'emploi de capitaine commandant par ancienneté. Cet avancement roule sur chaque régiment.

Lorsqu'un capitaine instructeur ou un capitaine adjudant-major se trouve, par son ancienneté, appelé à un emploi de capitaine commandant, il doit opter entre ses fonctions et le commandement d'un escadron : s'il préfère conserver ses fonctions, il prend rang parmi les capitaines commandants, et le capitaine en second le plus ancien après lui est pourvu du commandement vacant.

Les dispositions des deux paragraphes qui précèdent sont applicables aux capitaines-trésoriers et aux capitaines d'habillement. (1er sem. 1838, p. 494.)

(2) Les officiers chargés de conduire en Afrique des détachements tirés des corps de l'intérieur, ont droit à la solde de route, sans vivres de campagne, pour le temps de leur séjour en Afrique : dans ce cas, ils n'ont droit ni à l'indemnité de logement ni à celle d'ameublement. (Décision ministérielle du 17 janvier 1843, non insérée au Journal militaire.)

dans l'intérieur, elle a droit à la solde de route à compter du jour où elle passe la frontière, pourvu que, dans l'un et l'autre cas, elle ne jouisse pas des vivres de campagne.

59. La troupe qui se rend du lieu de sa garnison à une armée stationnée dans l'intérieur du royaume, jouit de la solde de route jusqu'au jour inclus de son arrivée à sa destination, lors même que, pour y arriver, elle serait obligée de marcher dans l'arrondissement de l'armée.

Si elle quitte une armée stationnée dans l'intérieur du royaume, pour se rendre au lieu de sa garnison, elle a droit à la solde de route à compter du jour où elle se met en mouvement pour se rendre à sa destination, quel que soit le point de départ.

60. Les troupes en marche faisant partie d'une armée ou d'un rassemblement sur le pied de guerre, et, en général, toutes celles qui jouissent, soit des vivres de campagne, soit de l'indemnité de rassemblement, ne peuvent prétendre à la solde de route.

61. Lorsque les hommes mis en route ne sont pas en nombre suffisant pour former détachement, ils sont rappelés, à destination, de la solde de leur grade, conformément à l'art. 44.

Cette disposition est applicable aux hommes envoyés en ordonnance à plus de six lieues de leur corps, et généralement à tout militaire voyageant isolément pour objet de service.

§ 3.—*De la solde sur le pied de guerre.*

Cas où la solde de guerre est due.

62. Aucun rassemblement de troupe ne peut jouir de la solde de guerre, ni passer du pied de guerre au pied de paix, qu'en vertu d'une décision royale.

Les troupes formant la garnison d'une place mise en état de siége, et les employés militaires attachés au service de cette place, ne peuvent avoir droit à la solde de guerre, ni passer du pied de guerre au pied de paix, qu'en vertu de la décision de l'autorité compétente qui a constitué l'état de siége ou qui l'a fait cesser.

63. Les officiers sans troupe, les employés militaires et les corps, ne peuvent jouir de la solde de guerre, sauf l'exception résultant de l'article 64, qu'autant qu'ils font partie d'une armée ou d'un rassemblement mis sur le pied de guerre, ou de la garnison d'une place en état de siége, et seulement pour les journées de présence dans ces armées, rassemblement ou place.

En conséquence, lorsqu'ils reçoivent l'ordre de se rendre à une armée ou à un rassemblement de troupes mis sur le pied de guerre, ils ne commencent à jouir du supplément de guerre qu'à compter du jour où ils passent la frontière, si l'armée ou le rassemblement se trouve hors du royaume ; et, dans le cas contraire, qu'à compter du lendemain du jour où ils sont arrivés au lieu de destination indiqué dans leurs feuilles de route.

Quand ils reçoivent l'ordre de quitter l'armée, ils cessent d'avoir droit à la solde de guerre à compter du jour où ils passent la frontière ; et si l'armée se trouve dans l'intérieur du royaume, à compter du jour de leur départ.

64. Les officiers sans troupe qui ont droit à une solde de guerre, en conservent la jouissance, sans interruption, lorsqu'ils passent immédiatement d'une armée ou d'un rassemblement à une autre armée ou à un autre rassemblement jouissant de la même solde.

65. Les officiers, sous-officiers, caporaux ou brigadiers et soldats rentrant par congé d'une armée active, ont droit à la solde et aux vivres sur le

pied de guerre jusqu'au jour inclus du passage de la frontière. Le même traitement leur est acquis à leur retour, du jour où ils rentrent sur le territoire étranger.

66. Les officiers et employés militaires qui cessent de faire partie d'une armée active, pour cause d'admission à la retraite, à la non-activité ou à la réforme, conservent leurs droits à la solde et aux vivres sur le pied de guerre jusqu'au jour inclus du passage de la frontière.

Les sous-officiers, caporaux ou brigadiers et soldats rentrant de l'armée par libération, réforme ou admission à la retraite, ne reçoivent la solde que jusqu'au jour inclus de leur radiation des contrôles ; mais les vivres de campagne leur sont fournis jusques et y compris le jour de leur arrivée en France (1).

Solde des vaguemestres généraux ou aides-vaguemestres.

67. L'accroissement de solde accordé aux officiers employés comme vaguemestres généraux ou de division, ou comme aides-vaguemestres, ne doit être alloué que pour les journées de service effectif dans ces emplois.

SECTION II. — DE LA SOLDE D'ABSENCE

§ 1er. — *De la solde de congé.*

Nul ne peut s'absenter qu'en vertu d'une permission ou d'un congé.

68. Hors les cas de maladie constatée, d'entrée à l'hôpital ou de mission, les militaires ne s'absentent de leur poste ou de leur corps qu'en vertu de permissions ou de congés.

L'absence des officiers du corps de l'intendance militaire, ainsi que celle des employés militaires, n'a lieu qu'en vertu de congés ministériels.

L'absence par congé des officiers du corps royal d'état-major et des états-majors particuliers de l'artillerie et du génie, n'a lieu qu'en vertu d'autorisation ministérielle (2).

Durée des congés.

69. La durée des permissions et congés comprend le temps de l'aller et du retour.

Toutefois, pour les militaires employés en Corse ou sur tout autre point outre-mer, cette durée est indépendante du temps de la traversée et de celui de la quarantaine quand elle est exigée. En conséquence, le congé ne prend date que du jour du débarquement ou de la sortie du lazaret ; et, à son retour, le militaire est considéré comme rentré à son corps ou à son poste du jour de son arrivée au port indiqué par sa feuille de route (3).

70. A l'égard des militaires faisant partie d'une armée ou d'un rassemble-

---

(1) Les officiers et les employés militaires venant d'Afrique conservent leurs droits à la solde et aux vivres sur le pied de guerre jusqu'au jour de leur débarquement en France, sans que ce délai puisse s'étendre au delà d'un mois à partir du jour où ils auront été informés de leur changement de position. Il n'est fait exception qu'en faveur de ceux malades qui seraient traités dans les hôpitaux de l'Algérie, pour lesquels le délai pourra s'étendre jusqu'à trois mois, si d'ailleurs ils se munissent d'un bulletin d'embarquement aussitôt après leur sortie des hôpitaux. (2e sem. 1842, p. 406.)

(2) Les dispositions du 2e paragraphe de l'article précédent sont applicables aux officiers détachés dans les dépôts de remonte à quelque titre que ce soit. (1er sem. 1839, p. 350.)

(3) Suivant le principe consacré par les articles ci-dessus, les militaires venant des pays d'outre-mer en faisant partie d'une armée ou d'un rassemblement hors du royaume, conservent le droit aux prestations qui leur étaient allouées dans la position où ils se trouvaient en quittant leurs corps ou leur poste, jusqu'au jour de leur débarquement dans un

ment hors du royaume, la durée des permissions ou congés ne commence que le jour du passage de la frontière.

Dans le même cas, les militaires sont censés rentrés à leur corps ou à leur poste, lorsqu'ils sont rendus à la frontière au jour fixé pour l'expiration de leur congé ou permission (1).

Permissions ; par qui accordées.

71. Les permissions sont accordées, savoir :

Aux officiers sans troupe, par les officiers généraux sous les ordres desquels ils sont placés, ou par les chefs supérieurs du service, en ce qui concerne l'artillerie et le génie ;

Aux officiers, sous-officiers, caporaux ou brigadiers et soldats des corps de troupe, conformément aux dispositions des ordonnances portant règlement sur le service intérieur des troupes.

Les permissions n'excèdent jamais, pour les officiers sans troupe, le terme de huit jours ; et pour les militaires des corps de troupe, celui de trente jours.

Lorsque l'absence doit être de plus de huit ou de trente jours, selon le cas, elle est autorisée par un congé (2).

Différentes espèces de congés.

72. On distingue quatre espèces de congés : — Les congés de semestre ; — Les congés de convalescence ; — Les congés pour affaires personnelles ; — Les congés illimités.

Droits résultant des congés et permissions.

73. Les militaires en permission et en congé de semestre ou de convalescence ont droit à la solde de congé fixée par les tarifs. Le Ministre de la guerre peut, dans des cas particuliers, accorder des congés de convalescence avec solde de présence.

Les congés pour affaires personnelles ne sont accordés que par le Ministre ; ils donnent droit à la solde de congé dans la limite de six mois.

Les prolongations qui ont pour effet d'étendre au delà de six mois la durée totale de l'absence par permissions, congés de semestre ou congés pour affaires personnelles, ne donnent point droit à la solde (3).

---

port français ou jusqu'au jour du passage de la frontière, et que ce même traitement leur est acquis à leur retour, du jour qu'ils se rembarquent ou qu'ils rentrent sur le territoire de l'armée.

Lorsque la traversée de mer s'effectue sur des bâtiments de l'État, les hommes reçoivent avec les vivres de bord, qui sont toujours fournis en pareil cas, la solde dite sans vivres de campagne pour chaque journée de séjour en mer, y compris la quarantaine.

Lorsque le passage s'effectue sur des navires du commerce, la même solde leur est due pendant le même laps de temps, parce qu'ils reçoivent l'indemnité déterminée par le § 6 de l'article 47 de l'ordonnance du 20 décembre 1837, sur les frais de route. (1er sem. 1826, p. 231.)

(1) Voir la note 3 de la page précédente.

(2) Les prolongations faisant suite à une permission de trente jours ne donnent droit à aucune solde. (Dépêche ministérielle du 22 février 1839.) — Des officiers de l'intendance doivent s'abstenir de viser les congés et permissions qui seraient accordés au delà des délais fixés par les règlements. (Art. 87 ci-après et p. 470 du 1er sem. 1838.)

Sont considérés comme permissionnaires les militaires des corps de troupe qui, détachés dans certaines garnisons, sont obligés de se détacher pour se rendre au lieu où siège le conseil d'administration ou devant le sous-intendant militaire pour faire constater leur aptitude comme remplaçant, soit pour signer l'acte de remplacement. (1er sem. 1840, p. 112.)

(3) Les militaires de l'armée d'Afrique ne peuvent obtenir de congés avec solde de présence que par décision ministérielle. (2e sem. 1841, p. 70.)

Officiers allant exercer leurs droits d'électeurs ou siéger aux conseils généraux.

74. Les dispositions de l'article précédent ne sont point applicables aux officiers qui s'absentent par congé, pour aller exercer leurs droits d'électeurs, ou siéger aux conseils généraux des départements comme membres de ces conseils, ou qui, étant déjà en congé, obtiennent des prolongations pour le même objet.

Dans le premier cas, les officiers jouissent, si leur position militaire ne change pas durant les élections ou les sessions des conseils généraux, de la solde comme s'ils étaient présents à leur corps ou à leur poste, à l'exception toutefois du supplément de Paris et des indemnités en rassemblement ou pour frais de représentation.

Dans le cas de prolongation de congé, les officiers ont droit au même traitement pour le temps de la prolongation seulement.

La durée de l'absence des uns et des autres ne peut excéder le temps nécessaire pour le voyage et la tenue du collège électoral ou du conseil général. S'ils outrepassent ce temps, ils perdent leur droit à tout rappel.

Les officiers en congé qui se rendent aux élections ou aux conseils généraux n'ont droit, pendant la durée dudit congé, qu'au traitement affecté à leur position.

Officiers appelés à siéger dans les Chambres législatives.

75. Les officiers appelés à siéger dans l'une des Chambres législatives, conservent durant les sessions, si leur position militaire n'est point changée dans cet intervalle, la jouissance du traitement dont ils sont en possession au moment de la convocation des Chambres. Ceux qui, à cette époque, sont absents par congé, recouvrent, dès lors, leurs droits au traitement d'activité.

Toutefois, dans l'un ou dans l'autre cas, il n'est point dérogé aux dispositions des articles 167, 169 et 171, concernant l'indemnité de représentation.

Congés à l'étranger et aux colonies.

76. Les congés accordés pour aller en pays étrangers ne donnent droit à aucune solde.

Les congés pour aller aux colonies ne peuvent donner droit à la solde pendant plus d'une année, y compris le temps de la traversée pour l'aller et le retour.

Congés de semestre.

77. Les congés de semestre sont accordés aux officiers, sous-officiers, caporaux ou brigadiers et soldats des corps de troupe par les inspecteurs généraux d'armes, lors de leur revue d'inspection.

Passé le temps de l'inspection, les congés que les lieutenants généraux commandant les divisions militaires sont autorisés à délivrer, pendant le reste de la saison des semestres, donnent droit à la solde comme les congés de semestre mêmes.

Le nombre de ces semestres et congés est fixé par des ordonnances et instructions spéciales.

La saison des semestres commence au 1er octobre, ou le lendemain de la revue d'inspection, si elle n'a pu être close à cette époque, et finit au 31 mars.

Le jour du départ des semestriers est déterminé par le procès-verbal arrêté par l'inspecteur général.

Pour les troupes stationnées en Corse, la saison des semestres commence au 1er avril et finit au 30 septembre.

Lorsqu'il y a lieu de déroger à ces règles, le ministre fait connaître l'époque où les congés de semestre doivent commencer et finir.

Officiers absents par congé à l'époque des semestres.

78. Les officiers qui se trouvent en permission ou en congé pour affaires personnelles, au moment de la délivrance des semestres, sont considérés comme semestriers pour le temps de leur congé qui dépasse le 1er octobre ou l'époque à laquelle le corps a pris le semestre. En conséquence, s'ils acceptent le semestre, la solde de congé leur est allouée à compter de cette époque, sans toutefois qu'il puissent en jouir pendant une durée totale de plus de six mois. S'ils n'acceptent pas le semestre, il doivent être de retour au corps le jour même de l'expiration de leur congé, sous peine de perdre tout droit au rappel de la solde qui peut leur être due (1).

Semestriers devançant ou retardant l'époque de leur départ.

79. Les officiers, sous-officiers, caporaux ou brigadiers et soldats qui, désignés pour aller en semestre, partent avant le jour fixé pour le départ des semestriers du corps, n'ont droit à aucune espèce de rappel pour tout le temps de leur absence anticipée.

Lorsque, sans cause légitime constatée par l'officier général commandant, l'officier qui a demandé et obtenu un semestre, ne part pas le jour indiqué par le procès-verbal des semestres, il n'a droit, à compter de ce jour, qu'à la solde de congé, à moins qu'il ne renonce au semestre.

80. Les colonels, lieutenants-colonels, majors, capitaines instructeurs, officiers comptables et officiers de santé, ne peuvent s'absenter sans un congé spécial accordé par le ministre de la guerre. Ceux d'entre eux auxquels il en est accordé pour tenir lieu de semestre, et à quelque époque que ce soit, sont traités, quant à la solde, comme les semestriers.

Ces dispositions sont applicables aux officiers d'état-major détachés dans les corps de troupe, et qui ne participent aux semestres qu'après avoir rempli la condition qui leur est imposée, de quatre ans de service dans les régiments d'infanterie et de cavalerie.

Les officiers comptables ne peuvent obtenir de congé sans produire un certificat du conseil d'administration, revêtu de l'avis motivé du sous-intendant militaire, constatant que la situation de leurs écritures ne s'oppose point à leur absence.

Congés de convalescence.

81. Les congés de convalescence et les prolongations de ces congés sont accordés par le ministre de la guerre ; néanmoins, les officiers de troupe, autres que ceux désignés en l'article précédent, ainsi que les sous-officiers, caporaux ou brigadiers et soldats, peuvent en obtenir des lieutenants généraux commandant les divisions.

Dans ce dernier cas, la durée du congé peut être de six mois ; mais si elle est moindre, les lieutenants généraux ont la faculté d'accorder, au même titre, des prolongations avec solde de congé, pour compléter ce laps de temps (2).

82. A l'égard des militaires déjà absents de leur corps par congé ou permission, les congés ou prolongations de congé de convalescence qu'ils sont susceptibles d'obtenir, sont également renfermés dans les limites de six mois, à compter du jour de leur départ du corps, et lors même qu'ils auraient passé une partie de leur congé à l'hôpital.

---

(1) Les militaires qui, en vertu des articles 140 et 152 de l'instruction du 4 juin 1839, obtiennent des inspecteurs généraux des congés avant l'époque des semestres, et qui se trouvent ensuite compris au nombre des semestres, n'ont droit à la solde de congé que pendant six mois. (Solution ministérielle du 31 mars 1844, n° 1342, conforme au principe consacré par l'article 73.)

(2) Voir la note sous l'article 73 concernant les militaires de l'armée d'Afrique.

L'absence par congé ne peut jamais se prolonger au delà de ce terme, sans une autorisation spéciale du ministre de la guerre, sauf les cas prévus par les articles **78** et **97**.

83. Les demandes de congés de convalescence et de prolongations adressées aux lieutenants généraux sont appuyées de certificats de visite et de contre-visite, ces derniers délivrés par les officiers de santé en chef de l'hôpital militaire, et, à leur défaut, par ceux de l'hospice civil du chef-lieu de l'arrondissement. Ces certificats sont visés par le sous-intendant militaire ou son suppléant (1).

84. Lorsqu'il s'agit de militaires désignés par les médecins ou chirurgiens des hospices civils comme ayant besoin d'un congé ou d'une prolongation de congé de convalescence, les officiers généraux les font contre-viser par les chirurgiens des corps, ou, en cas d'impossibilité, par des officiers de santé de leur choix.

85. Quant aux militaires en congé dans une commune où il n'existe ni hôpital militaire, ni hospice civil, et qui sont hors d'état d'être transportés, leur demande de prolongation de congé est appuyée d'un certificat du médecin du lieu ou de l'arrondissement, et d'une attestation du maire de la commune (2).

Aides de camp des officiers généraux en congé.

86. L'aide de camp d'un officier général en congé, qui continue à exercer ses fonctions près de l'officier général ou supérieur chargé du commandement en l'absence du titulaire, conserve la jouissance de sa solde de présence.

Visa des congés et permissions avant le départ.

87. Tout militaire qui obtient une permission de s'absenter ou un congé, de quelque espèce qu'il soit, est tenu, avant son départ, de le présenter au visa du sous-intendant militaire, lequel doit en même temps lui délivrer une feuille de route. En cas d'absence du sous-intendant, cette double formalité est remplie par son suppléant.

S'il s'agit d'un officier sans troupe, l'intendant ou le sous-intendant militaire indique sur le livret de cet officier, quel que soit son grade, la date, la nature et la durée du congé, indépendamment du visa qu'il doit toujours apposer sur le congé même.

Les congés délivrés aux intendants militaires sont visés par le lieutenant général commandant la division ; les congés des sous-intendants militaires et des adjoints à l'intendance sont visés par l'intendant militaire, pour ceux employés au chef-lieu de la division, et pour les autres, par les maréchaux de camp commandant les subdivisions.—Ces visa sont toujours datés. Les officiers de l'intendance militaire doivent s'abstenir de viser les congés ou prolongations qui seraient délivrés contrairement aux règles établies.

Militaires en congé ; comment payés de leur solde.

88. Les militaires qui obtiennent des congés sont payés de leur traitement d'activité jusqu'au jour de leur départ exclusivement. A leur retour, ils sont rappelés de la solde à laquelle ils ont droit pour le temps de leur absence.

---

(1) Les militaires en traitement dans les hôpitaux qui sont proposés pour des congés de convalescence doivent être visités par les officiers de santé en chef de ces établissements, et contre-visités par les officiers de santé des corps que les lieutenants généraux commandant les divisions ou les inspecteurs généraux auront désignés à cet effet. (2e sem. 1839, p. 236.)

(2) L'article ci-dessus n'ayant point abrogé les dispositions de la décision du 16 mars 1832, le concours de la gendarmerie pour constater la position des militaires en congé, demandant une prolongation à titre de convalescence, doit être réclamé toutes les fois que la nature de la maladie ne leur permet pas de se déplacer. (2e sem. 1838, p. 157.)

89. **Les officiers semestriers** ont spécialement la faculté de recevoir leur solde à l'expiration de chaque mois, sauf les justifications prescrites par l'article 92. Toutefois, le paiement de la solde du dernier mois de leur congé n'a lieu qu'après le retour au corps, s'ils y sont rentrés dans le délai fixé.

90. **Les militaires qui reçoivent une autre destination** pendant le temps de leur congé sont, à leur arrivée, rappelés de la solde qui leur reste due, au titre du nouveau corps ou de la classe d'officiers sans troupe à laquelle ils appartiennent. Cependant, s'ils passent d'un corps de troupe à l'état-major, et *vice versâ*, le rappel s'effectue sur les revues du corps ou de la classe d'officiers sans troupe dont ils faisaient partie.

91. **Quand il s'agit de militaires passant dans la gendarmerie**, la garde municipale ou les sapeurs-pompiers de la ville de Paris, le rappel de la solde d'absence a lieu sur des états imputables à leur ancien corps.

92. **Hors le cas de semestre**, les officiers ne peuvent être payés de leur solde de congé, pendant leur absence, sans une décision spéciale du ministre, et sans la production d'un certificat de cessation de paiement délivré par le conseil d'administration de leur corps, constatant qu'ils sont ou ne sont pas passibles de retenue pour débet envers l'État ou le corps, ou pour dettes particulières (1).

93. **Tout militaire en congé**, en permission ou en semestre, qui use de la faculté qui lui est acquise de rentrer à son corps ou à son poste avant l'expiration de son congé ou de sa permission, recouvre ses droits à la solde de présence, à compter du lendemain de son retour.

Cas où le corps change de garnison.

94. **Lorsqu'un corps change de garnison**, les militaires de ce corps qui se trouvent alors en congé ou en semestre, sont considérés comme rendus à leur poste quand, n'ayant point été informés à temps de ce mouvement, ils arrivent au lieu de l'ancienne garnison à l'expiration de leurs congés. — Ils ont droit, à partir du lendemain, à la solde sans vivres, cumulativement avec l'indemnité de route, s'ils ne forment pas un détachement.

95. **Les militaires qui**, étant en congé de semestre ou autre, sont informés du changement de garnison de leurs corps, se dirigent sur le lieu de la nouvelle garnison. Ils rentrent en jouissance de la solde de présence, à dater du lendemain de leur arrivée dans ce lieu, lors même qu'ils y devanceraient le corps. — Néanmoins, il leur suffit d'être arrivés en même temps que le corps, nonobstant l'expiration de leur congé; dans ce cas, le congé est considéré comme expiré seulement du jour où ils ont rejoint. — Mais, dans tous les cas, la solde de présence ne peut leur être allouée pour un temps antérieur à leur arrivée, quel que soit le nombre des gîtes d'étapes pour lequel ils auraient eu droit à l'indemnité de route.

Militaires qui dépassent les limites de leur congé.

96. **Les militaires qui**, étant en congé avec solde, rentrent après l'expiration de leur congé, ne reçoivent point le rappel de la solde qui peut leur être due, à moins que le retard n'ait été causé par maladie, et qu'ils n'en justifient, savoir :

Les officiers, par un billet de sortie d'hôpital, ou par un certificat des officiers de santé de l'hôpital militaire; et, à défaut d'hôpital militaire, du médecin et du chirurgien de l'hospice civil du lieu ou de l'arrondissement, indiquant la nature de leur maladie et le temps qu'a exigé leur traitement.

Les sous-officiers, caporaux ou brigadiers et soldats, par des billets de sortie d'hôpital, ou, s'ils n'ont pu se faire traiter à l'hôpital, par des certificats des of-

---

(1) Les oppositions ne devant plus, aux termes de la décision ministérielle du 7 mai 1838, être faites qu'entre les mains des payeurs, il s'ensuit naturellement que les certificats prescrits par l'article ci-dessus ne doivent faire mention que des retenues qui concernent l'État, attendu que celles qui sont relatives aux dettes particulières doivent être tout à fait étrangères et inconnues à l'administration de la guerre (1er sem. 1838, p. 579.)

ficiers de santé ci-dessus indiqués. — Ces certificats doivent être soumis au visa motivé du sous-intendant militaire ou de l'officier général de l'arrondissement. Ce visa fait mention, en ce qui concerne les sous-officiers, caporaux ou brigadiers et soldats, de l'impossibilité qu'il y aurait eue de les admettre dans les hôpitaux (1).

97. Le militaire qui, étant en congé avec solde ou sans solde, n'a pu, pour cause de maladie constatée de la manière prescrite par l'article précédent, rejoindre son corps ou son poste avant l'expiration de son congé, est considéré comme étant encore en congé avec ou sans solde, pour tout le temps écoulé depuis le jour de l'expiration de son congé jusqu'au jour inclus de sa rentrée à son corps ou à son poste. — Toutefois, l'officier qui jouit d'un congé de convalescence avec solde de présence, cesse d'avoir droit à cette solde dès l'expiration de son congé. Il n'a droit ensuite qu'à la solde de congé (2).

Époque de la rentrée en jouissance de la solde d'activité.

98. Les militaires en congé, avec solde ou sans solde, ne peuvent rentrer en jouissance de la solde de présence que le lendemain du jour où ils ont rejoint leur corps ou leur poste, sauf les cas prévus par les articles 33, 38 et 44.

Certificats de bonne conduite à produire par les sous-officiers, caporaux ou brigadiers et soldats.

99. Les sous-officiers, caporaux ou brigadiers et soldats en congé de semestre ou autre qui, à leur retour, ne rapportent pas un certificat de bonne conduite délivré par le maire de la commune dans laquelle ils ont résidé, sont privés de tout rappel pour le temps de leur absence.

Cette disposition est applicable à ceux qui reviennent des eaux thermales.

Visa des congés au retour.

100. Tout militaire rentrant de congé est tenu de se présenter chez le sous-intendant militaire, ou, en cas d'absence de ce fonctionnaire, chez son suppléant, pour faire constater par un visa sur son congé la date de son retour à son corps ou à son poste. — La formalité du visa est remplie par l'intendant divisionnaire quand il s'agit d'officiers sans troupe, dont il ordonnance directement la solde. — Les officiers de l'intendance militaire font constater la date de leur retour à leur poste, conformément à ce qui est prescrit par l'article 87 pour le visa du congé à leur départ.

Sous-officiers, caporaux ou brigadiers et soldats en congé illimité.

101. Les congés illimités délivrés aux sous-officiers, caporaux ou brigadiers et soldats, ne donnent droit à aucune solde.

§ 2. — *De la solde d'hôpital.*

Du droit à la solde d'hôpital.

102. La solde d'hôpital est allouée aux militaires désignés au tarif comme

---

(1) Des doutes s'étant élevés sur l'application de l'article 96, en ce qui concerne les militaires à qui il est dû un rappel de solde ou de prime journalière d'entretien au moment où ils entrent en position de congé, le Ministre secrétaire d'État de la guerre a décidé que les militaires qui dépassent le terme de leur congé sont privés seulement du rappel qui leur est dû pour la durée de leur absence par congé ; que la déchéance prononcée par l'article 96 précité ne peut en aucun cas affecter les prestations en deniers acquises pour un temps antérieur, même en position d'absence ; et qu'ainsi, ceux desdits militaires qui ont obtenu leur congé à leur sortie de l'hôpital du lieu ou d'un hôpital externe, doivent recevoir le rappel de solde ou de prime journalière d'entretien auquel ils ont droit pour la durée de leur séjour à l'hôpital. (Décision ministérielle du 29 janvier 1846, 1.46.109.)

(2) Voir l'article 109 ci-après.

ayant droit à cette solde, depuis le jour de leur admission à l'hôpital jusqu'à celui de leur sortie exclusivement, et ils en sont rappelés sur la présentation de leur billet de sortie. Le rappel est ajourné à l'égard du militaire qui sort de l'hôpital pour jouir d'un congé.

Ceux qui rentrent d'un hôpital externe sont en outre rappelés, tant pour l'aller que pour le retour, savoir :

Les officiers, de la solde de présence de leur grade; — Les sous-officiers, caporaux ou brigadiers et soldats, de celle déterminée par l'art. 44.

Décompte de la solde d'hôpital.

103. Le décompte des journées d'hôpital est fait, pour les officiers et pour les vétérinaires, sur le pied de trente jours par mois; et, pour les sous-officiers, caporaux ou brigadiers et soldats, à raison du nombre effectif de jours dont se compose chaque mois.

Cas où il n'est pas dû de rappel.

104. Tout militaire qui, sans motif légitime, ne rejoint pas son corps ou son poste immédiatement après sa sortie de l'hôpital, n'a droit à aucun rappel pour le temps de son absence.

Jeunes soldats et engagés volontaires.

105. Les jeunes soldats et les engagés volontaires qui, avant leur arrivée au corps, sont admis dans les hôpitaux, n'ont droit à aucun rappel pour le temps écoulé depuis leur entrée à l'hôpital jusqu'à leur arrivée au corps, si, pour le rejoindre, ils ont voyagé isolément.

Militaires allant aux eaux.

106. Les militaires autorisés à aller prendre les eaux dans les lieux où il existe des établissements militaires, sont assimilés, sous le rapport de la solde, à ceux qui se rendent aux hôpitaux externes.

Les officiers conservent la solde de présence lorsque, faute de place dans ces établissements, ils ont été obligés de se faire traiter à leurs frais, ce qui doit être constaté par un certificat du sous-intendant militaire. — Le même avantage peut être accordé à ceux qui se rendent aux eaux en vertu d'un congé ministériel. Dans ce cas, le congé indique d'une manière expresse si la solde de présence est accordée pour toute la durée du congé, ou seulement pour le temps passé aux eaux.

Lorsque, après avoir fait usage des eaux, les officiers ne rejoignent pas dans la limite de leur congé, ils sont privés de tout rappel de solde pour le temps écoulé depuis le jour de leur sortie de l'établissement où ils ont été traités.

107. Lorsque des officiers malades ont besoin d'aller prendre les eaux dans les lieux où il n'existe point d'établissement militaire, le ministre de la guerre peut leur en accorder l'autorisation et leur conserver la solde de présence. Le congé qui leur est délivré à cet effet détermine le temps pendant lequel ils auront droit à cette solde.

Ceux qui demandent une semblable autorisation doivent justifier, par un certificat des officiers de santé de l'hôpital militaire le plus voisin du lieu de leur résidence, que l'usage des eaux auxquelles ils veulent se rendre, leur est indispensable.

Pour obtenir ensuite le rappel de leur solde, ils ont à produire un certificat du médecin en chef de l'établissement, constatant le temps pendant lequel ils y ont été traités. Ce certificat doit être visé par le maire du lieu. — Si ces officiers ne passent pas aux eaux tout le temps qu'ils doivent y passer d'après la durée de leur congé, la solde de présence ne leur est allouée que pour le temps du séjour qu'ils y ont fait.

3*

S'ils ne rejoignent pas à l'expiration de leur congé, les dispositions du quatrième paragraphe de l'article précédent leur sont applicables.

Admission des domestiques d'officiers dans les hôpitaux.

108. Les officiers employés aux armées qui ont usé de la faculté de faire admettre leurs domestiques dans les hôpitaux ou ambulances de l'armée, supportent sur leur solde une retenue, qui est fixée par le tarif. Cette retenue ne cesse que lorsque les billets de sortie d'hôpital sont produits.

§ 3.—*De la solde d'hôpital en congé.*

Militaires en congé avec solde.

109. Les militaires qui tombent malades étant en congé avec solde, sont admis dans les hôpitaux sur la présentation de leurs congés. Le jour de l'admission et celui de la sortie sont annotés sur lesdits congés par le sous-intendant militaire qui a délivré le billet d'entrée.—A leur retour, les militaires ayant droit à la solde de congé à l'hôpital en sont rappelés pour tout le temps pendant lequel ils y ont séjourné. Ils sont également rappelés de la solde de congé pour les journées antérieures à leur entrée et pour celles postérieures à leur sortie.

A l'égard des militaires qui entrent à l'hôpital lorsque le nombre de jours restant sur la durée du congé ne leur aurait pas suffi pour rejoindre dans le délai fixé même en doublant les étapes, ils sont privés de tout rappel de solde pour le temps antérieur à leur entrée à l'hôpital.

Militaires en congé sans solde.

110. Les militaires qui tombent malades étant en congé sans solde, peuvent également être admis à l'hôpital. Leur entrée et leur sortie sont constatées suivant le mode prescrit par l'article précédent.—Après leur rentrée à leur corps ou à leur poste, les officiers, les employés militaires et les vétérinaires subissent sur leur solde courante la retenue fixée par le tarif, pour le temps de leur séjour à l'hôpital, et ce à raison de trente jours pour chaque mois.

Il n'est fait aucune retenue aux sous-officiers, caporaux ou brigadiers et soldats.

§ 4.—*De la solde des militaires en jugement ou détenus correctionnellement.*

Officiers et employés militaires mis en jugement.

111. Les officiers et employés militaires en jugement reçoivent, pendant le temps de leur emprisonnement, et jusqu'au jour inclus où la décision judiciaire rendue à leur égard est devenue définitive, la moitié de la solde d'activité de leur grade sans accessoires, s'ils étaient en activité de service ou en disponibilité au moment de leur arrestation.

En cas d'acquittement, ils sont rappelés du surplus de leur solde, selon leur position antérieure d'activité ou de disponibilité, pour tout le temps pendant lequel ils ont été détenus. S'ils sont condamnés, ils n'ont droit à aucun rappel. — Dans ce dernier cas, si la condamnation n'entraîne pas la perte du grade, l'officier ou l'employé continue à recevoir la moitié de la solde d'activité jusqu'au moment où sa position militaire est de nouveau fixée, s'il y a lieu, ou jusqu'à l'expiration de sa peine.—Si, au contraire, la condamnation entraîne la perte du grade, l'officier ou l'employé qui en est l'objet, cesse d'avoir droit à tout traitement à partir du jour où le jugement est devenu définitif.

112. L'officier en non-activité qui est mis en jugement, reste en possession de sa solde jusqu'au jour du jugement. S'il est condamné, et que sa position militaire ne change point, il conserve la jouissance de la même solde.

Ces dispositions sont applicables aux officiers en congé illimité.

113. Tout officier ou employé détenu, qui vient à mourir avant son jugement, étant présumé innocent, ses héritiers ont droit au rappel auquel il aurait eu droit lui-même s'il avait été acquitté.

Sous-officiers, caporaux ou brigadiers et soldats dans la même position ou conduits par la gendarmerie.

114. Les sous-officiers, caporaux ou brigadiers et soldats ne reçoivent aucune solde pendant le temps de leur détention; mais s'ils sont acquittés, ils sont rappelés, à leur retour au corps, de la solde de congé pour le temps de leur absence, sauf le cas prévu par l'art. 240. S'ils sont condamnés, ils n'ont droit à aucun rappel.

N'ont également droit à aucun rappel pour tout le temps de la route, ceux qui rejoignent après avoir subi une détention par suite de jugement, ou qui voyagent sous l'escorte de la gendarmerie pour quelque cause que ce soit (1).

§ 5.— *De la solde de captivité.*

Droits à la solde de captivité.

115. La solde de captivité est due à tout officier ou employé militaire fait prisonnier de guerre, à dater du lendemain du jour où il est tombé au pouvoir de l'ennemi, jusqu'au jour exclus de sa rentrée en France.

Paiement à faire aux officiers rentrant de captivité.

116. Les officiers et les employés militaires qui sont restés au moins deux mois au pouvoir de l'ennemi, reçoivent, à leur rentrée en France, une avance de deux mois de la solde de captivité de leur grade. Il est fait mention de ce paiement sur la feuille de route qui leur est délivrée.

A leur arrivée à destination, ils sont rappelés de cette solde pour tout le temps de leur captivité, sauf déduction de l'avance qui leur a été faite.

Ceux qui sont restés moins de deux mois chez l'étranger, reçoivent à leur rentrée le paiement de ce qui leur est dû pour la durée de leur captivité.

Sous-officiers, caporaux ou brigadiers et soldats.

117. Les sous-officiers, caporaux ou brigadiers et soldats rentrant des prisons de l'ennemi, ont droit, à titre de secours, à deux mois de solde, s'ils sont restés pendant deux mois au moins au pouvoir de l'ennemi; dans le cas contraire, la solde leur est due pour le temps de leur captivité seulement. Cette allocation a lieu sur le pied de la solde sans vivres, pour les sous-officiers et soldats des corps qui jouissent d'un accroissement de solde en temps de guerre, et pour ceux des autres corps, sur le pied de la solde avec vivres de campagne.

Pièces à produire par les prisonniers rentrés.

118. Les militaires de tout grade rentrant des prisons de l'ennemi sont payés, par les soins du premier sous-intendant militaire auquel ils se présentent, de l'avance ou du décompte énoncé aux articles précédents.

Pour obtenir ce paiement, ils doivent produire, savoir : chaque officier, à défaut de son brevet ou de sa lettre de service, un certificat du commissaire

---

(1) Ceux qui, après avoir subi une peine disciplinaire de détention, retournent librement à leur corps, ont droit, pour la route, à la solde sans vivres, cumulativement avec l'indemnité de route. (1er sem. 1840, p. 210.)

de la puissance chez laquelle il a été détenu, constatant son grade et le temps pendant lequel il est resté en captivité; et chaque sous-officier ou soldat, un semblable certificat, faute de quoi le paiement de ce qui peut être dû aux uns et aux autres est ajourné jusqu'à ce que leurs droits aient été reconnus. Dans ce cas, les officiers ne reçoivent que l'indemnité de séjour pour les journées de station, et ensuite que l'indemnité de route jusqu'à leur arrivée à la destination qui leur a été assignée par l'autorité militaire. Les sous-officiers et soldats n'ont droit qu'à cette dernière indemnité.

Avances autorisées pour les familles des prisonniers de guerre.

119. Lorsque des officiers ou employés militaires ont été faits prisonniers de guerre, le ministre de la guerre peut autoriser leurs familles à recevoir la moitié de leur traitement de captivité.

Les autorisations accordées en vertu de la disposition précédente ne peuvent avoir d'effet que pour une année, si elles ne sont pas renouvelées. — Ces paiements ont lieu à titre d'avance, et la retenue en est opérée sur le décompte de la solde des officiers ou employés, lors de leur retour en France.

En cas de décès d'un officier ou d'un employé militaire prisonnier de guerre, si les avances reçues par sa famille jusqu'au jour où elle est officiellement informée du décès, dépassent le montant du décompte de la solde de captivité, les paiements effectués sont considérés comme définitifs, et le trop perçu ne donne lieu à aucune reprise.

SECTION III. — DE LA SOLDE DE DISPONIBILITÉ.

A qui due.

120. La solde de disponibilité est due aux officiers généraux du cadre d'activité, et aux officiers compris dans les cadres d'organisation du corps royal d'état-major, de l'intendance militaire et des états-majors particuliers de l'artillerie et du génie, qui ne sont pas pourvus de lettres de service.

Officier promu à un grade supérieur.

121. L'officier en disponibilité, qui est promu à un grade supérieur sans changer de position, reçoit la solde de disponibilité de son nouveau grade, à compter du jour où lui est parvenu l'avis de sa promotion, et conformément à ce qui est prescrit par l'art. 32.

Solde payable au lieu de la résidence.

122. Les officiers en disponibilité jouissent de leur traitement dans le lieu où ils résident avec l'autorisation du ministre de la guerre.

Changement de résidence et absence légale.

123. L'officier qui jouit de la solde de disponibilité ne peut changer de domicile qu'après en avoir obtenu la permission du ministre de la guerre.

Il ne peut également s'absenter de son département qu'avec l'autorisation du lieutenant général commandant la division militaire. Cette autorisation doit être présentée au visa de l'intendant ou du sous-intendant militaire chargé de l'ordonnancement de la solde, tant au moment du départ de l'officier qu'à son retour.

124. L'officier en disponibilité qui s'absente régulièrement de son domicile est rappelé de sa solde à son retour : il ne peut en être payé, pendant la durée de son absence, qu'en vertu d'une décision spéciale du ministre de la guerre.

Cas d'absence irrégulière.

125. L'officier en disponibilité qui s'absente de son domicile sans autorisation régulière, ou qui dépasse la limite de sa permission, n'a droit à aucun rappel de solde pour tout le temps de son absence.

SECTION IV.— DES DÉLÉGATIONS.

Cas où les délégations sont autorisées, et formes à suivre.

126. Les officiers et les employés militaires destinés à aller en Corse, ceux embarqués pour toute autre destination que les colonies, et ceux qui font partie d'une armée employée hors du royaume, ont la faculté de déléguer, en faveur de leurs familles ou d'un tiers, jusqu'à concurrence du quart de la solde du grade dont ils sont pourvus au moment de leur départ. Toutefois, cette proportion peut être dépassée lorsque, sur la demande motivée des officiers, le ministre de la guerre juge convenable d'autoriser une exception.

Ceux qui veulent souscrire des délégations doivent en faire, avant leur départ, la déclaration au sous-intendant militaire de l'arrondissement. Cette déclaration porte énonciation des noms, prénoms, armes, grades ou emplois des délégants; du montant de leur solde; de la portion déléguée; de l'époque à commencer de laquelle elle doit être payée; des noms, prénoms et demeures des personnes autorisées à la toucher, et de celles qui doivent leur être substituées en cas de mort ou de refus.

127. Le sous-intendant militaire fait mention des délégations et de leur montant d'une manière détaillée, sur les livrets des officiers sans troupe et employés militaires qui ont délégué, ou sur le livret du corps ou détachement dont le délégant fait partie. Cette mention doit être répétée au dos des lettres de service ou commissions desdits militaires. — Lorsque les livrets sont renouvelés, conformément à l'art. 353, ou lorsque les délégants obtiennent de nouvelles commissions ou lettres de services, la mention est répétée sur les nouveaux livrets et sur les nouvelles commissions ou lettres de service.

128. Les déclarations de délégation sont visées par les sous-intendants militaires, qui énoncent sur cette pièce avoir fait, sur les livrets, lettres de service ou commissions, les mentions ci-dessus prescrites; elles sont ensuite envoyées par ces fonctionnaires au ministre de la guerre, qui donne les ordres nécessaires pour le paiement des sommes déléguées.

Durée et renouvellement des délégations.

129. Les délégations ne peuvent avoir d'effet que pour une année. Néanmoins, si l'absence des délégants se prolonge au delà de ce terme, la délégation peut être renouvelée pour une autre année par-devant le sous-intendant militaire, sous la surveillance administrative duquel les officiers ou employés se trouvent placés. Si la déclaration de délégation n'est pas renouvelée, il ne doit plus être fait aucun paiement après l'année révolue.

Déclarations de délégation après départ.

130. Les officiers ou employés partis sans faire de déclaration de délégation, peuvent user ensuite de cette faculté, en remplissant à leur destination, les formalités prescrites par les articles précédents.

131. Toute délégation cesse de plein droit un mois après la rentrée du délégant dans l'intérieur du royaume.

132. Hors les cas énoncés ci-dessus, nulle délégation ne peut être autorisée que par une décision spéciale du ministre de la guerre.

CHAPITRE III.—*Des Accessoires de Solde.*

SECTION Ire. — DES SUPPLÉMENTS.

§ 1er.—*Du supplément aux instructeurs en chef.*

Fixation du supplément.

133. Les instructeurs en chef des régiments de cavalerie et ceux du corps du train des équipages militaires, ainsi que les capitaines instructeurs d'équitation et de conduite de voitures dans les régiments d'artillerie, ont droit à un supplément du *quart* en sus de la solde, sans accessoires, affectée à leur grade et à leur classe.

N'est pas dû hors de l'exercice.

134. Le supplément mentionné en l'article précédent n'étant attribué qu'à l'exercice des fonctions, les instructeurs cessent d'en jouir dans toutes les positions d'absence, et même s'ils sont en mission.

Les officiers qui les suppléent reçoivent la même allocation, décomptée sur le pied de la solde du grade et de leur classe dans ce grade (1).

§ 2.—*Des suppléments pour ancienneté de grade.*

A qui dûs.

135. Ont droit à un accroissement progressif de solde, pour ancienneté de service dans le grade ou l'emploi : — Les officiers des bataillons d'infanterie légère d'Afrique; — Le régiment des zouaves; — les contrôleurs et les contrôleurs-adjoints des fonderies.

Ces accroissements de solde sont acquis aux ayant droit, à dater du jour où ils ont accompli le temps de service qui en motive l'allocation, conformément aux indications du tarif : mais les contrôleurs ne peuvent en être payés qu'en vertu d'une autorisation spéciale du ministre de la guerre (2).

136 (3).

§ 3.—*Du supplément à la solde de route.*

Supplément pour distances d'étapes parcourues en sus de la première.

137. Le supplément à la solde de route, accordé pour les distances d'étapes parcourues dans un même jour, en sus de la première est dû aux corps et détachements lorsque le mouvement a lieu d'après un ordre spécial du ministre de la guerre, ou, en cas d'urgence, du général commandant sur les lieux. — Les troupes transportées par relais ont droit à ce supplément, mais il n'est point dû à celles qui sont transportées par eau.

---

(1) Les dispositions de l'article qui précède sont applicables aux lieutenants et sous-lieutenants instructeurs du tir des bataillons de chasseurs d'Orléans. 1er sem. 1841. p. 45.

(2) L'article 2 de l'ordonnance du 16 septembre 1843, et la circulaire du 24 octobre, même année, ayant supprimé l'allocation en ce qui concerne les professeurs de l'école d'application de l'artillerie et du génie; les professeurs et les répétiteurs des écoles de l'artillerie et du génie ; on les a fait disparaître ici, mais on y a ajouté le régiment des zouaves, auquel ce bénéfice est accordé par l'ordonnance du 4 août 1839.. (2e sem. 1843, p. 239, 2e sem. 1842. p. 243.)

(3) L'article 136 est entièrement rapporté par l'ordonnance du 18 mars 1843, insérée au Journal militaire, p. 82 du semestre correspondant.

438. § 4 (4).

§ 5. — *Du supplément de solde pour résidence dans Paris.*

Positions donnant droit à ce supplément.

439. Le supplément de solde pour séjour à Paris est dû aux officiers jusqu'au grade de colonel inclusivement, aux sous-officiers, caporaux ou brigadiers et soldats des corps de troupe stationnés, soit dans la capitale, soit dans les places de Vincennes, Bicêtre, Saint-Denis, Neuilly, Rueil, Courbevoie, Saint-Cloud, Sèvres et Meudon (2).

440. Ont droit au même supplément : — 4° Les officiers sans troupe, jusqu'au grade de colonel inclusivement, ainsi que les officiers de santé, officiers d'administration et employés militaires pourvus de lettres de service pour exercer leurs fonctions dans une des localités indiquées en l'article qui précède ;

2° Les officiers de troupe et sans troupe, jusqu'au grade de colonel inclusivement, les officiers de santé, officiers d'administration et employés militaires appelés et retenus temporairement dans l'une de ces places par ordre de notre ministre de la guerre et pour un objet de service ;

3° Les aides de camp de MM. les maréchaux de France, résidant à Paris ;

4° Les élèves de l'école d'application d'état-major ;

5° Les militaires en activité de service appelés à Paris, soit comme membres d'un conseil de guerre, ou d'un conseil d'enquête, soit comme témoins devant un tribunal civil ou militaire. (Ordonnance royale du 26 décembre 1842, 2° sem. 1842, p. 343.);

6° Les officiers employés à l'école d'application du corps royal d'état-major et les inspecteurs des études de l'école royale Polytechnique. (Ordonnance du 16 septembre 1843, 2° sem. 1843, p. 227.)

Les troupes de la division hors Paris ont droit au supplément de solde de Paris, quels que soient les divers points de la banlieue où elles se trouvent placées (2° sem. 1842, p. 314).

441. Nulle autre position que celles désignées dans les articles précédents ne peut donner droit au supplément de solde pour séjour à Paris.

442. Le supplément de solde de Paris n'est dû que pour les journées de présence dans cette place ou dans les localités indiquées en l'article 439. En conséquence, les militaires jouissant de ce supplément qui vont en mission, en congé, ou qui entrent aux hôpitaux, cessent d'y avoir droit à compter du jour de leur départ ou de leur entrée à l'hôpital.

§ 6. — *Du supplément de solde aux officiers employés près les Écoles militaires.*

En quoi consiste ce supplément.

443. (3) Les officiers attachés aux différentes écoles militaires, soit comme faisant partie de l'état-major de ces établissements, soit en qualité de professeurs militaires, ont droit, indistinctement, pour les journées de présence dans ces établissements, à la solde de la première classe de leur grade et de leur arme, avec le supplément du tiers.

---

(1) Ce § et cet article sont relatifs au supplément à l'ordinaire de la troupe pour la fête du Roi.

(2) Et dans les villages circonvoisins de Rueil et de Saint-Cloud. (Dépêche ministérielle du 26 sept. 1840.

(3) Les écoles auxquelles l'article qui précède est applicable sont : L'école d'application de l'artillerie et du génie ; l'école d'application du corps royal d'état-major ; l'école royale polytechnique ; l'école royale de cavalerie, et l'école spéciale militaire.

Les suppressions prononcées par le 2° paragraphe de l'article 143, ne sont autres que celles qui étaient attribuées à quelques officiers, à raison soit de leur affectation à l'enseignement, soit de leur ancienneté d'exercice dans le professorat, et rien n'est changé à l'égard de tous les officiers auxquels les règlements attribuent les frais de représentation, les indemnités de logement ou d'ameublement et de fourrages. Ils doivent continuer d'en jouir avec la solde de la 1re classe de leur grade dans leur arme augmentée du tiers.

Toutes autres allocations à ces officiers sur les fonds du service de la solde ou sur ceux des écoles sont supprimées. (Ordonnance du 16 septembre 1843, 2° sem. 1843, p. 227.)

L'officier de l'intendance militaire qui exerce les fonctions de professeur d'administration dans une école militaire a droit à la solde d'activité de son grade, augmentée du supplément du tiers. (2° § de l'ancien art. 143.) (4)

§ 7. *Du supplément de solde aux militaires employés près les dépôts de recrutement.*

Officiers composant les dépôts de recrutement.

144 La solde des officiers employés dans les dépôts de recrutement et de réserve, est celle attribuée à leur grade et à leur classe dans l'arme dont ils font partie, avec le supplément d'un cinquième.

Ce supplément leur est alloué à compter du lendemain de leur arrivée dans les dépôts, et pour toutes les journées de présence dans ces mêmes dépôts.

Sous-officiers attachés aux mêmes dépôts.

145. Les sous-officiers reçoivent la solde affectée aux militaires de leur grade dans le corps dont ils sont détachés, avec un supplément de 40 centimes par jour. (Ordonnance du 13 mars 1838.)

Les sous-officiers détachés de leurs corps, comme élèves d'administration ont droit au même supplément. (Art. 10 de l'ordonnance du 28 février 1838).

Ce supplément est dû aux uns et aux autres à compter du lendemain de leur arrivée à leur poste.

145 *bis*. La solde des officiers, sous-officiers et caporaux employés comme auxiliaires, est celle attribuée à leur position dans le corps dont ils sont momentanément détachés, avec le supplément affecté par le tableau n° 32 ci-après, aux militaires détachés extraordinairement pour la conduite des recrues. (1er sem. 1844, p. 97, 345 et 346.) (2)

Militaires détachés pour le service du recrutement.

146. Les officiers, sous-officiers, caporaux ou brigadiers et soldats en activité détachés de leurs corps pour la conduite des hommes de nouvelle levée, ont droit, pendant le temps qu'ils sont employés à ce service, savoir :

La circulaire du 24 octobre 1843, accordant à tous les officiers, jusqu'au grade de colonel inclusivement, les bénéfices de l'article 2 de l'ordonnance du 16 septembre, même année, il en résulte implicitement le maintien du 2° paragraphe de l'article 143 supprimé, concernant le sous-intendant militaire qui exerce les fonctions de professeur d'administration dans une école militaire. (2° sem. 1843, p. 259.)

(1) Les modifications suivantes ont été apportées aux dispositions de l'article 143, par les lois de finances des 15 mai 1849 et 15 mai 1850.

« Les capitaines d'état major, les capitaines et lieutenants de cavalerie, d'artillerie et du génie, employés dans les écoles militaires, qui recevaient tous la solde de la 1re classe de leur grade n'ont plus droit qu'à la solde de la classe dont ils sont pourvus.

« Les capitaines hors cadre et lieutenants d'infanterie employés dans lesdites écoles ont droit à la solde de la classe dont ils sont pourvus au moment de leur nomination dans une école.

« Le supplément de solde est réduit du tiers au cinquième pour les officiers de tout grade et employés militaires attachés aux écoles militaires, au collège de La Flèche et à l'école de pyrotechnie, à tout autre titre que celui de professeur ou de répétiteur titulaire. Les professeurs et répétiteurs titulaires, conservent seuls le supplément du tiers.

« Les officiers détachés dans les pénitenciers militaires et dans les ateliers de militaires condamnés au boulet ou aux travaux publics et dont le grade se subdivise en deux classes, n'ont droit qu'à la solde de la classe qui leur a été conférée. Le supplément de solde attribué à ces officiers est réduit du tiers au cinquième.

« Les capitaines qui appartiennent au cadre constitutif de l'école de cavalerie reçoivent la solde de la classe dont ils sont pourvus lors de leur admission à cette école. Les officiers de tous grades et employés militaires auxquels était attribué un supplément du tiers en sus de cette solde, n'y ont plus droit que s'ils exercent titulairement l'emploi de professeur, d'instructeur ou d'écuyer à l'école. Pour les autres, ce supplément est réduit au cinquième de la solde.

Les sous-officiers, caporaux ou brigadiers, soldats, tambours et trompettes employés dans les écoles militaires, au collège de La Flèche et à l'école de pyrotechnie, n'auront plus droit qu'à un supplément d'un cinquième de leur solde au lieu du tiers qui leur était alloué. (*Journal militaire*, 1er sem. 1850, 231.) »

(2) Il n'est dû aucun supplément aux conducteurs de soldats changeant de corps. (2° sem. 1839, . 148.

Les officiers, au supplément du *cinquième* en sus de la solde de leur grade et de leur arme; — *Les* sous-officiers, caporaux ou brigadiers et soldats, au supplément fixé, selon leur position, par le tarif indiqué à l'article précédent.

Le supplément est dû aux uns et aux autres à compter du jour où ils se mettent en route avec les recrues. Ils en conservent la jouissance jusqu'à leur retour au corps, sauf les causes d'interruption déterminées par l'article suivant.

Les militaires également détachés des dépôts de recrutement pour conduire des recrues, continuent à recevoir le supplément de solde affecté à leur position (1).

147. Tout officier, sous-officier, caporal ou brigadier et soldat marchant pour le service du recrutement, et qui, pendant sa route, entre à l'hôpital ou obtient une permission, cesse d'avoir droit au supplément pour la durée de son séjour à l'hôpital ou de sa permission.

§ 8.—*Du supplément de solde aux militaires employés au service de la remonte.*

A qui alloué.

148.—Les officiers, les vétérinaires, les sous-officiers, brigadiers et cavaliers détachés pour le service de la remonte, ont droit, pendant la durée de leur mission, au supplément de solde fixé par le tarif, tableau n° 33.

Les dispositions de l'article précédent leur sont applicables.

SECTION II.—DES HAUTES PAIES.

§ 1er.—*Haute paie journalière d'ancienneté.*

Désignation de la haute paie.

149. Une haute paie journalière d'ancienneté, désignée sous le titre de haute paie de premier, de deuxième et de troisième chevron, est due aux sous-officiers, caporaux ou brigadiers et soldats légalement liés au service. Elle est déterminée, pour chaque degré d'ancienneté, par le tarif, tableau n° 38.

Le premier chevron est acquis à sept ans révolus de service; Le double chevron à onze ans; Et le triple chevron à quinze ans.

Disposition transitoire.

150. L'homme appelé ou engagé sous l'empire de la loi du 9 juin 1824, qui exigeait huit ans de service, n'a droit, s'il se rengage, à la haute paie de premier chevron qu'à l'expiration de la huitième année, qui est la dernière de son service obligé; mais subséquemment la haute paie du double chevron lui est due à l'expiration de sa onzième année de service.

Mode de procéder dans le calcul des services donnant droit à la haute paie.

151. Lorsqu'il s'agit de déterminer les droits des sous-officiers, caporaux ou brigadiers et soldats à la haute paie, les services doivent être comptés de la manière suivante: — Pour les engagés volontaires, à partir du jour où ils ont contracté leur acte d'engagement; — Pour les appelés et les substituants, à compter du 1er janvier de l'année de leur inscription sur les registres matricules du corps; — Pour les remplaçants, soit par les conseils de révision, soit par les corps, à compter de la date de l'acte de remplacement, lorsqu'ils se sont ensuite liés au service par un rengagement volontaire ou un rengagement; — Pour les sous-officiers, caporaux ou brigadiers et soldats venus des enfants de troupe, du jour où ils ont accompli leur dix-huitième année d'âge.

---

(1) Les dispositions de cet article sont applicables aux officiers, sous-officiers, caporaux et soldats qui sont chargés de conduire en détachement, à Toulon, les hommes engagés pour la légion étrangère et non encore incorporés. (Décision minui.térielle du 10 janvier 1846, 1er sem. 140.)

Hommes en congé illimité.

152. Les sous-officiers, caporaux ou brigadiers et soldats qui obtiennent des congés illimités sont admis à compter, pour la haute paie, le temps passé dans cette position.

Dispensés rentrés au service.

153. Le jeune soldat dispensé du service militaire en vertu des paragraphes 3, 4 et 5 de l'article 14 de la loi du 21 mars 1832 sur le recrutement, et qui a perdu ses droits à la dispense, ne peut se prévaloir, pour l'admission à la haute paie, du temps écoulé depuis le jour de la cessation des services, fonctions ou études qui lui avaient fait accorder la dispense, jusqu'à celui de la déclaration à laquelle il est obligé par l'article précité, ou, à défaut de ladite déclaration, jusqu'au jour où il aura reçu une feuille de route pour se rendre à son corps.

Déduction du temps d'absences illégales.

154. Les services admissibles pour le droit à la libération du service militaire, peuvent seuls être comptés pour le droit à la haute paie, et sauf les restrictions contenues dans les articles 151 et 155 de la présente ordonnance, relativement aux remplaçants.

Le temps pendant lequel un militaire a subi une peine correctionnelle quelconque en vertu d'un jugement d'un tribunal civil ou militaire, doit être déduit à partir du jour où sa condamnation est devenue définitive. Toutefois, si la condamnation d'un jeune soldat était antérieure au 1er janvier de l'année où il a été immatriculé, la déduction ne sera faite qu'à partir de cette dernière époque.

Les déserteurs et les insoumis condamnés ne peuvent compter le temps qui s'est écoulé jusqu'au moment où ils ont subi leur peine ou ont été graciés, savoir :

Les déserteurs, depuis le jour de leur désertion ; — Les insoumis, depuis l'époque à laquelle ils ont été déclarés insoumis.

155. Il est tenu compte aux appelés et aux engagés volontaires servant en personne, du service actif qu'ils peuvent avoir fait antérieurement à leur appel ou à leur engagement.

Les remplaçants sont exclus de cette faveur ; toutefois, ils peuvent compter leurs services antérieurs, à quelque titre que ce soit, lorsqu'ils contractent un rengagement après avoir accompli le temps stipulé dans l'acte de remplacement. — Dans aucun cas, les remplaçants ne peuvent faire valoir, pour établir leurs droits à la haute paie, les services déjà faits par les militaires dont ils ont pris la place sous les drapeaux (1).

Services dans les corps étrangers.

156. Les hommes ayant servi dans des corps étrangers soldés par la France, sont admis à compter pour la haute paie leurs services dans ces corps (2).

---

(1) Les sous-officiers, caporaux ou brigadiers qui sont admis par les corps à remplacer, en conservant leurs grades et emplois, comptent pour leur ancienneté dans ces grades et emplois, le temps pendant lequel ils les ont occupés avant d'avoir été libérés. — Toutefois, ce service ne leur compte pour la jouissance de la haute paie qu'après qu'ils ont satisfait aux conditions prescrites par le 2e paragraphe de l'article ci-dessus. (2e sem. 1839, p. 329.)

(2) Toutefois, elle n'est acquise aux sous-officiers et soldats, qui ne sont pas Français, qu'après qu'ils ont contracté un rengagement à la suite de l'expiration de leur premier engagement. (2e sem. 1834, p. 219.)

Cas de changement de corps.

157. Lorsque, par l'effet de rengagement ou de désignation, un sous-officier, caporal, brigadier ou soldat change de corps, il a droit à la haute paie attribuée à l'arme pour laquelle il se rengage ou pour laquelle il est désigné, à compter du jour où il en reçoit la solde.

Hommes ayant servi dans la marine.

158. Les militaires ayant des services dans la marine sont admis à les compter pour la haute paie journalière. — Toutefois, les services comme marin ou comme ouvrier classé, ne comptent que de l'âge de dix-huit ans, et seulement pour le temps passé sur les vaisseaux ou dans les chantiers et arsenaux de l'État.

Corps exclus du droit à la haute paie.

159. Les hommes servant dans les compagnies de sous-officiers, fusiliers, et gendarmes vétérans n'ont pas droit à la haute paie (1).

Dispositions spéciales aux maîtres ouvriers.

160. Les maîtres ouvriers n'ont aucun droit à la haute paie, s'ils ne sont pas liés au service comme appelés ou comme engagés volontaires.

Cette disposition est spécialement applicable aux maîtres armuriers, la commission ministérielle qui leur est délivrée ne pouvant tenir lieu, pour le droit à la haute paie, d'un engagement légal. Lorsqu'ils ont contracté cet engagement, leurs services antérieurs comme maîtres-armuriers leur sont comptés pour la haute paie (2).

161. Les gagistes servant dans un corps de troupe qui contractent un engagement comme soldats, sont admis à la haute paie journalière, à l'expiration du temps de service déterminé par la loi. — Dans ce cas, la durée du premier temps de service court à partir du jour où l'homme a été incorporé comme gagiste ; toutefois il ne lui est pas tenu compte des services antérieurs à l'âge de dix-huit ans.

162. Le maître armurier commissionné, le maître ouvrier gagiste, qui, au moment où il contracte son engagement, a au moins sept ans de service, soit dans le même corps, soit dans des corps différents, a droit à la haute paie journalière attribuée à la classe à laquelle le porte la durée de ses services ; mais la jouissance de cette haute paie ne date que du jour de l'engagement, sans qu'il y ait lieu à aucun rappel pour le temps antérieur. (3)

Les vétérinaires n'ont pas droit à la haute paie.

163. Les vétérinaires étant admis à jouir d'un supplément de solde pour ancienneté de service, n'ont point droit à la haute paie journalière.

---

(1) La haute paie a été accordée aux cavaliers vétérans, par l'ordonnance du 3 février 1843.

(2) Les uns et les autres ne peuvent prétendre à la haute paie comme rengagés devant un fonctionnaire de l'intendance militaire qu'autant que leur rengagement a été précédé d'un engagement volontaire reçu conformément à la loi, ou qui a été contracté pour faire suite au service légal, auquel ils étaient tenus, en qualité d'appelés ou de remplaçants.

Les engagements passés par les maîtres armuriers devant les directeurs ou les conseils d'administration des manufactures d'armes, sont absolument de nul effet pour les droits à la haute paie, en l'absence de l'acte régulier d'engagement dont il vient d'être parlé. (2e sem. 1839, p. 464.

(3) Les musiciens gagistes ont été supprimés par décision ministérielle du 8 juin 1839. (1er sem. 1839, p. 330.)

La haute paie se décompte par jour.

164. La haute paie journalière est décomptée pour chacun des jours dont se compose le mois; elle est allouée dans toutes les positions qui donnent droit à une solde d'activité quelconque, et même dans le cas de prolongation de congé sans solde.

Hommes rentrant des prisons de l'ennemi.

165. Les sous-officiers, caporaux ou brigadiers et soldats jouissant de la haute paie journalière, et qui sont faits prisonniers de guerre, sont, à leur retour en France, rappelés de cette haute paie, sans progression de classe pour tout le temps de leur captivité.

§ 2.—*Hautes paies spéciales aux tambours-major et aux sapeurs.*

Fixation de la haute paie.

166. Il est accordé aux tambours-majors, aux caporaux-sapeurs et aux sapeurs, une haute paie spéciale et journalière fixée par le tarif, tableau n° 38.

Cette haute paie est décomptée et allouée comme il est dit à l'article 164 pour la haute paie d'ancienneté; elle n'est pas due pour le temps de captivité à l'ennemi.

SECTION III.—DES INDEMNITÉS.

§ 1er.—*Des frais de représentation.*

Officiers généraux.

167. L'indemnité pour frais de représentation attribuée aux officiers généraux en activité de service, tant dans l'intérieur qu'aux armées, leur est accordée pour le temps de présence à leur poste.

Lorsqu'un maréchal de camp remplace provisoirement un lieutenant général dans le commandement d'une division, il jouit de l'indemnité entière de représentation affectée à ce commandement, mais il ne peut la cumuler avec celle qui est fixée pour l'exercice des fonctions de son grade. — Cette disposition est applicable à tout colonel, sans distinction d'arme, qui remplace provisoirement un maréchal de camp, ainsi qu'à un lieutenant-colonel d'artillerie chargé du commandement par intérim d'une école de cette arme.

Toutefois, le colonel qui, appelé à remplacer provisoirement un maréchal de camp dans l'intérieur du royaume ou sur le pied de paix, continue de commander une partie quelconque de son corps, conserve l'indemnité de représentation qui lui est personnelle, et reçoit, en outre, le cinquième de celle de l'officier général qu'il supplée; à la charge par lui de pourvoir à la dépense des frais de bureau auxquels ce cinquième est spécialement affecté. (Ordonnance du 11 février 1840) (1).

168. Le maréchal de camp promu au grade de lieutenant général, et le colonel promu au grade de maréchal de camp n'ont droit à l'indemnité de

---

(1) Les dispositions du dernier paragraphe de l'article qui précède sont applicables à ceux de ces chefs de corps qui, dans la même position, commanderaient une brigade active dans l'intérieur ou une école d'artillerie.

Quant aux colonels qui cessent de commander leur corps, lorsqu'ils sont éventuellement appelés à suppléer un maréchal de camp, ils ont droit, sans distinction d'arme, et sans égard à la différence d'allocation en plus ou moins, qui peut en résulter pour eux, à l'indemnité attribuée à l'officier général qu'ils remplacent; l'option, en pareil cas, entre cette représentation affectée à leur nouveau commandement que du jour où ils prennent possession de ce commandement. En conséquence, s'ils restent provisoirement chargés des fonctions de leur ancien grade, l'indemnité continue de leur être allouée sans augmentation.

Commandants de place.

169. Les commandants de place ont droit à une indemnité de représentation pour les journées de présence à leur poste. — En cas d'absence ou de vacance d'emploi, cette indemnité est due intégralement à l'officier chargé du commandement par intérim, quel que soit son grade.

Officiers généraux employés sur le pied de guerre.

170. Des décisions royales déterminent les indemnités de représentation qu'il y a lieu d'affecter sur le pied de guerre aux fonctions de commandant en chef d'armée ou de corps d'armée, de commandant supérieur de l'artillerie ou du génie, de commandant de division ou de brigade, de chef d'état-major, de commandant de l'artillerie ou du génie dans une division, et de directeur de parc d'artillerie, du génie ou des équipages militaires. — Cette disposition est applicable aux fonctions d'intendant général et d'intendant en chef d'armée.

Chefs de corps.

171. L'indemnité de représentation attribuée aux colonels des régiments de toute arme et aux commandants des bataillons ou escadrons formant corps entier, leur est allouée lorsqu'ils commandent une partie quelconque de leur corps.

En l'absence du colonel, l'indemnité est due au lieutenant-colonel qui commande une portion quelconque du corps. — En l'absence du colonel et du lieutenant-colonel, l'indemnité est due à l'officier supérieur commandant le corps.

L'indemnité allouée au commandant d'un régiment n'est pas due lorsque le colonel, tout en conservant le commandement d'une partie quelconque de son corps, remplit simultanément les fonctions de maréchal de camp.

L'indemnité n'est pas due dans un bataillon ou escadron formant corps entier, lorsque le chef de bataillon ou d'escadron est absent. Mais si le chef du corps est lieutenant-colonel, l'indemnité est due, en son absence, au chef de bataillon qui le remplace (1).

Cumul de deux indemnités, interdit.

172. Dans aucun cas, et sous aucun prétexte, un officier général ou supérieur remplissant des fonctions distinctes ne peut cumuler deux indemnités de représentation.

---

dernière indemnité et celle qui leur est personnelle, n'est autorisée par aucune disposition réglementaire. (1er sem. 1840, p. 49.)

Le commandement d'une subdivision ne peut jamais être confié aux lieutenants-colonels ni aux chefs de bataillon ou d'escadron. (2e sem. 1837, p. 485.)

Le lieutenant-général ou le maréchal de camp qui, dans les cas prévus par la décision royale du 27 août 1837, réunit à son commandement celui d'une ou plusieurs subdivisions militaires, reçoit, avec l'intégralité de son indemnité personnelle de représentation, le cinquième de l'indemnité attribuée à chacun de ces derniers commandements, à la charge par lui de pourvoir à toutes les dépenses de frais de bureau qu'ils entraînent. (Décision royale du 9 août 1840, 2e sem. du Journal militaire, p. 479.)

(1) L'indemnité n'est pas due lorsqu'il y a absence pour quelque cause que ce soit, même pour assister à un conseil d'enquête. (Feuille de rectification ministérielle du 8 mars 1839, 7e lanciers, 4e trimestre 1837.)

§ 2. — *De l'indemnité représentative de fourrages.*

Positions dans lesquelles cette indemnité est due.

173. Les officiers ou employés militaires à qui les tarifs attribuent l'indemnité représentative de fourrages, en jouissent dans toutes les positions qui leur donnent droit à une solde quelconque d'activité. — Elle leur est due même pendant la durée des congés ou des prolongations de congé sans solde (1).

Elle n'est pas due aux armées.

174. L'indemnité représentative de fourrages n'est point due dans les armées où les rassemblements mis sur le pied de guerre, à moins que l'allocation n'en soit spécialement autorisée par le Ministre de la guerre. — Hors ce cas, et sauf les exceptions comprises dans l'article 179 ci-après, l'indemnité de fourrages ne peut jamais être payée que pour le nombre de rations dues sur le pied de paix (2).

Officiers de cavalerie allant en congé ou aux eaux.

175. Les officiers des corps de troupes à cheval allant en congé ou aux eaux, qui emmènent leurs chevaux, ont doit, pour le temps de leur absence, à l'indemnité représentative de fourrages, à la charge par eux de produire les justifications prescrites par l'article 180. — Si, au moment de leur départ ces officiers ne sont pas montés, l'indemnité leur est allouée, dans la limite du nombre de chevaux attribué à leur grade, pour ceux qu'ils auraient ultérieurement achetés, et à compter du jour où le sous-intendant militaire compétent en aura constaté l'existence par l'inscription de leur signalement sur la feuille de route des officiers (3).

Officiers attachés aux dépôts de recrutement.

176. N'ont point droit à l'indemnité représentative de fourrages, quand ils sont attachés aux dépôts de recrutement, les officiers de tout grade d'état-major ou de troupes à cheval, ni les chefs de bataillon d'infanterie (4).

Officiers et employés se rendant à une armée ou en revenant.

177. Les officiers et employés auxquels l'indemnité de fourrages est attribuée, et qui reçoivent l'ordre de se rendre à une armée ou à un rassemblement mis sur le pied de guerre, ont droit à cette indemnité pour le nombre de chevaux qui leur est attribué sur le pied de guerre, à compter du jour de leur départ jusqu'à celui exclus de leur arrivée à l'armée, où ils doivent recevoir les fourrages en nature.

178. Les officiers qui s'éloignent momentanément de l'armée par suite de

---

(1) Elle n'est pas due à l'officier qui obtient un congé pour se retirer dans ses foyers, en attendant la fixation de sa retraite. (Article 30 de la présente ordonnance.)

(2) L'indemnité représentative de fourrages est accordée aux sous-officiers, brigadiers et soldats des escadrons de spahis stationnés dans l'étendue de la division de Constantine. Le taux en est fixé chaque semestre, sur la proposition de l'intendant militaire de la division et l'avis de M. le gouverneur de l'Algérie. La perception des fourrages en nature est néanmoins facultative. (2e sem. 1842. p. 349.)

Les officiers des corps de cavalerie qui se rendent à l'école royale de cavalerie de Saumur à l'effet d'en suivre les cours et ceux qui en partent pour retourner à leur corps, ne peuvent jamais prétendre à l'indemnité représentative de fourrages. (2e sem. 1843, p. 487.)

(3) Elle n'est due, dans aucun cas, aux officiers venus de l'armée d'Afrique en congé en France. (Plusieurs feuilles de rectification ministérielle.)

(4) Les dispositions de cet article sont corroborées au 1er sem. 1844, p. 345.

mission jouissent également de l'indemnité de fourrages pour le nombre de chevaux qui leur est attribué sur le pied de guerre, pendant tout le temps de leur absence de l'armée, s'ils justifient qu'ils ont emmené et conservé leurs chevaux.

179. L'indemnité sur le pied de guerre est due, sous les conditions prescrites par l'article précédent, aux officiers qui passent d'une armée à une autre, ou qui sont rappelés isolément dans l'intérieur, depuis le jour de leur sortie du territoire de l'armée jusqu'à celui inclus de leur arrivée à leur nouvelle destination. S'ils sont rentrés avec l'armée dont ils faisaient partie, l'indemnité leur est en outre continuée pendant un mois, à partir de cette dernière époque, pour les chevaux qu'ils possèdent encore.

Officiers de cavalerie en mission, membres d'un tribunal militaire ou employés dans les dépôts de remonte.

180. Les officiers des corps de troupes à cheval en mission ont droit à l'indemnité de fourrages depuis le jour de leur départ jusqu'à celui de leur rentrée inclusivement, lorsqu'ils ont emmené leurs chevaux avec eux; ce qui doit être constaté par un certificat du conseil d'administration, visé par le sous-intendant militaire.

Indépendamment de ces formalités, le signalement des chevaux doit être inscrit sur la feuille de route de l'officier, lequel est tenu d'en faire constater de nouveau l'existence et l'identité par le sous-intendant militaire ou son suppléant, tant à son arrivée à destination qu'à son départ pour rejoindre. — Cette disposition est applicable à ceux qui sont nommés membres d'un tribunal militaire séant hors du lieu de leur garnison.

Les officiers de tous grades, employés dans les établissements de remonte, reçoivent l'indemnité de fourrages pour les chevaux qu'ils emmènent avec eux lorsqu'ils vont en tournée, et les fourrages en nature lorsqu'ils sont présents au dépôt.

181. Les officiers d'état-major classés dans des corps de troupes à cheval, et qui, avant d'avoir rejoint, sont employés aux travaux de la carte de France, n'ont point droit à l'indemnité de fourrages pendant la durée de leur mission. S'ils ont rejoint, les dispositions des deux premiers paragraphes de l'article précédent leur sont applicables.

182. Les officiers de cavalerie rejoignant pour la première fois un corps, ou passant d'un corps de cavalerie dans un autre corps de troupe à cheval, ou d'une portion de leur corps à une autre portion, sont rappelés, depuis le jour de leur départ jusqu'à celui inclus de leur arrivée, de l'indemnité représentative de fourrages pour ceux des chevaux attribués à leur grade, qu'ils justifient avoir emmenés avec eux.

Officiers passant de la non-activité à l'activité.

183. Les officiers sans troupe et ceux des corps d'infanterie, ainsi que les employés militaires à qui l'indemnité de fourrages est attribuée, commencent à en jouir lorsqu'ils passent de l'état de non-activité à celui d'activité, à compter du jour où ils ont droit à la solde de leur nouvelle position.

Officiers promus.

184. Les officiers promus à un grade qui leur donne droit à l'indemnité de fourrages, ou à un accroissement de cette même indemnité, reçoivent celle qui est affectée à leur nouveau grade, à compter du jour où la solde de ce grade leur est allouée.

Officiers en retard de rejoindre.

185. L'officier de toute arme voyageant isolément et à qui l'indemnité de fourrages est attribuée, n'en reçoit point le rappel s'il rentre après les délais fixés par sa feuille de route.

§ 2. — *De l'indemnité de logement et d'ameublement.*

Règles d'allocation.

186. L'indemnité de logement est due, en station dans l'intérieur du royaume, aux officiers et employés militaires qui ne sont ni campés, ni baraqués, ni logés dans les bâtiments de l'État, ou aux frais des communes. — Ceux logés dans les bâtiments non meublés, et ceux campés ou baraqués dans l'intérieur, ont droit seulement à l'indemnité d'ameublement (1).

Inspecteurs généraux d'armes

187. Les inspecteurs généraux d'armes et leurs aides de camp, ont droit à l'indemnité du logement pendant toute la durée de leur mission.

Officiers sans troupe en mission, en congé, aux hôpitaux ou changeant de résidence.

188. Les officiers sans troupe et les employés militaires en congé ou en prolongation de congé, en mission ou aux hôpitaux, continuent d'avoir droit, sans interruption, s'ils restent titulaires de leur résidence, à l'indemnité de logement ou d'ameublement dont ils jouissaient au moment de leur départ. — Dans le cas de changement de résidence, ces officiers ou employés ne conservent l'indemnité, s'ils sont présents, que pour la quinzaine commencée au jour de leur départ, et s'ils sont absents, que pour la quinzaine dans laquelle leur est parvenu leur nouvel ordre de service, sans toutefois que la même indemnité puisse être allouée aux uns et aux autres, pour la même quinzaine, à leur destination (2).

Officiers appelés en témoignage.

189. Les officiers et employés militaires appelés en témoignage près d'un conseil d'enquête, d'un tribunal civil ou militaire séant hors du lieu de leur garnison ou de leur résidence, ont droit à l'indemnité de logement pendant leur absence, s'ils en jouissaient précédemment.

Officiers changeant de position.

190. L'officier passant de la non-activité à l'activité, et celui qui vient

---

(1) Elle est due aux officiers de l'armée d'Afrique sur le pied déterminé par le tarif du 13 août 1851, rapporté ci-après, tableau n° 55 *ter.*

(2) Les officiers généraux employés en Algérie, venus en France par congé, n'ont point droit aux indemnités de logement pendant la durée de leur congé. (Feuille de rectification ministérielle du 13 novembre 1843, n° 4.)

Voir la note de l'article 56 qui exclut les officiers qui séjournent en Afrique après y avoir conduit des détachements.

L'indemnité de logement complète celle d'ameublement; mais si, lors d'un changement, cette dernière a été payée dans l'ancienne garnison pour la quinzaine entière, il y aura lieu, si l'officier est logé à ses frais dans sa nouvelle résidence, de faire le rappel de la différence entre l'indemnité d'ameublement et celle de logement à partir du lendemain de son arrivée pour le nombre do journées appartenant encore à cette quinzaine; (Dépêche ministérielle du 25 septembre 1839.)

d'une résidence où il était logé et meublé aux frais de l'Etat, n'ont droit à l'indemnité de logement ou d'ameublement qu'à compter du lendemain de leur arrivée à leur poste.

191. Tout officier passant de l'activité à la non-activité, à la retraite, à la réforme, ou qui est mis en jugement ou détenu, continue d'avoir droit à l'indemnité de logement ou d'ameublement jusqu'à l'expiration de la quinzaine pendant laquelle son service cesse.

Cette disposition est applicable au cas de décès.

Officiers nommés à un grade supérieur.

192. L'officier qui, jouissant déjà de l'indemnité de logement, est promu à un grade supérieur, reçoit l'indemnité affectée à son nouveau grade à compter du jour où il a droit à lasolde de ce grade.

Officiers de troupe allant aux hôpitaux, en congé, ou qui changent de garnison.

193. Les officiers de corps de troupe qui entrent aux hôpitaux, qui vont en congé ou qui se rendent à une nouvelle garnison, ne cessent d'avoir droit à l'indemnité de logement ou d'ameublement, s'ils en jouissaient, qu'après l'expiration de la quinzaine pendant laquelle leur changement de position a lieu, et sans que cette allocation puisse être renouvelée pour la même quinzaine, ainsi qu'il est dit à l'article 188.

L'officier changeant de garnison ou de résidence par suite de promotion, et qui arrive à sa destination avant l'expiration de la quinzaine pour laquelle l'indemnité lui a été allouée à son départ, est rappelé, à dater du lendemain de son arrivée, du complément de l'indemnité de logement ou d'ameublement qui lui revient d'après son nouveau grade (1).

Officiers allant aux eaux.

194. Les officiers de corps de troupe qui obtiennent des congés avec solde de présence pour aller prendre les eaux dans des établissements militaires ou civils, et qui n'y sont pas traités aux frais de l'Etat, ont droit à l'indemnité de logement pour le temps effectif de leur séjour dûment constaté dans ces établissements.

Officiers démissionnaires.

195. L'officier démissionnaire cesse d'avoir droit à l'indemnité de logement ou d'ameublement à compter du lendemain du jour où il a reçu l'avis de l'acceptation de sa démission.

Officiers en recrutement.

196. Les officiers supérieurs, membres des conseils de révision du recrutement, continuent à jouir de l'indemnité de logement pendant leur séjour dans les lieux où ils remplissent cette mission.

197. Les officiers employés à la conduite des recrues, et qui, au moment de leur départ, jouissent de l'indemnité de logement, la conservent pour le temps de leur absence, lors même qu'ils seraient logés pendant leur route par les soins des maires.—Cette disposition est applicable aux officiers de troupes à cheval, qui vont chercher des chevaux de remonte pour les amener à leurs corps (2).

---

(1) Les officiers autorisés à concourir à Paris pour leur admission à l'école d'application d'état-major, n'ont point droit, pendant ce temps, à l'indemnité de logement. (Lettre ministérielle du 16 décembre 1840, à M. l'intendant de la 19° division, n° 4697.)

(2) Suivant une dépêche ministérielle du 10 mai 1838, les dispositions de celle du 12 mars 1835, qui excluaient

Supplément pour séjour à Paris.

198 Les suppléments aux indemnités de logement ou d'ameublement accordés pour le séjour à Paris, sont dus à tout officier ayant droit au supplément de solde dans cette place, s'il y est logé ou meublé à ses frais ; mais il ne sont pas dus aux officiers des corps de troupe qui se trouvent stationnés dans les différentes places de la banlieue désignées à l'article 139 pour le temps pendant lequel ces officiers ne sont point de service dans Paris.

Les officiers généraux et les intendants militaires qui sont pourvus de lettres de service pour exercer leurs fonctions à Paris, ou qui y sont appelés et retenus temporairement par ordre de notre ministre de la guerre, pour un objet de service, ont droit aux suppléments d'indemnité de logement ou d'ameublement.

Les inspecteurs généraux d'armes exerçant les fonctions dans la banlieue y ont également droit.

Ces suppléments sont alloués par quinzaine dans les cas prévus par les articles 188 et 193. (Ordonnance du 20 décembre 1842. Journal militaire, p. 313.)

Les officiers, jusqu'au grade de colonel inclusivement, attachés à l'école d'état-major, et les inspecteurs des études de l'école polytechnique ont droit au supplément. (2ᵉ Sem., 1843, p. 260.) (1)

Médecins et pharmaciens civils.

199. Les médecins et pharmaciens civils, chargés du service des salles militaires dans les hôpitaux civils ou militaires, n'ont droit à aucune indemnité de logement, sauf le cas où ils sont obligés de quitter leur résidence sans pouvoir être logés dans les bâtiments de l'État.

Supplément pour emplacement de bureaux.

200. Il est accordé aux officiers commandant les dépôts de recrutement, ainsi qu'aux trésoriers et officiers d'habillement des corps, un supplément d'indemnité de logement pour l'emplacement de leurs bureaux, lorsque cet emplacement n'a pu leur être fourni dans les bâtiments de l'État.

Les officiers payeurs ont droit à un supplément de même nature, quand ils sont employés près d'une portion de corps ayant un conseil d'administration éventuel, et qu'en outre leur bureau n'est pas établi dans un bâtiment militaire.

Ce supplément est réduit à la moitié si le local est fourni sans meubles.

Officiers qui refusent le logement ou les meubles qui leur sont assignés.

201. L'officier qui refuse d'occuper le logement qui lui est assigné dans

---

du droit à la continuation de l'indemnité de logement après la quinzaine commencée, les officiers détachés pendant un an près des dépôts de remonte pour l'instruction des chevaux, ne sont plus applicables à ces officiers, attendu, y est-il dit, que la condition admise par la dépêche ministérielle du 12 mars 1835, n'est pas reproduite dans l'article 197 ci-dessus.

Les officiers des troupes d'artillerie, chargés de la visite des armes dans les corps et qui, au moment de leur départ, jouiront de l'indemnité de logement ou d'ameublement, la conserveront pendant la durée de leur mission, par analogie avec ce qui est réglé par l'article 197 de l'ordonnance du 25 décembre 1837, pour les officiers employés à la conduite des recrues et des chevaux de remonte. (Décision du Président de la République du 17 mars 1851 ; Journal militaire, 1ᵉʳ sem. p. 89.)

(1) Les troupes de la division hors Paris, quels que soient les divers points de la banlieue où elles se trouvent placées, et qui sont baraquées sur ces mêmes points, ont droit au supplément d'indemnité d'ameublement de Paris. (Ordonnance du 20 décembre 1842, 2ᵉ sem. du Journal militaire, p. 314.)

Les officiers de la même division qui ne peuvent être logés ni dans les baraques ni dans les bâtiments loués par l'État ou qui sont logés sans meubles dans lesdits bâtiments, ont droit à l'indemnité de logement ou d'ameublement sur le pied de Paris. (Décision royale du 9 mars 1843, et dépêche ministérielle du 14 dudit mois, non insérée au Journal militaire.)

un bâtiment de l'Etat, ne peut prétendre à l'indemnité représentative de logement.—Il ne peut pas non plus prétendre à l'indemnité d'ameublement, s'il refuse les meubles qui lui sont fournis au compte de l'Etat.

§ 4.—*De l'indemnité pour frais de bureau.*

Elle est due pour la durée des fonctions.

202. L'indemnité attribuée pour frais de bureau aux chefs d'état-major de divisions militaires, aux intendants, sous-intendants militaires et adjoints à l'intendance, aux directeurs d'artillerie, du génie et des équipages militaires, aux commandants des établissements de remonte, ainsi qu'aux adjudants de place commandants de postes militaires, citadelles, forts ou châteaux non classés parmi les places de guerre, leur est allouée à dater du jour de leur entrée en fonctions ; elle cesse avec ces mêmes fonctions.—En conséquence, celui qui passe d'une résidence à une autre, n'a point droit à cette indemnité pour le temps de la route.

Les absences légales n'en suspendent pas la jouissance.

203. Les officiers désignés en l'article précédent, qui s'absentent momentanément de leur poste en vertu d'une autorisation régulière, conservent leurs droits à l'indemnité de frais de bureau pendant tout le temps de leur absence, à la charge par eux de pourvoir à la dépense de leurs bureaux. S'ils ne remplissent pas cette condition, l'indemnité est acquise de droit à leurs suppléants.

En cas de vacance d'emploi, l'indemnité est due à l'intérimaire

Officiers exerçant des fonctions supérieures.

204. Lorsqu'un sous-intendant militaire est commissionné pour remplir les fonctions d'intendant, il a droit à l'indemnité de frais de bureau attribuée à ces fonctions.

Lorsqu'un officier d'artillerie ou du génie est commissionné pour remplir les fonctions d'intendant, il a droit à l'indemnité de frais de bureau attribuée à ces fonctions.

Majors et officiers comptables des corps.

205. Des indemnités de frais de bureau sont personnellement accordées dans les corps de troupe aux majors, trésoriers, officiers d'habillement, officiers payeurs, ainsi qu'aux commandants des compagnies formant corps.

L'allocation de ces indemnités a lieu conformément aux règles déterminées par les articles 202 et 203. Accordées à titre d'abonnement, elles doivent subvenir à toutes les dépenses de frais de bureau qui se rattachent à l'exercice des fonctions de chaque emploi, d'après les indications du tarif, tableau n° 42, et sans que, dans aucun cas, des dépenses de cette nature puissent être prélevées sur les masses générales d'entretien.

Corps de nouvelle formation.

206. Il est alloué aux corps de nouvelle formation et à ceux dont le nombre de bataillons, compagnies, escadrons, ou batteries se trouve augmenté, une indemnité spéciale pour les dépenses de premier achat de registres et autres objets nécessaires à la comptabilité et à l'administration du corps.

Cette indemnité est fixée par le tarif, tableau n° 43.

Disposition spéciale à l'état de guerre.

207. Sur le pied de guerre, les officiers désignés en l'article 202, ainsi que les commandants des parcs d'équipages et les commandants chargés des détails des dépôts de prisonniers de guerre étrangers, ne jouissent également de l'indemnité de frais de bureau que pendant la durée effective de leurs fonctions.

§ 5. — *Des indemnités en remplacement de vivres.*

Fournitures qu'elles représentent.

208. Des indemnités peuvent être accordées en remplacement des vivres de campagne, de l'eau-de-vie ou du vin.

Cas où elles sont dues.

209. Ces indemnités sont dues aux corps de troupes et aux militaires, dans les mêmes positions où ils ont droit aux distributions en nature qu'elles représentent.

Par qui autorisées.

210. Hors le cas de force majeure, aucune indemnité en remplacement de vivres ne doit être allouée sans une décision spéciale du ministre de la guerre.

§ 6. — *De l'indemnité extraordinaire allouée en cas de rassemblement.*

Règles d'allocation.

211. Lorsque des rassemblements extraordinaires de troupes ont lieu, il est accordé aux officiers, sous-officiers, caporaux ou brigadiers et soldats, ainsi qu'aux employés militaires qui font partie de ces rassemblements, une indemnité motivée sur la cherté locale des vivres. Cette allocation doit préalablement être autorisée par une décision royale. — L'indemnité n'est due que pour les journées passées dans la circonscription du rassemblement, soit en marche, soit en station. Elle est fixée, selon les grades ou emplois, et pour toutes les armes indistinctement, par le tarif, tableau n° 44 (1).

§ 7. — *Des indemnités pour pertes de chevaux ou d'effets.*

Perte de chevaux.

212. Les officiers autorisés, en raison de leur arme ou de leur grade, à avoir des chevaux, et qui ont été faits prisonniers de guerre autrement que par capitulation, reçoivent à leur retour des prisons de l'ennemi, pour la perte de leurs chevaux, l'indemnité déterminée par le tarif, tableau n° 45.

Perte d'effets.

213. L'indemnité pour perte d'effets est due aux officiers qui, ayant été faits prisonniers de guerre autrement que par capitulation, et étant de retour des prisons de l'ennemi, reçoivent l'ordre de rentrer immédiatement en campagne.

Les pertes de cette nature éprouvées par les officiers dans d'autres circonstances dérivant d'un service commandé, et par suite d'événements de force majeure dûment constatés, n'ouvrent de droit à indemnité qu'en vertu d'une décision spéciale du ministre de la guerre, rendue sur un rapport motivé.

---

(1) L'indemnité est due à tous les enfants de troupe qui ont accompli leur 14ᵉ année, mais non aux autres. (Solution ministérielle du 27 mai 1840, adressée à M. l'intendant de la 7ᵉ division.)

Justification des pertes.

214. Les indemnités pour pertes de chevaux ou d'effets, en cas de captivité, ne peuvent être allouées aux officiers sans troupe que sur des extraits des contrôles annuels délivrés par les officiers de l'intendance militaire dépositaires de ces contrôles, constatant l'époque de la captivité ainsi que l'affaire où chaque officier a été fait prisonnier de guerre. Si les contrôles annuels ont été envoyés au ministère de la guerre, conformément aux dispositions de l'article 456, les indemnités ne peuvent être accordées que sur une autorisation du ministre.

Pour les officiers de troupe, les indemnités de pertes ne peuvent être accordées que sur un certificat du conseil d'administration de leur corps, constatant également l'époque de la captivité et l'affaire où elle a eu lieu. Ce certificat doit être visé par le sous-intendant militaire, après vérification, tant sur les contrôles annuels que sur le contrôle particulier des prisonniers de guerre et le registre de service des officiers.

Chevaux tués dans une action.

215. Les officiers qui, dans une guerre contre l'ennemi, ont eu des chevaux tués, reçoivent pour chaque cheval l'indemnité fixée par le tarif, tableau n° 43. La perte est constatée par des certificats qui en précisent la date et indiquent l'affaire où elle a eu lieu. Les certificats sont délivrés, savoir :

Pour les officiers sans troupe, par les chefs d'état-major; — Pour les officiers des corps, par les conseils d'administration de ces corps, ou, à défaut de conseil, par le commandant de la troupe.

Ces certificats sont visés par les généraux commandant en chef l'armée ou le corps d'armée. Ils doivent, sous peine de déchéance, être remis, dans les quinze jours qui suivent l'événement, à l'intendant ou au sous-intendant militaire chargé d'ordonnancer le paiement de la solde des officiers qui ont éprouvé les pertes.

Perte de chevaux dans l'intérieur.

216. Les capitaines des corps de cavalerie, d'artillerie, du train des parcs d'artillerie, des compagnies de sapeurs-conducteurs et du train des équipages militaires, sont susceptibles d'obtenir des indemnités pour les chevaux qu'ils perdent en temps de paix comme en temps de guerre, par des causes extraordinaires, telles que la fracture d'un membre, la morve, les suites d'une maladie épizootique et autres circonstances dont l'appréciation est réservée au ministre de la guerre (1).

L'indemnité leur est accordée quand ils ont perdu deux chevaux par de semblables causes dans l'espace de deux années, mais pour un cheval seulement.

Ont également droit à l'indemnité, quand ils ont perdu leur cheval par l'une des causes indiquées ci-dessus, les lieutenants et sous-lieutenants d'artillerie, du train des parcs d'artillerie, de sapeurs-conducteurs, du train des équipages militaires et les chirurgiens-majors et aides-majors de tous les corps de troupes à cheval (2).

---

(1) Les lieutenants et sous-lieutenants des corps de cavalerie ne participent point au bénéfice de cette mesure, parce qu'il leur est accordé un cheval de première monture, et, en cas de perte, un cheval de remplacement.

(2) Les lieutenants et sous-lieutenants, les chirurgiens, aides et sous-aides majors des corps de troupes à cheval, ainsi que les officiers d'état-major détachés dans ces mêmes corps,

Fixation des indemnités.

217. Les indemnités mentionnées en l'article précédent sont réglées par le ministre de la guerre, d'après les demandes que lui adressent les conseils d'administration des régiments, et en raison de la valeur estimative des chevaux, constatée, tant à la revue d'inspection qui a suivi l'achat qu'au moment de la perte. Mais, dans aucun cas, elles ne peuvent dépasser, pour chaque officier, les deux tiers du prix de la remonte de l'arme.

Pièces à produire à l'appui des demandes.

218. Les demandes des conseils d'administration doivent être formées dans le mois qui suit la perte, et appuyées :

1° D'un état de proposition ; — 2° D'un extrait du contrôle annuel des chevaux constatant la date de l'achat et l'estimation qui a été faite à la revue d'inspection ; — Des procès-verbaux dressés par les sous-intendants militaires pour constater, en présence du chef du corps et d'après la déclaration du vétérinaire, les causes des pertes, ainsi que la valeur des chevaux au moment où ces pertes ont eu lieu.

§ 8. — *De l'indemnité attribuée aux vaguemestres des corps.*

Fixation de l'indemnité.

219. Les vaguemestres des corps de troupe, tant de l'intérieur qu'aux armées, reçoivent, suivant leur position, une indemnité journalière fixée par le tarif, tableau n. 46.

220. L'indemnité attribuée aux vaguemestres ou à leurs suppléants leur est allouée pour les journées effectives de service dans cet emploi.

SECTION IV. — DES GRATIFICATIONS.

§ 1er. — *De la première mise d'équipement aux sous-officiers promus officiers.*

Fixation de la gratification.

221. Les sous-officiers promus officiers jouissent d'une gratification de première mise qui est fixée, selon l'arme, par le tarif, tableau n. 47. — Ceux qui sont promus dans la cavalerie reçoivent, en outre, un cheval qu'ils ont le droit de choisir dans la première remonte. — Les sous-officiers promus officiers dans les régiments d'artillerie, le train des parcs d'artillerie, les compagnies de sapeurs-conducteurs et le train des équipages militaires, reçoivent, d'après l'autorisation du ministre de la guerre, et lorsqu'un cheval ne leur est pas fourni, une indemnité représentative payable sur les fonds affectés au service de la remonte générale.

A qui allouée.

222. La gratification de première mise est allouée à tout sous-officier en activité au moment de sa promotion au grade de sous-lieutenant, dans un des corps de l'armée, quelle que soit la durée de ses services. S'il passe immédiatement à un autre corps, la gratification lui est payée avant son départ.

Supplément éventuel aux sous-officiers promus dans l'artillerie.

223. Les sous-officiers des troupes d'artillerie promus au grade de sous-

---

étant montés aux frais de l'Etat, les dispositions ci-contre ne sont plus applicables qu'aux capitaines et aux chirurgiens-majors pour les chevaux qui restent à leur charge. (2° sem. 1837, p. 367. — 2° sem. 1839, p. 86. — 2° sem. 1838, p. 163. — 1er sem. 1841, p. 276.)

lieutenant, et placés d'abord dans une position qui n'exige pas qu'ils soient montés, reçoivent, s'ils viennent à passer ultérieurement avec ce grade ou comme lieutenants dans une batterie, un supplément de gratification fixé par le tarif, tableau n. 47. Dans le même cas, il est accordé à ces officiers un cheval de première monture, ou à défaut, une indemnité représentative, ainsi qu'il est dit à l'art. 221.

§ 2.—*Des gratifications aux sous-officiers et caporaux ou brigadiers instructeurs.*

À qui et comment allouées.

224. Des gratifications annuelles sont accordées, dans les corps de toutes armes (les vétérans exceptés), aux sous-officiers, caporaux ou brigadiers chargés spécialement de l'instruction.

Ces gratifications sont fixées, selon l'arme et le corps, par le tarif, tableau n. 48.

Répartition.

225. Les inspecteurs généraux d'armes arrêtent, à la fin de l'inspection de chaque corps, la répartition de la gratification entre les instructeurs qu'ils ont jugés les plus méritants.

Les officiers ne peuvent en aucun cas participer à cette répartition.

§ 3.—*De la gratification d'entrée en campagne.*

Cas où elle est due.

226. L'officier ou l'employé militaire qui reçoit l'ordre de se rendre à une armée active, stationnée dans l'intérieur ou hors du royaume, et qui exécute cet ordre, a droit à la gratification d'entrée en campagne affectée à son grade par le tarif, tableau n. 49. --- Cette gratification n'est pas due à l'officier envoyé à l'armée pour y remplir une mission temporaire.

Droits des sous-officiers promus officiers.

227. Tout sous-officier promu au grade de sous-lieutenant étant à une armée active a droit à la gratification, s'il y reste employé dans son nouveau grade ou s'il passe à une autre armée. --- Dans la même position, l'officier qui avance en grade, sans cesser non plus de faire partie d'une armée active, reçoit le complément de la gratification affectée à son nouveau grade.

Retour des officiers à une armée active.

228. Tout officier ou employé militaire rentré d'une armée active autrement que par congé ou mission, et qui reçoit l'ordre d'y retourner ou de se rendre à une autre armée, après avoir séjourné plus d'un an dans l'intérieur, a droit à une nouvelle gratification d'entrée en campagne, selon le grade dont il est alors pourvu. — Dans les mêmes circonstances, les officiers de cavalerie, et généralement tous ceux qui doivent être montés en temps de guerre, reçoivent s'ils ont séjourné moins d'un an dans l'intérieur, la moitié de la gratification attribuée à leur grade. Ceux de ces officiers qui auraient été promus depuis leur retour de l'armée, ont droit, indépendamment de la demi-gratification sur le pied de leur ancien grade, au complément de celle du grade supérieur.

Paiement de la gratification.

229. La gratification d'entrée en campagne ne peut être payée aux officiers y ayant droit que d'après un ordre spécial du ministre de la guerre.

230. L'officier qui, après avoir touché la gratification d'entrée en campagne, reste dans l'intérieur, est passible du remboursement de cette gratification, à moins qu'il n'y soit retenu par une circonstance indépendante de sa volonté.

CHAPITRE IV. --- *De la solde de non-activité.*

Définition de la solde de non-activité.

231. La solde de non-activité est due à tout officier appelé à la recevoir dans les cas déterminés par la loi du 19 mai 1834. — Cette solde varie suivant les causes d'admission spécifiées parla même loi, et s'applique au grade selon la spécialité des armes. Lorsque le grade ou l'emploi se divise en classes, la solde n'est allouée que sur le pied de la dernière classe, à moins que la classe ne corresponde à un grade différent.

Autorisation de paiement réservée au Ministre.

232. Nul ne peut recevoir la solde de non-activité ailleurs que dans le lieu de sa résidence, et sans l'autorisation préalable du ministre de la guerre, laquelle est indépendante du titre dont l'officier doit être pourvu.

233. Les officiers en non-activité sont soumis, en cas d'absence, aux règles déterminées par les articles 124 et 125, concernant les officiers en disponibilité.

CHAPITRE V. --- *Dispositions concernant les traitements transitoires.*

234. (1).

Officiers en congé illimité.

235. La solde de congé illimité est le traitement que reçoivent les officiers de tout grade, qui ont cessé de faire partie des cadres de l'armée, en vertu des ordonnances des 11 août et 30 septembre 1830. — Ce traitement consiste dans la demi-solde de la dernière classe de chaque grade, telle qu'elle était réglée à l'époque où les officiers qui en jouissent ont été rayés des contrôles de l'activité.

236. La solde de congé illimité étant transitoire, aux termes de l'article 22 de la loi du 19 mai 1834, toute nouvelle admission à ce traitement demeure interdite.

Solde payée dans le lieu de la résidence.

237. Les officiers jouissant de la solde de congé illimité, ne peuvent sans une autorisation spéciale du ministre de la guerre, recevoir leur solde que dans le lieu de leur résidence.

238. Les dispositions des art. 124 et 125 sont applicables aux officiers désignés en l'article précédent.

CHAPITRE VI. — *Des positions et cas particuliers entraînant privation de la solde.*

Absence irrégulière.

239. Le militaire ou l'employé militaire qui s'absente de son corps ou de son poste sans autorisation régulière, ne reçoit aucune solde pour le temps

---

(1) L'article 234 concernait les officiers généraux du cadre de réserve, qui a été supprimé par le décret du 11 avril 1848.

de son absence. — Les hommes manquant à l'appel cessent d'avoir droit à la solde, à compter du lendemain de leur disparition. Elle ne leur est point due, quant ils rentrent, pour le jour de leur retour au corps.

Désertion.

240. N'ont droit à aucun rappel, les sous-officiers, caporaux ou brigadiers et soldats qui, déclarés déserteurs, seraient acquittés par le tribunal militaire devant lequel ils auraient été traduits (1).

Officier arrivant après les délais fixés par sa feuille de route.

241. L'officier ou l'employé militaire qui, se rendant à son corps ou à son corps ou à son poste, a droit à une solde quelconque pour le temps de sa route, ne peut être rappelé de cette solde s'il n'a rejoint dans les délais fixés par sa feuille de route, sauf le cas d'empêchement légitime dûment constaté.

Officiers démissionnaires.

242. L'officier ou l'employé militaire qui donne sa démission étant en congé ou en prolongation de congé, perd ses droits à tout rappel de traitement pour le temps de son absence, si sa démission est acceptée.

Militaires réformés ou congédiés en position d'absence.

243. Il n'est dû aucun rappel de solde, depuis le jour de leur départ du corps, aux sous-officiers, caporaux ou brigadiers et soldats désertés, réformés, congédiés définitivement, ou pensionnés étant en congé ou à l'hôpital. — Dans ce dernier cas, il n'est également dû aucun rappel à ceux qui, par suite d'une éventualité quelconque, rentreraient au corps avant d'avoir reçu leur congé (2).

Militaires rentrant après les délais fixés par leur feuille de route.

244. Sont également privés de tout rappel, pour le temps de leur absence, sauf le cas d'empêchement légitime dûment constaté, les sous-officiers, caporaux ou brigadiers et soldats qui rentrent à leurs corps après l'expiration des délais déterminés par leur feuille de route. — Toutefois, quand il s'agit d'un militaire rentrant d'un hôpital externe, et qui a été forcé, par le mauvais état de sa santé, de s'arrêter en route, le sous-intendant militaire peut, sur la proposition du chef du corps, lui allouer le rappel de sa solde et de la prime d'entretien de la masse individuelle, pourvu que le retard qu'il aura mis à rejoindre ne dépasse pas le terme de un à quatre jours, selon le plus ou moins d'étendue de la distance parcourue. En dehors de cette limite, le ministre de la guerre a seul le droit d'autoriser de semblables appels.

245. Le militaire qui ne rapporte pas sa feuille de route et son congé, ne peut prétendre à aucun rappel avant l'expiration d'un délai de six mois à partir de sa rentrée au corps.

Prescription.

246. Conformément à l'art. 9 de la loi du 29 janv. 1831, sont prescrites et

---

(1) Dispositions conformes au 2e paragraphe de l'article 114, et la dépêche ministérielle du 19 janvier 1842, qui exclut jusqu'au rappel de la prime de masse individuelle. (1er sem. 1842, p. 38.)

(2) Ils doivent être rayés des contrôles de l'armée, lorsqu'ils sont à l'hôpital, le lendemain du jour où l'officier général inspecteur a prononcé leur mise à la réforme, leur renvoi dans leurs foyers, ou l'annulation de leur engagement volontaire. (2e sem. 1840, p. 184.)

définitivement éteintes au profit de l'Etat, toutes créances de solde accessoires de solde et indemnités quelconques qui, à défaut de justifications suffisantes, n'auraient pu être liquidées, ordonnancées et payées dans un délai qui est fixé à cinq années pour les créanciers domiciliés en Europe, et six années pour les créanciers résidant hors du territoire européen. Ce délai court du 1er janvier de l'année à laquelle les créances appartiennent. — Toutefois, aux termes de l'article 40 de la même loi, la prescription ne peut avoir lieu à l'égard des créances dont l'ordonnancement et le paiement auraient été différés au delà des délais déterminés, par le fait de l'administration ou par suite de pourvois formés devant le conseil d'Etat.

Autres cas emportant privation de la solde.

247. La privation de solde est étendue aux militaires des différents grades qui se trouvent dans l'une des positions spécifiées aux art. 28, 45, 73, 74, 76, 78, 79, 96, 99, 104, 106, 107, 114 et 125.

CHAPITRE VII. — *Des masses.*

SECTION Ire. — DE LA MASSE INDIVIDUELLE.

§ 1er. — *Première mise de petit équipement.*

Due à chaque homme nouveau.

248. Chaque soldat nouveau a droit, suivant l'arme à laquelle il appartient, à une première mise de petit équipement déterminée par le tarif tab'eau n° 52. Cette allocation forme le premier fonds de la masse individuelle.

249. Sont considérés comme nouveaux soldats ayant droit à la première mise de petit équipement : — 1° Les jeunes soldats, leurs substituants et remplaçants ; — 2° Les engagés volontaires ; — 3° Les hommes rentrant des prisons de l'ennemi ; — 4° Les déserteurs amnistiés, rayés des contrôles ; — 5° Les hommes sortant des équipages de ligne de la marine.

Vétérinaires et maîtres ouvriers

250. Ont droit à une première mise spéciale d'habillement et de petit équipement, les hommes admis dans un corps comme aides et sous-aides vétérinaires ou comme maîtres ouvriers. Elle est également déterminée par le tarif, n° 52. (Ordonn. du 18 mars 1843, 1er sem. du *Journal militaire*, p. 85 et 144).

Première mise provisoire des hommes jugés impropres au service.

251. L'homme de recrue qui en arrivant dans un corps, paraît susceptible de réforme, a droit à une première mise provisoire uniformément fixée par le tarif, sans distinction d'arme. — Si ensuite, il est jugé propre au service, le complément de la première mise réglementaire lui est alloué, selon l'arme dans laquelle il doit continuer à servir. — Celui auquel la première mise entière a été alloué, et qui est ultérieurement réformé pour des causes déjà existantes, mais inconnues à l'époque de son incorporation, subit, sur le décompte de sa masse individuelle, et quelle que soit la durée de son séjour au corps, la retenue de la moitié de la première mise, si cette masse en offre les moyens ; dans le cas contraire, l'avoir à la masse est retenu en totalité. Cette disposition est applicable à l'envoyé volontaire renvoyé dans ses foyers par suite de l'annulation de son acte d'engagement.

En ce qui concerne les hommes réformés, après avoir reçu la première mise provisoire, la retenue à exercer comprend le montant intégral de leur masse. — La reprise du montant de ces diverses déductions s'opère par la voie d'imputation sur la solde du corps (1).

---

(1) Les militaires renvoyés dans leurs foyers pour inaptitude au service et mis à la disposition de MM. les

Enfants de troupe.

252. Les enfants de troupe ont droit à la première mise, lorsqu'ayant atteint l'âge de quatorze ans, ils font le service de tambours, clairons, trompettes ou musiciens, ou sont employés, soit dans les bureaux des officiers comptables, soit dans les ateliers du corps ; mais elle ne leur est pas allouée de nouveau à l'âge de dix-huit ans, s'ils contractent un engagement volontaire. — S'ils se refusent ou s'ils ne sont pas admis à contracter un engagement, il est fait reprise de la totalité de leur avoir à la masse, suivant le mode indiqué à l'article précédent.

Musiciens gagistes.

253. La première mise de petit équipement est due aux musiciens gagistes, lorsqu'ils contractent un engagement dans la forme déterminée par la loi du recrutement.

Hommes changeant d'armes ou promus.

254. Les hommes passant de la cavalerie dans l'infanterie, ou d'un service à pied à un service à cheval, reçoivent un supplément de première mise déterminé par le tarif, tableau n° 2. — Un supplément de première mise est également alloué aux sous-officiers promus adjudants (1).

Exclusion.

255. N'ont pas droit à une nouvelle première mise de petit équipement : 1° Les hommes en congé illimité rappelés au service ; — 2° Ceux qui, après s'être absentés de leur corps, rejoignent avant l'expiration des délais fixés pour la prévention de désertion ; — 3° Ceux qui, après avoir été mis en prévention de désertion sont absous par jugement, ou ont été l'objet d'un refus d'information de la part du lieutenant général commandant la division ; — 4° Ceux qui sortent des ateliers de condamnés aux travaux publics et au boulet, et généralement tous ceux qui ont subi, par suite d'un jugement, une peine correctionnelle n'entraînant pas la radiation des contrôles ; — 5° Ceux qui, à l'expiration de leur temps de service, restent sous les drapeaux comme remplaçants.

256. Il n'est point dû de première mise de petit équipement au remplacé qui, ayant fait un court séjour au corps, n'y a point été équipé.

---

préfets, ne devant pas rentrer à leur corps, il y a lieu d'exécuter à leur égard les dispositions de l'article qui précède. (Feuille de rectification ministérielle du 25 novembre 1843, concernant le 9° cuirassiers.

(1) Les militaires renvoyés comme impropres au service, par suite d'infirmités antérieures à leur incorporation, et qui ont été inscrits provisoirement sur les contrôles de la réserve, cessant de faire partie de l'effectif soldé, doivent cesser aussi de figurer sur les contrôles annuels.

Les prescriptions de l'article 251 précité doivent être exécutées immédiatement à leur égard, en observant, toutefois, pour ceux qui n'auraient à subir que la retenue d'une portion de leur masse, que le surplus doit être conservé dans la caisse du corps, pour leur être payé à l'époque seulement où ils seraient congédiés définitivement, soit par suite de mesure spéciale, soit par l'effet de leur libération légale du service. (Décision ministérielle du 2 avril 1844, *Journal militaire*, 1er sem., 1844, 173.)

Lorsqu'en Algérie, il y aura nécessité de transformer une batterie d'artillerie non montée en batterie de montagne, les canonniers-conducteurs recevront un complément de première mise de 10 francs, qui, par suite d'une dépêche ministérielle de janvier 1837, doit être prélevé sur la masse d'entretien, de harnachement et de ferrage. (1er sem. 1840, p. 206.)

Le fonds de masse individuelle des sous-officiers et soldats admis comme élèves à l'École polytechnique et à l'École spéciale militaire doit être envoyé, par les soins des corps d'où ils sortent, aux conseils d'administration de ces écoles.

Si l'élève est nommé officier, le fonds de masse lui est payé au moment de sa promotion.

Si, ne satisfaisant pas aux examens de sortie, l'élève est renvoyé dans un corps, son fonds de masse le suit.

Enfin, si l'élève décède pendant son séjour à l'école, le fonds de masse est versé dans une caisse publique, par les soins du conseil d'administration. (Note ministérielle du 13 mai 1850, *Journal militaire*, p. 213.)

La première mise n'est pas due non plus, 4° Aux remplaçants autres que ceux désignés en l'article précédent, lorsque l'allocation en a déjà été faite pour l'homme qu'ils remplacent ; — 2° A l'homme de recrue nouvellement incorporé qui aurait été rayé des contrôles, par suite d'une éventualité quelconque, avant d'avoir reçu des effets de petit équipement.

Dans le cas où l'homme de recrue entre à l'hôpital sans avoir été équipé, l'allocation de la première mise n'a lieu qu'à son retour au corps.

Hommes passant aux compagnies de discipline ou aux bataillons d'infanterie légère d'Afrique.

257. Les militaires passant des corps de toute arme dans les compagnies de discipline, n'ont droit ni à une nouvelle première mise, ni à un supplément. Il est seulement alloué, pour chacun de ces hommes, une indemnité égale à la moitié de la première mise de petit équipement, et qui forme, dans l'intérêt commun de la compagnie, une masse de secours.

A son arrivée, chaque homme reçoit, sur les fonds de la masse de secours et sous la déduction toutefois de l'avoir à la masse individuelle, les effets qui manquent au complet de son petit équipement. — Ces dispositions sont applicables aux hommes qui passent, soit des ateliers de condamnés, soit des pénitenciers ou des prisons, aux bataillons d'infanterie légère d'Afrique. L'avoir des hommes doit alors être considéré, pour l'imputation à faire de la valeur des effets fournis, comme se composant de leur masse régimentaire et de celle formée du produit de leur travail dans les établissements d'où ils sortent.

§ 2. — *Prime journalière d'entretien de la masse individuelle.*

Dans quelles positions elle est due.

258. La masse individuelle est alimentée au moyen d'une prime journalière d'entretien allouée aux sous-officiers, aux aides et sous-aides vétérinaires, aux maîtres ouvriers, caporaux ou brigadiers et soldats, ainsi qu'aux enfants de troupe âgés de 14 ans, dans toutes les positions de présence, soit à leur corps ou en subsistance dans un autre corps, soit dans des dépôts généraux, soit dans les dépôts de recrutement. (1er sem. 1843, p. 144, et 1er sem. 1844, p. 345 (1).

259. La prime journalière est également allouée, dans toutes les positions d'absence légale, aux hommes faisant partie de l'effectif soldé.

Les militaires en congé illimité y ont pareillement droit, à dater du jour de leur départ pour rejoindre, quand ils sont rappelés sous les drapeaux (2)

260. La prime journalière est allouée, aux jeunes soldats et aux engagés volontaires à dater du lendemain de leur arrivée aux corps, ou à compter du jour même de leur incorporation, s'ils étaient domiciliés dans le lieu où le corps tient garnison.

Hommes libérés.

261. Les hommes libérés du service cessent d'avoir droit à la prime journalière d'entretien à compter du jour de leur départ du corps, lors même que, pour rentrer dans leurs foyers, ils seraient formés en détachement, soit à l'armée, soit dans l'intérieur.

---

(1) Voir l'article 42 ci-devant, en ce qui concerne les hommes passant dans les armes spéciales.

(2) Elle est due sans interruption aux militaires conduits par la gendarmerie à une prison externe pour y subir une peine disciplinaire, ainsi qu'à ceux qui, étant en route, sont mis entre les mains de la gendarmerie par mesure de discipline pour être conduits à leur destination, (1er sem. 1840, p. 211, et 1er sem. 1842, p. 38.)—Elle est due aussi pendant les prolongations de congé qui ne donnent pas droit à la solde. (Lettre de l'intendant de la 1re division du 25 mars 1843.)

Cas où se perd le droit au rappel.

262. Le droit au rappel de la prime se perd dans les mêmes circonstances qui donnent lieu à la privation du rappel de solde.

Exclusions.

263. N'ont pas droit à la prime journalière, 1° le remplacé qui, ayant fait un court séjour au corps, n'y a point été équipé; — 2° L'homme de recrue nouvellement incorporé, qui aurait été rayé des contrôles avant d'avoir reçu des effets de petit équipement;—3° Le musicien gagiste.

SECTION II.—DE LA MASSE GÉNÉRALE D'ENTRETIEN.

Allocation et objet de la masse.

264. Il est alloué à tous les corps de troupe, sous la dénomination de masse générale d'entretien, un fonds commun destiné à subvenir à leurs dépenses intérieures. — Cette masse se divise en deux portions distinctes; la première est exclusivement affectée aux dépenses de la musique; la seconde aux dépenses diverses d'entretien, y compris les frais de culte, lorsqu'il y a lieu.

Fixation.

265. La masse d'entretien est réglée par le tarif, tableau n. 53, selon l'arme et l'organisation de chaque corps.

Corps de nouvelle formation.

266. Les corps de nouvelle formation et ceux dont le nombre de bataillons ou escadrons se trouve augmenté, reçoivent, à titre de secours à leur masse d'entretien, une somme fixe qui est également déterminée par le tarif.

267. Lorsqu'un ou plusieurs bataillons ou escadrons, batteries ou compagnies, se séparent de la portion principale du corps ou du dépôt, le conseil d'administration centrale détermine, sous l'approbation du sous-intendant militaire, les sommes à affecter aux dépenses de chacune des portions du corps. —Cette formalité remplie, le conseil d'administration éventuel, formé au moment de la séparation, ou le commandant du détachement, à défaut de conseil éventuel, perçoit directement la fraction de la masse générale d'entretien qui est attribuée à la portion détachée. Mention de cette disposition est faite au livret de solde par le sous-intendant militaire.

SECTION III. — DE LA MASSE D'ENTRETIEN DE HARNACHEMENT ET FERRAGE.

Payée à l'effectif des chevaux.

268. La masse d'entretien du harnachement et ferrage est allouée pour toutes les journées de présence des chevaux de troupe, tant en station qu'en route. Elle est décomptée conformément au tarif, tableau n. 54.

SECTION IV. — DE LA MASSE D'ENTRETIEN DES BATS ET FERRAGE DES CHEVAUX OU MULETS DE BAT.

Fixation de la masse.

269. En temps de guerre, les corps qui sont pourvus de chevaux ou mulets de bât et de cantines d'ambulance, ont droit à une allocation spéciale pour l'entretien des bâts et du ferrage des chevaux ou mulets de bât.—Cette allocation fixée par le tarif, tableau n. 54, est due pour toutes les journées de présence des chevaux ou mulets, à compter du lendemain du jour de leur réception, constatée par procès-verbal du sous-intendant militaire.

CHAPITRE VIII. — *Dispositions particulières concernant les troupes embarquées,*

Troupes expéditionnaires ou tenant garnison sur les bâtiments de l'Etat.

270. Lorsque des troupes de l'armée de terre sont appelées à tenir garnison à bord des bâtiments de l'Etat, ou embarquées, soit pour aller tenir garnison ailleurs que dans les colonies, soit pour une expédition maritime, elles reçoivent, à compter du jour de leur embarquement, des caisses de la marine et par les soins de ses agents, la solde et les masses auxquelles elles ont droit, mais à titre d'avances remboursables par le département de la guerre.

Allocation pendant la traversée.

271. Pendant la durée de la traversée, tant en allant qu'en revenant, le département de la marine pourvoit au couchage des officiers, sous-officiers, caporaux ou brigadiers et soldats; ils participent à la fourniture des vivres de bord, et n'ont droit en conséquence, pour ce même temps, qu'à la solde sur le pied de guerre.

Fournitures en nature.

272. Les fournitures en nature qui sont faites, depuis le jour de la revue d'embarquement, aux troupes embarquées pour toute autre destination que les colonies, sont à la charge du département de la guerre, qui en rembourse le montant à celui de la marine.

Traitement à destination.

273. Le traitement des troupes embarquées est réglé, à compter du jour de leur arrivée à destination, par des décisions spéciales.

A leur retour en France, et à partir du jour de leur débarquement, ces troupes rentrent sous le régime de la présente ordonnance.

Débarquements accidentels.

274. Si, pendant la durée du service des troupes embarquées, ces troupes sont momentanément mises à terre par suite de circonstances imprévues, elles continuent à être nourries et soldées par les soins des fonctionnaires ou agents du département de la marine, comme il est dit aux articles 270 et 271.

Officiers sans troupe.

275. Toutes les dispositions ci-dessus prescrites à l'égard des troupes embarquées, sont applicables aux officiers sans troupe et aux employés militaires dans les mêmes positions.

TITRE III. — DES PRESTATIONS EN NATURE.

CHAPITRE Ier. — *Des subsistances et du chauffage.*

SECTION Ire.— DES SUBSISTANCES.

§ 1er. — *Du pain.*

A qui dû sur le pied de paix.

276. Le pain de munition est dû sur le pied de paix, à raison d'une ration par homme et par jour, à tous les sous-officiers, caporaux ou brigadiers, soldats et enfants de troupe des corps de toutes armes (la gendarmerie exceptée), tant en station qu'en route, lorsqu'ils marchent en corps ou en détachement.

A qui dû sur le pied de guerre.

277. Le pain de munition est dû sur le pied de guerre aux officiers, sous-officiers, caporaux ou brigadiers et soldats, ainsi qu'aux employés militaires. — Le nombre de rations attribuées à chaque grade ou emploi est réglé par lo tarif, tableau n° 55.

Militaires détenus.

278. Sur le pied de guerre, le pain est dû à tout militaire détenu; sur le pied de paix, il n'est dû, dans le même cas, qu'aux sous-officiers, caporaux ou brigadiers et soldats.

Cas où le pain n'est pas dû.

279. Le pain n'est point dû aux hommes en congé, en semestre, en permission, à l'hôpital ou marchant isolément, ni aux garnisaires. — Il n'est pas dû non plus, en temps de guerre, aux militaires nourris chez l'habitant.

280. Les officiers généraux et autres, qui ont autorisé les corps à envoyer des hommes comme sauvegarde ou comme garnisaires, sont tenus, sous leur responsabilité personnelle, d'en prévenir l'intendant militaire de la division ou du corps d'armée.

Composition de la ration.

281. La composition et le poids de la ration de pain sont déterminés par le règlement sur le service des subsistances.

§ 2. — *Des vivres de campagne.*

Dus généralement sur le pied de guerre.

282. Sur le pied de guerre, les vivres de campagne sont dus, dans la position de présence, aux officiers et employés militaires, sous-officiers, caporaux ou brigadiers et soldats de toute arme, suivant les règles prescrites pour l'allocation de la solde de guerre. Les militaires détenus y ont également droit. — Le nombre de rations attribuées à chaque grade ou emploi est fixé par le tarif, tableau n° 55.

Cas où ils peuvent être alloués sur le pied de paix.

283. Sur le pied de paix, les vivres de campagne peuvent être accordés éventuellement, en vertu de décisions spéciales du ministre de la guerre, aux sous-officiers, caporaux ou brigadiers et soldats tenant garnison dans les forts ou îles en mer. Dans ce cas, la troupe n'a droit qu'à la solde avec vivres de campagne.

Indemnité substituée à la fourniture des vivres.

284. La fourniture des vivres de campagne accordés dans l'intérieur du royaume, en vertu de l'article précédent, peut être remplacée par une indemnité en deniers représentative de la ration. Cette substitution n'a lieu que lorsqu'elle est autorisée par une décision spéciale du ministre de la guerre.

§ 3. — *Des liquides.*

Distributions : par qui autorisées.

285. Le droit aux rations de liquides est acquis aux hommes de troupe présents sous les armes, lorsque des décisions du ministre de la guerre ou des ordres des généraux en chef commandant les armées en ont prescrit la distribution. — Dans les divisions territoriales, les lieutenants généraux commandant peuvent, en cas d'urgence, autoriser des distributions de liquides, sous la condition d'en rendre compte sans délai au ministre de la guerre.

Distributions aux revues d'inspection.

286. A l'époque de la revue annuelle d'inspection d'un corps de troupe, l'inspecteur général autorise la distribution extraordinaire d'une ration de vin ou d'eau-de-vie par homme, aux sous-officiers, caporaux ou brigadiers et soldats présents à la revue d'honneur. Cette allocation ne peut avoir lieu qu'une seule fois pour la même inspection.

Remplacement par indemnité.

287. Sur le pied de paix, les distributions extraordinaires de liquides accordées aux troupes peuvent, d'après l'ordre du ministre de la guerre, être remplacées par des indemnités individuelles en argent, ainsi qu'il est dit à l'article 208 ci-dessus.

Les enfants de troupe, à l'exception de ceux qui ont accompli leur quatorzième année, ne participent point à ces distributions extraordinaires.

Distribution des liquides pendant les chaleurs.

288. Chaque année, pendant la saison des chaleurs, les troupes en station dans l'intérieur reçoivent des distributions journalières d'eau-de-vie, pour assainir l'eau qu'elles boivent.

Cette prestation est due pour chaque sous-officier, caporal ou brigadier, soldat, musicien gagiste ou enfant de troupe présent au corps. — Les militaires détenus y ont également droit.

289. Les distributions de liquides mentionnées à l'article précédent, sont autorisées par les lieutenants généraux commandant les divisions militaires, qui convoquent préalablement l'intendant divisionnaire et les officiers de santé en chef des hôpitaux militaires ou civils, afin de prendre leur avis sur la nécessité actuelle de ces distributions et sur le terme à leur assigner. Le résultat de la conférence est constaté par un procès-verbal, dont une expédition doit être immédiatement adressée au ministre de la guerre, par le lieutenant général.

Dans aucun cas, les lieutenants généraux ne peuvent, sans une décision spéciale du ministre, autoriser des distributions de cette nature, en dehors des limites fixées par le tarif. Mais ils doivent ou les différer ou en abréger la durée, lorsque l'état de la température ne les rend pas nécessaires.

290. Il est pourvu aux distributions d'eau-de-vie accordées aux troupes durant les chaleurs par l'allocation d'une indemnité représentative, dont la quotité est déterminée selon les localités par le tarif, tableau n° 43. — Elles peuvent néanmoins être faites en nature, s'il existe dans les magasins de l'État des approvisionnements dont il soit convenable de prescrire la consommation immédiate.

§ 4. — *Des fourrages.*

Règles générales d'allocation.

291. Les corps de troupes à cheval, ainsi que les officiers de tous grades autorisés à avoir des chevaux, et qui ne reçoivent pas l'indemnité représentative de fourrages, ont droit dans toutes les positions à des rations de fourrages, dont la composition, propre à chaque arme, est déterminée suivant le cas de paix ou de guerre, de station ou de route, par le règlement sur le service des subsistances(1).

Officiers d'artillerie passant d'un service à cheval à un service à pied.

292. Les officiers d'artillerie passant d'un régiment à une position où ils ne sont plus tenus d'être montés, continuent, s'ils laissent leurs chevaux au régiment, d'avoir droit aux rations de fourrages pendant un mois, à compter du jour de leur départ. Toutefois, l'allocation des rations cesse du jour même où les chevaux n'existent plus au corps, s'ils n'y sont pas restés jusqu'à l'expiration du délai fixé, et sans qu'en aucun cas l'indemnité représentative puisse être substituée aux rations en nature.

Officiers mis sur le pied de guerre.

293. Lorsqu'un corps de cavalerie est appelé à faire partie d'une armée active, le ministre de la guerre fixe l'époque à laquelle les officiers doivent être montés sur le pied de guerre. Les fourrages leur sont alloués pour le nombre de chevaux attribué à cette position, à dater du jour où ils justifient en être pourvus.

Fourrages sur le pied de guerre.

294. Les fourrages sur le pied de guerre sont alloués aux corps de cavalerie à dater du lendemain de leur arrivée aux armées mises sur ce pied.

Passage du pied de guerre au pied de paix.

295. Les troupes à cheval rentrant d'une armée, et qui sont remises sur le pied de paix, continuent à recevoir la ration de fourrage sur le pied de guerre pendant quinze jours, à compter du lendemain de leur arrivée dans leur garnison; les officiers reçoivent également pendant un mois, à dater de cette époque, les rations de fourrages pour les chevaux dont ils justifient être pourvus jusqu'à concurrence du nombre qui leur est attribué sur le pied de guerre.

Cas où l'indemnité représentative peut être remplacée par les rations en nature.

296. Les officiers sans troupe et les officiers supérieurs des corps d'infanterie, auxquels l'indemnité de fourrages est attribuée, ne peuvent, à moins d'une décision spéciale du ministre de la guerre, recevoir les fourrages en nature que lorsqu'ils font partie d'une armée sur le pied de guerre. Ces rations leur sont allouées depuis le jour inclus où ils ont été mis sur le pied de guerre, jusqu'au jour exclus où ils rentrent sur le pied de paix. Cette allocation est d'ailleurs soumise aux règles tracées par l'article 63 pour la solde de guerre.

Officiers s'absentant de leurs corps avec leurs chevaux.

297. Les officiers des corps de cavalerie allant en mission, en congé ou aux eaux, et ceux qui sont nommés membres d'un conseil de guerre séant hors du lieu de leur garnison, cessent, lorsqu'ils emmènent leurs chevaux avec eux, d'avoir droit aux rations de fourrages des magasins militaires, à compter du jour de leur départ jusqu'au jour inclus de leur retour. — Ils ont cependant la faculté de renvoyer leurs chevaux au régiment avant d'y rentrer eux-mêmes, et dans ce cas les rations de fourrages sont dues à dater du lendemain de l'arrivée des chevaux. — Dans les mêmes positions, les officiers des établissements de remonte continuent d'avoir droit aux rations de fourrages pour les chevaux qu'ils ont laissés au dépôt.

---

(1) Voir la note de l'article 175 concernant les officiers élèves de l'école de cavalerie.

5*

Officiers changeant de position.

298. Les officiers des corps de cavalerie remis en activité, ou passant d'un corps dans un autre, ne peuvent jouir des rations de fourrages attribuées à leur grade qu'à compter du lendemain de leur arrivée à destination. Elles ne sont pas dues en route dans l'intérieur du royaume à ceux qui voyagent isolément pour quelque cause que ce soit.

Officiers promus dans le corps.

299. Les officiers promus sans changer de corps, à un grade auquel est attribué un nombre de rations de fourrages supérieur à celui qu'ils recevaient auparavant, ont droit à ce nombre supérieur de rations à compter du jour où leur est allouée la solde de leur nouveau grade, pourvu qu'ils aient le nombre de chevaux déterminé pour ce grade.

Officiers en détention ou en jugement.

300. L'officier de cavalerie mis en jugement ou temporairement détenu, qui a laissé ses chevaux au corps, continue d'avoir droit aux rations de fourrages attribuées à son grade. S'il est ultérieurement rayé des contrôles du corps, ce droit cesse le jour où la radiation s'effectue.

Chevaux laissés au dépôt par les officiers partant pour l'armée.

301. Les officiers de cavalerie partant pour l'armée peuvent, avec l'autorisation du commandant du corps, laisser au dépôt ceux de leurs chevaux que les vétérinaires jugent être hors d'état de faire la route. Ces chevaux ne peuvent toutefois y rester plus de trois mois après le départ des officiers ; et s'ils sont rétablis avant l'expiration de ce terme, ils doivent leur être renvoyés avec le premier détachement qui se rend à l'armée.

Fourrages sur le pied de route.

302. Les rations de fourrages sur le pied de route sont allouées à dater du jour du départ, jusqu'au jour inclus de l'arrivée à destination.

Mise au vert des chevaux de cavalerie.

303. Le ministre de la guerre détermine, chaque année, l'époque où les chevaux de cavalerie doivent être mis au vert ; ils sont passés en revue, à leur départ et à leur retour, par les maréchaux de camp assistés des sous-intendants militaires employés sur les lieux.

Chevaux de remonte.

304. Les chevaux de remonte participent aux distributions de fourrages faites au corps, à compter du jour de leur arrivée.

Chevaux morts, abattus, vendus ou pris par l'ennemi.

305. Les chevaux abattus ou vendus cessent d'être compris dans les allocations de fourrages à compter du jour même de leur abatage ou de la remise qui en est faite au domaine. — Les chevaux morts à l'écurie, tués sur le champ de bataille, ou pris par l'ennemi, comptent pour les fourrages jusqu'au jour inclus de leur perte.

Officiers d'infanterie âgés de plus de cinquante ans.

306. Les capitaines, lieutenants et sous-lieutenants d'infanterie, âgés de plus de cinquante ans, ont droit à une ration de fourrages pour un cheval, lorsqu'ils font partie d'une armée active et qu'ils justifient être montés.

SECTION II. — DU CHAUFFAGE.

A qui dû.

307. Sur le pied de paix, les sous-officiers, caporaux ou brigadiers et soldats des corps, et les enfants de troupe, ont seuls droit aux rations de chauffage. — Elles ne peuvent être accordées, en temps de guerre, aux officiers et employés militaires, qu'en vertu d'une décision prise par le général commandant en chef, sur le rapport de l'intendant de l'armée (1).

Deux systèmes de chauffage.

308. Le service du chauffage des troupes comporte deux systèmes différents d'allocation : les rations collectives pour les corps mis en possession de fourneaux économiques et les rations inviduelles.

Fourneaux économiques.

309. Dans les localités où il existe des fourneaux économiques, les allocations collectives de combustibles se composent, 1° De rations dites de l'ordinaire, pour la cuisson des aliments ; — 2° De rations dites de compagnie, pour le chauffage des chambres.

Ration collective d'ordinaire.

310. La ration d'ordinaire est collective pour les caporaux ou brigadiers, tambours, trompettes, sapeurs, soldats et enfants de troupe. Elle est allouée aux corps en raison du nombre de marmites mises à leur disposition.

A l'arrivée d'un corps de troupe ou d'une portion de corps dans une place où il existe des foyers économiques, le sous-intendant militaire détermine, de concert avec le commandant du génie, et contradictoirement avec le major ou tout autre officier désigné par le conseil d'administration, le nombre de marmites à lui accorder d'après les dispositions réglementaires concernant cette partie de service. Cette opération est constatée par un procès-verbal que dresse le sous intendant militaire. — Les mutations individuelles qui surviennent, tant en gains qu'en pertes, dans l'intérieur des compagnies, n'apportent aucun changement au nombre des marmites en service. Néamoins il y a lieu à réduction lorsque, par le résultats balancé des mutations, les allocations supplémentaires qui auraient été accordées en raison de l'élévation de l'effectif, cessent d'être en rapport avec les besoins actuels du service.

En cas de départ d'une ou de plusieurs compagnies, le sous-intendant militaire réduit proportionnellement les droits du corps aux fournitures de combustibles, et fait opérer le retrait des marmites devenues inutiles. — Ce retrait est constaté par un nouveau procès-verbal. — Dans les localités où il n'existe pas de foyers économiques, il est alloué, pour l'ordinaire, des rations individuelles d'après le nombre de journées de présence des sous-officiers caporaux ou brigadiers, soldats et enfants de troupe.

Chauffage des infirmeries et des hommes mariés.

311. Les chefs de corps sont autorisés à prélever sur la distribution générale des ordinaires la quantité de combustible nécessaire pour les besoins de l'infirmerie régimentaire et des hommes mariés.

Rations individuelles des sous-officiers.

312. Les sous-officiers, brigadiers élèves-fourriers, tambours-majors, ma-

---

(1) Le mode d'allocation est réglé par l'instruction du 30 juin 1840, insérée au Journal militaire, 2ᵉ sem. de la même année, p. 17.

réchaux des logis-trompettes, caporaux-tambours, caporaux-sapeurs, brigadiers trompettes, et maîtres ouvriers, ont droit à des rations individuelles
qui sont allouées d'après le complet d'organisation du corps. Les musiciens
gagistes reçoivent aussi les rations individuelles, mais seulement d'après leur
effectif réel.—Lorsque des sous-officiers sont détachés isolément, ou que les
compagnies auxquelles ils appartiennent reçoivent les rations individuelles,
le nombre de ces sous-officiers est déduit du complet à compter du jour où
le changement de position s'effectue.— Pareille déduction a lieu, à dater du
jour du départ et pour le temps de la route, quand il s'agit d'une troupe mise
en mouvement pour quelque cause que ce soit.

Chauffage des chambres.

313. La ration destinée au chauffage des chambres est fixée par compagnie,
escadron ou batterie, comprenant les sous-officiers, caporaux ou brigadiers,
soldats et enfants de troupe.—Elle est due, quel que soit l'effectif, à chaque
compagnie, escadron ou batterie faisant usage de fourneaux économiques.—
Elle est également due aux compagnies, escadrons ou batteries qui n'ont
point de fourneaux économiques, lorsque la troupe est pourvue de poêles
pour le chauffage des chambres.

Il est alloué des rations spéciales pour le chauffage du petit état-major, des
ateliers, de l'infirmerie et des hommes mariés. - Lorsque, à défaut de poêles,
les troupes non pourvues de fourneaux économiques se chauffent à la chemi-
née, elles reçoivent, pour les journées de présence, des rations individuelles.
—Ces rations sont pareillement allouées aux parties prenantes isolées, lorsqu'elles sont logées dans les casernes, et aux compagnies ou détachements
dont la force n'est que de trente-cinq hommes et au-dessous.

Troupes campées, baraquées ou logées en station chez l'habitant.

314. Les troupes campées, baraquées ou logées en station chez l'habitant,
ont toujours droit à des rations individuelles. Cependant, elles ne sont dues
aux sous-officiers, caporaux ou brigadiers et soldats logés chez l'habitant,
qu'à compter de l'expiration du troisième jour de leur entrée dans la place
ou le cantonnement, y compris le jour de l'arrivée.

Troupes casernées le jour de leur arrivée.

315. Lorsque les troupes sont casernées le jour de leur arrivée dans une
place, elles ont droit au chauffage à compter du même jour.

Garnisaires.

316. Les militaires employés comme garnisaires n'ont aucun droit au chauffage.

Droits des sous-officiers à la double ration.

317. Lorsque les allocations de chauffage ont lieu selon le système des rations individuelles, les sous-officiers, les fourriers, caporaux-tambours, les
caporaux-sapeurs, les brigadiers-trompettes, les maîtres ouvriers, les chefs de
musique et les musiciens gagistes, reçoivent, pour le chauffage des chambres,
une ration double de celle du soldat.

Jeunes soldats.

318. Les jeunes soldats réunis au chefs-lieux de département pendant les
opérations de la levée, n'ont droit à la fourniture du chauffage que lorsqu'ils
sont casernés.

Nombre et composition des rations.

319. Le nombre et la composition des rations de chauffage, soit collectives, soit individuelles, ainsi que les variations qu'elles subissent, sont déterminées par les dispositions réglementaires sur le service du chauffage.

SECTION III. — DISPOSITIONS COMMUNES AUX FOURNITURES DE SUBSISTANCE ET DE CHAUFFAGE.

Moins-perçus.

320. Les moins-perçus en vivres, fourrages et chauffage, ne peuvent donner lieu à aucun rappel.

CHAPITRE II. — *Du logement.*

Sous-officiers, caporaux ou brigadiers et soldats.

321. Le logement est dû aux sous-officiers, caporaux ou brigadiers et soldats de toutes armes, dans toutes les positions qui leur donnent droit à une solde de présence.

Officiers sur le pied de guerre.

322. Sur le pied de guerre, le logement est dû aux officiers de tout grade et de toutes armes, ainsi qu'aux employés des administrations militaires. A défaut de bâtiments militaires, il y est pourvu par le soin des autorités locales.

Officiers sur le pied de paix.

323. Sur le pied de paix, tout officier en activité a droit au logement meublé conformément aux règlements sur le logement et l'ameublement dans les bâtiments militaires. A défaut d'emplacement dans les bâtiments de l'Etat, ou de meubles dans ces mêmes bâtiments, il y est suppléé par les indemnités représentatives déterminées par l'art. 186.

Militaires en route.

324. Les officiers, sous-officiers, caporaux ou brigadiers et soldats de toutes armes marchant isolément ou avec leur corps, et généralement tout militaire porteur d'une feuille de route, ont droit au logement fourni par les autorités locales, avec éclairage pour les officiers, et place au feu et à la chandelle pour les hommes de troupe.

IIe PARTIE.—Des Règles à suivre pour les paiements.

TITRE Ier. — DISPOSITIONS GÉNÉRALES RELATIVES AUX PAIEMENTS.

CHAPITRE Ier — *Des époques des paiements.*

SECTION Ire.—DE LA SOLDE DES OFFICIERS ET DE SES ACCESSOIRES.

Solde.

325. La solde des officiers sans troupe et des employés militaires de toute classe, en activité de service, des officiers des corps de troupe et des officiers en non-activité ou en congé illimité, se paie par mois et à terme échu. Tout paiement de cette nature à titre d'avance est formellement interdit.

Accessoires de solde.

326. Les indemnités de représentation, de logement et de fourrages, les frais du bureaux et autres accessoires de solde inhérents aux positions respectives des officiers ou employés militaires, sont également payés par mois, à terme échu, et compris sur les mêmes mandats ou états de paiement que la solde.

Délégations et avances.

327. Les délégataires sont aussi payés par mois, des sommes qui leur ont été déléguées, mais seulement à la réception du certificat constatant la retenue faite sur la solde du délégant.

Les avances accordées, conformément à l'art. 119, sur la solde de captivité des officiers et employés militaires prisonniers de guerre, sont payées aux ayant-droit par mois et à terme échu.

Ces paiements ne donnent pas lieu à la production préalable du certificat d'existence.

SECTION II. — DE LA SOLDE DE LA TROUPE.

Comment payée.

328. La solde de la troupe et les suppléments acquittables avec la solde, la haute paie à l'ancienneté, ainsi que les indemnités en remplacement de vivres et de liquides et celles qui sont accordées en cas de rassemblement, sont perçues par quinzaine à l'avance, le 1er et le 16 de chaque mois (1).

329. Aux armées, et lorsque les troupes reçoivent les vivres de campagne, la perception de la solde de la troupe et des suppléments acquittables avec la solde, a lieu aux mêmes époques, mais seulement à terme échu, à moins que la situation de la caisse du corps ne permette pas de faire l'avance du prêt.

Prisonniers de guerre étrangers.

330. La solde des prisonniers de guerre étrangers réunis en dépôts est perçue tous les mois, à terme échu, pour les officiers, et à l'avance, le 1er et le 16 de chaque mois, pour les sous-officiers et soldats.

CHAPITRE II.— *Du décompte des diverses allocations.*

SECTION Ire. — DES OFFICIERS ET EMPLOYÉS MILITAIRES.

Portions de traitement décomptées par mois.

331. La solde des officiers et employés militaires, et les accessoires de la solde, autres que les indemnités de vivres et de fourrages, se décomptent par mois, à raison de la douzième partie de la fixation annuelle, et par jour, à raison de la trois cent soixantième partie de la même fixation. — Les journées à ajouter au mois de février, pour compléter le nombre de trente, se décomptent sur le pied de la solde fixée pour la position dans laquelle se trouve l'officier au dernier jour de ce mois.

Portions de traitement décomptées par journées.

332. Les indemnités de vivres et de fourrages se décomptent à raison du nombre effectif de journées.

---

(1) Lorsque les 1er et 16 du mois sont des jours fériés, les fonctionnaires de l'intendance militaire peuvent requérir le paiement de la solde lorsqu'il n'existera pas dans les caisses des corps des ressources suffisantes pour assurer le service. (1er sem. 1842, p. 8.)

SECTION II. — TROUPE.

Solde et supplément à décompter par jour.

333. La solde des sous-officiers, caporaux ou brigadiers, soldats et enfants de troupe de toutes armes, se décompte par jour et sur le pied de sa fixation journalière. — Cette disposition est applicable au supplément de solde, aux indemnités et à la haute paie à l'ancienneté.

CHAPITRE III. — *Du mode des paicments.*

SECTION Ire. — DE L'ORDONNANCEMENT DES PAIEMENTS.

A qui attribué.

334. Tous les paiements pour prestations de solde et autres payables comme la solde, sont ordonnancés par les officiers de l'intendance militaire. — Les intendants ordonnancent la solde des diverses classes d'officiers sans troupe et d'employés militaires, sauf le cas où ils ont usé de la faculté qui leur est dévolue par l'art. 454.

Les sous-intendants militaires et les adjoints à l'intendance ordonnancent la solde des corps de troupe, ainsi que celle des officiers en non-activité et en congé illimité. Toutefois, lorsqu'une troupe en marche ou devant partir inopinément, a une somme à recevoir pour solde de route, et que le lieu de passage ou de départ n'est pas la résidence d'un officier de l'intendance militaire, le commandant de la place, et, à son défaut, le sous-préfet, peut ordonnancer le paiement, à charge par lui d'adresser immédiatement une expédition de l'état de solde au sous-intendant militaire chargé de régulariser ce paiement.

Mandats individuels pour les officiers sans troupe.

335. Les officiers sans troupe et les employés militaires sont payés de leur solde et des accessoires sur mandats individuels conformes au modèle n. 1.

Les mandats à délivrer aux officiers en non-activité et en congé illimité sont conformes au modèle n. 2.

Etats collectifs pour les officiers de corps.

336. Les officiers des corps de troupe sont compris, pour le paiement des différentes allocations auxquelles ils ont droit, sur des états collectifs établis au titre de leur corps et conformes au modèle n. 3.

Etats individuels pour les délégataires.

337. Les délégataires et les personnes au profit desquelles il est exercé des retenues pour aliments sur la solde des officiers en activité, ainsi que celles auxquelles il est accordé des avances sur la solde des prisonniers de guerre, sont payés sur des mandats individuels conformes au modèle n. 4.

Ces mandats sont établis au titre de la classe dont l'officier ou l'employé militaire fait partie, ou au titre du corps quand il s'agit d'un officier de troupe.

Etats collectifs pour la troupe.

338. La solde des sous-officiers, caporaux ou brigadiers, soldats et enfants de troupe, ainsi que les suppléments de solde, les hautes paies et les indemnités de vivres et de rassemblement, sont payés sur des états conformes au modèle n. 5, présentant, par grade, le nombre des hommes présents, avec les augmentations ou diminutions résultant des mutations survenues pendant la dernière quinzaine. — Cependant, et afin de maintenir la distinction des dépenses par trimestre, les augmentations ou diminutions, pour la dernière quinzaine d'un trimestre, ne sont portées que sur l'état du paiement de la solde des officiers pour le dernier mois du trimestre. L'état des mutations qui donnent lieu aux augmentations ou aux diminutions est conforme au modèle n. 6. (1)

Objets divers à comprendre sur les états des officiers.

339. La première mise de petit équipement, la prime journalière d'entretien de la masse individuelle, la masse générale d'entretien, la masse d'entretien du harnachement et ferrage, et la gratification de première mise aux sous-officiers promus officiers, sont portées sur les états de paiement, de la solde des officiers pour le mois auquel ces dépenses s'appliquent.—Ces états doivent également comprendre les gratifications annuelles accordées aux instructeurs, la gratification d'entrée en campagne et les indemnités de pertes de chevaux et d'effets.

Etats collectifs pour les prisonniers de guerre.

340. La solde des prisonniers de guerre étrangers réunis en dépôt est payée sur des états conformes aux modèles n°° 7 et 8, établis séparément pour les prisonniers de chaque puissance.

Etats de paiement ; par qui quittancés.

341. Les mandats de paiement délivrés aux militaires sans troupe, aux employés militaires, aux officiers en non-activité et en congé illimité, et aux individus désignés en l'art. 34, sont quittancés par eux. — Les états de paiement ordonnancés pour les corps ou portions de corps, ainsi que pour les dépôts de prisonniers de guerre étrangers, sont certifiés et quittancés par tous les membres du conseil d'administration. — Pour les portions de corps n'ayant point de conseil d'administration, les états de paiement sont certifiés et quittancés par l'officier qui les commande.

342. Les quittances apposées sur les états de paiement de la solde des troupes doivent toujours être remplies en toutes lettres, et souscrites à la date réelle du paiement.

SECTION II. — DES LIVRETS DE SOLDE.

§ 1er.—*De l'usage des livrets.*

Etablissement des livrets.

343. Les officiers sans troupe et les employés militaires, les officiers en non-activité et en congé illimité, les corps de troupe et les détachements autorisés à percevoir directement leur solde à la caisse des payeurs, doivent être pourvus du livret de paiement. — Pour les officiers sans troupes, les employés militaires et les officiers en non-activité ou en congé illimité, les livrets sont individuels et conforme au modèle n. 9; pour les corps de troupe et détachements, ils sont collectifs et conformes au modèle n. 11.

Leur destination.

344. Ces livrets sont destinés à recevoir l'inscription, par le payeur, sous sa responsabilité personnelle, de toutes les sommes payées pour solde, masses

---

(1) Par note du 18 décembre 1843, le ministre en se plaignant de la non-exécution des dispositions de l'article qui précède, recommande à MM. les intendants divisionnaires d'y tenir la main en réclamant au besoin, et toutes les fois qu'ils le jugeront convenable, la production des états des mutations qui justifient les augmentations et diminutions portées sur les états de solde. (2e sem. 1843, p. 400.)

indemnités et autres prestations en deniers de toute espèce. (*Exécution de l'art. 8 de la loi du 2 thermidor an 2, sect. 1re, titre 8.*)

Livrets des délégataires.

345. Les délégataires des officiers sans troupe, des employés militaires, des officiers de troupe, dans les cas prévus par l'art. 126 de la présente ordonnance, et les individus qui, conformément à l'art. 119, ont été autorisés à recevoir des avances sur la solde desdits militaires, reçoivent pareillement des livrets, pour servir à l'inscription des sommes qu'ils touchent des payeurs de la guerre. --- Ces livrets font mention desdits ordres ou délégations, des noms et résidences des délégataires, et des noms, grades, emplois et résidences des délégants.

Fournitures des livrets.

346. Les livrets sont fournis gratuitement par l'administration de la guerre, et délivrés, au commencement de chaque année, par les soins des officiers de l'intendance militaire, aux officiers sans troupe et aux employés militaires dont ils sont chargés d'ordonnancer la solde, ainsi qu'aux officiers en non-activité et en congé illimité. Mention de la délivrance du livret est faite sur le contrôle à l'article de chaque officier. --- Les corps et les détachements s'administrant eux-mêmes se procurent à leurs frais les livrets qui leur sont nécessaires.

Forme des livrets.

347. Les livrets portent en tête l'indication de l'année pour laquelle ils doivent servir; ils indiquent en outre : --- Pour les officiers sans troupe, les employés militaires et les officiers en non-activité ou en congé illimité, l'arme ou le corps spécial auquel ces militaires appartiennent, leurs noms, prénoms, grade, classe, fonctions et résidences ; --- Pour les corps de troupe, l'arme dont ils font partie, leur dénomination ou numéro, le nom du militaire commandant, soit le corps entier, soit le détachement, ainsi que les noms et grades des officiers comptables autorisés à percevoir les fonds des caisses du trésor.

Conditions prescrites pour leur validité.

348. L'officier de l'intendance militaire qui délivre un livret, après en avoir coté et paraphé tous les feuillets, y appose sa signature et son cachet; le livret est ensuite signé par la partie prenante, s'il s'agit d'un officier sans troupe ou d'un employé militaire ; et s'il s'agit d'un corps ou d'un détachement, par les membres du conseil d'administration central ou éventuel, ou par l'officier commandant, suivant le cas.

Unité du livret des corps.

349. Il n'y a qu'un seul livret de paiement pour toutes les parties d'un corps qui se trouvent dans le même département.

Cas où il est dérogé à ce principe.

Mais lorsqu'un détachement se sépare de son corps pour aller dans un autre département, il lui est délivré, avant son départ, un livret en tête duquel le conseil d'administration inscrit et signe l'autorisation qu'il donne audit détachement de s'administrer particulièrement, et de recevoir des payeurs du trésor toutes les sommes qui peuvent lui revenir. Ce livret est signé en tête par le chef dudit détachement, coté et paraphé par le sous-intendant militaire ayant la surveillance administrative du corps.

350. Les dispositions de l'article précédent sont applicables au cas de ubdivision de tout détachement s'administrant lui-même.

Militaire autorisé à toucher isolément sa solde sans livret.

351. Lorsqu'un militaire appartenant à un corps est absent de ce corps par congé, mission, etc., et qu'il a été autorisé à toucher sa solde isolément, le titre en vertu duquel il s'est absenté est considéré comme livret de solde, et le payeur est tenu d'y inscrire tous les paiements qu'il lui fait.

Changement de destination d'un officier sans troupe ou d'un corps.

352. Lorsqu'un officier ou un employé militaire, un corps ou un détachement s'administrant lui-même, doit passer de l'arrondissement d'un sous-intendant militaire dans un autre arrondissement, il est tenu, avant son départ, de faire arrêter son livret de paiement par le sous-intendant. S'il est passible de retenue au profit du trésor public, pour quelque cause que ce soit, le sous-intendant fait dans son arrêté, et sous sa responsabilité personnelle, mention de l'ordre de retenue et de la somme restant à recouvrer.

Les mêmes formalités sont remplies par l'intendant militaire à l'égard des officiers sans troupe dont il ordonnance directement la solde.

§ 2.— *Du renouvellement des livrets.*

Époque du renouvellement des livrets.

353. Les livrets des officiers sans troupe et employés militaires, des officiers en non-activité ou en congé illimité, et ceux des corps et détachements, sont renouvelés tous les ans. Ceux des officiers sans troupe et autres parties prenantes isolées sont retirés par les officiers de l'intendance militaire, et conservés dans leurs archives pendant deux ans; après quoi la remise en est faite à l'administration des domaines avec les autres papiers inutiles des archives de l'intendance jugés susceptibles d'être vendus au profit du trésor. --- Les livrets des corps et des détachements restent dans les archives des dépôts, comme pièces comptables, pour être représentés lors des vérifications de comptabilité.--- Les livrets des détachements s'administrant eux-mêmes sont renouvelés sans le concours des conseils d'administration des corps.

Annotations à porter sur les nouveaux livrets.

354. Lors du renouvellement annuel des livrets de paiement des officiers sans troupe, des employés militaires et des officiers en non-activité ou en congé illimité, les officiers de l'intendance militaire indiquent sur les nouveaux livrets les sommes qui restent dues par suite de droits acquis et constatés; ils y indiquent également les retenues qui peuvent avoir été ordonnées sur la solde des parties prenantes, et qui ne sont pas encore entièrement effectuées.

§ 3.—*Du cas de perte d'un livret.*

Livret perdu par un officier sans troupe ou autre partie prenante isolée.

355. Lorsqu'un officier sans troupe ou un employé militaire, un officier en non-activité ou en congé illimité, a perdu son livret, il en fait la déclaration par écrit à l'intendant ou au sous-intendant militaire, suivant le cas, et affirme sur l'honneur qu'il ne l'a point engagé entre les mains d'un tiers. Il est tenu, en outre, de produire un certificat du payeur, constatant le dernier paiement qui lui a été fait.

356. Après l'accomplissement des formalités prescrites par l'article précédent, l'officier de l'intendance militaire délivre un nouveau livret, par duplicata; mais il doit préalablement y faire inscrire et signer en sa présence ladite déclaration par l'officier ou l'employé militaire qui réclame le remplacement du livret perdu.

Livret perdu par un corps de troupe ou un détachement.

357. En cas de perte du livret d'un corps de troupe ou d'une portion de corps s'administrant elle-même, il en est délivré un duplicata, sur la déclaration du conseil d'administration ou du commandant, attestant la réalité de la perte. Cette déclaration est inscrite en tête du duplicata.

Précautions à prendre pour éviter les doubles emplois.

358. Dans les cas prévus par les articles qui précèdent, le nouveau livret doit porter, pour les corps ou détachements, la mention sommaire des paiements qui avaient été inscrits sur le livret perdu; et, pour les parties prenantes isolées, l'indication de l'époque jusqu'à laquelle elles ont été payées.

Aucun paiement pour sommes acquises par un officier sans troupe ou un employé militaire, antérieurement au premier jour du mois dans lequel la perte a eu lieu, ne peut être ordonnancé que d'après une autorisation spéciale du ministre de la guerre, provoquée par l'intendant militaire, sur le rapport du sous-intendant.

Officiers rentrant des prisons de l'ennemi.

359. Lorsqu'un officier sans troupe ou un employé militaire, rentrant des prisons de l'ennemi, a perdu son livret, il lui en est délivré un nouveau dans la résidence la plus voisine de la frontière, par le sous-intendant militaire appelé à ordonnancer le paiement qui doit être fait conformément à l'article 116.

Il est pareillement délivré un livret à tout officier sans troupe rentrant des prisons de l'ennemi, pour servir à l'enregistrement des sommes qui lui seront payées individuellement, selon les droits résultant de sa position.

SECTION III. — DU PAIEMENT DES MANDATS.

Par qui les mandats sont payés.

360. Nul mandat de paiement, soit individuel, soit collectif, n'est payable que par le payeur sur lequel il est tiré.

Payés à vue.

361. Les mandats de paiement délivrés par l'intendant militaire de la division ou le sous-intendant militaire de l'arrondissement, soit pour des militaires isolés, soit pour des corps de troupe, sont toujours payables à vue.

Bordereau de mandats à remettre au payeur.

362. Les officiers de l'intendance militaire font parvenir, chaque soir, aux payeurs, un bordereau détaillé, conforme au modèle n. 11, des mandats qu'ils ont délivrés sur leur caisse dans la journée.

Cas de refus de paiement.

363. Si un payeur refuse le paiement d'un mandat pour cause d'omission ou d'irrégularités matérielles, il doit remettre sur-le-champ la déclaration écrite et motivée de son refus au porteur du mandat. --- Mais si, malgré cette déclaration, le signataire du mandat requiert par écrit, et sous sa responsabilité, qu'il soit procédé au paiement, le payeur est toujours tenu de déférer à cette réquisition. —— L'ordonnateur de la dépense rend compte au ministre de la guerre des circonstances et des motifs qui ont nécessité l'application de cette mesure.

Relevés mensuels et trimestriels de mandats.

364. Dans les cinq premiers jours de chaque mois, les sous-intendants militaires adressent à l'intendant de la division le relevé sommaire des mandats qu'ils ont délivrés pour le paiement de la solde et des masses pendant le mois précédent.

Du 6 au 10 de chaque mois, les intendants des divisions forment le relevé général des relevés que les sous-intendants leur ont fait parvenir, en y comprenant les paiements qu'ils ont eux-mêmes ordonnancés, et le transmettent immédiatement au ministre de la guerre. —— Ces relevés sont conformes aux modèles n. 12, annexé à la présente ordonnance et n. 20 annexé à l'instruction du 1er décembre 1838. 1er sem. 1839, p. 5.

Dans les cinq premiers jours de chaque trimestre, les sous-intendants militaires adressent à l'intendant de la division un relevé distinct et séparé, par article du budjet, des mandats délivrés par eux pour le paiement de la solde et des masses des corps de troupes pendant le trimestre expiré. —— Ce relevé, qui est conforme au modèle n. 14, doit être transmis au ministre de la guerre, du 6 au 10 du premier mois de chaque trimestre, par l'intendant de la division.

SECTION IV. — DES RAPPELS.

Rappels sur l'exercice courant.

365. Les rappels appartenant à l'exercice courant, soit pour les officiers sans troupe, les employés militaires et les officiers en non-activité ou en congé illimité, soit pour les corps de troupe, sont ordonnancés en même temps que la solde courante et compris sur les mêmes mandats.

Rappels sur un exercice expiré.

366. Les rappels de solde, accessoires de solde et masses d'entretien portant sur un exercice expiré sont également ordonnancés sur les fonds de l'exercice courant, et compris, avec mention particulière, sur les mêmes mandats que la solde courante, sauf l'application ultérieure de ces dépenses, dans les comptes généraux, aux exercices qu'elles concernent.

TITRE II.—DU PAIEMENT DES MILITAIRES SANS TROUPE.

CHAPITRE Ier. — *Du Classement.*

Division en douze classes.

367. Les officiers sans troupe et les employés militaires sont rangés, pour l'ordre de la comptabilité, en douze classes.

Première classe. — Les maréchaux de France, les officiers généraux des cadres d'activité et de réserve, les officiers supérieurs et autres du corps royal d'état-major, depuis le grade de colonel jusqu'à celui de capitaine, et les officiers hors cadre employés à un service spécial ou à une mission.

Deuxième classe.—Les intendants, sous-intendants militaires et adjoints à l'intendance.

Troisième classe. —Les commandants, majors et adjudants de place, les aumôniers, les secrétaires archivistes de place et les portiers-consignes.

Quatrième classe. — Les officiers de l'état-major particulier de l'artillerie jusqu'au grade de colonel inclusivement; les agents principaux comptables, les gardes et les employés d'artillerie.

Cinquième classe. — Les officiers de l'état-major particulier du génie jusqu'au grade de colonel inclusivement; les gardes et les employés de cette arme.

Sixième classe.—Les officiers et les employés de l'état-major et des parcs des équipages militaires.

Septième classe.— Les officiers et employés militaires mis en non-activité d'après la loi du 19 mai 1834.

Huitième classe.—Les officiers en congé illimité.

Neuvième classe.—Les officiers de santé des hôpitaux et des ambulances, et les aumôniers des hôpitaux.

Dixième classe.—Les officiers d'administration des hôpitaux.

Onzième classe. — Les officiers d'administration des subsistances militaires.

Douzième classe.—Les officiers d'administration de l'habillement, du harnachement et du campement.

Officiers en disponibilité.

368. Les officiers jouissant du traitement de disponibilité font partie de leurs classes respectives.

369. Sont considérés comme chefs de classe, dans la première, le lieutenant-général commandant la division, et dans les autres (la septième et la huitième exceptées), l'officier ou l'employé militaire le plus élevé en grade.

CHAPITRE II.—*De l'établissement des mandats de paiement.*

—

SECTION Iʳᵉ.— DES ÉTATS GÉNÉRAUX DE MUTATIONS ET DES MANDATS INDIVIDUELS.

Etats de mutations établis par classe.

370. Le dernier jour de chaque mois, les chefs des première, troisième, quatrième, cinquième, sixième, neuvième, dixième, onzième et douzième classes, dans chaque arrondissement ou dans chaque corps d'armée, forment, en simple expédition, un état nominatif des officiers ou employés militaires de leurs classes, contenant leurs noms, grades, résidences et mutations. Ces états sont conformes au modèle n° 15. Ils sont certifiés par les chefs des classes respectives personnellement, et adressés dans le jour à l'intendant divisionnaire ou au sous-intendant militaire, suivant les cas prévus par l'article 334 (1).

Officiers détachés de leurs corps.

371. Les officiers de l'artillerie et du génie appartenant à des corps, et détachés dans des places ou des établissements militaires, ainsi que les officiers et les sous-officiers des dépôts de recrutement et de réserve, ne sont pas compris sur les états des quatrième et cinquième classes; il est fait pour eux des états séparés au titre de leurs corps respectifs. (1ᵉʳ Sem., 1841, p. 345.)

372. Les états nominatifs des septième et huitième classes doivent être établis par les sous-préfets ou par les maires faisant l'office de chefs de

———

(1) Les états de mutation demandés par l'article qui précède, doivent être produits aux intendants à l'appui des revues. (Décision ministérielle, manuscrite du 24 février 1843, n° 2824.)

classe, qui les adressent, le dernier jour de chaque mois, au sous-intendant militaire chargé de l'ordonnancement de la solde des officiers appartenant à ces classes.

373. Les délégataires des officiers sans troupe, ainsi que les personnes autorisées à recevoir des avances sur la solde des prisonniers de guerre ou de tous autres officiers ou employés militaires, ne sont point compris dans ces états.

Mandats individuels des paiements.

374. Aussitôt que l'intendant ou le sous-intendant militaire a reçu les états ci-dessus mentionnés, il en vérifie l'exactitude sur ses contrôles et sur les pièces qui lui sont communiquées par les chefs de classe ou les parties intéressées; il établit ensuite, pour chaque individu, le mandat de paiement portant décompte des sommes à lui payer pour le mois expiré; il établit un pareil mandat pour chacun des individus composant la deuxième classse, et pour chacun des délégataires ou individus autorisés à recevoir des avances sur la solde des officiers sans troupe et employés militaires.

SECTION II. — DE LA REMISE DES MANDATS DE PAIEMENT.

Destination à donner aux mandats de paiement.

375. Le premier du mois, l'intendant ou le sous-intendant militaire envoie respectivement aux chefs des 1re, 3e, 4e, 5e, 6e, 9e, 10e, 11e et 12e classes, tous les mandats individuels de paiement concernant les officiers ou employés militaires dont il ordonnance la solde. — Il accompagne chaque envoi d'un bordereau conforme au modèle n° 16, qui lui est envoyé revêtu d'un récépissé du chef de classe.

376. Chaque chef de classe remet aux parties prenantes les mandats individuels de paiement qui lui ont été adressés en vertu de l'article précédent.

Quant aux mandats de paiement pour les officiers appartenant à la 2e classe, et pour les délégataires et les individus autorisés à recevoir des avances sur la solde des officiers sans troupe et des employés militaires, l'intendant ou le sous-intendant militaire leur en fait directement l'envoi ou la remise.

377. Les mandats individuels de paiement destinés aux officiers de la 7e et de la 8e classe sont adressés, pour ceux de ces officiers qui ne résident pas au chef-lieu du département, par le sous-intendant militaire qui les a établis, aux sous-préfets ou aux maires qui lui ont transmis les états nominatifs de présence.

378. Les officiers de la 7e et de la 8e classe, jusqu'au grade de colonel inclusivement, doivent se présenter, du 1er au 10 de chaque mois, chez le sous-préfet ou le maire, pour retirer leur mandat de paiement. Ils émargent, pour récépissé, le bordereau d'envoi des mandats, lequel est renvoyé, le 11, au sous-intendant, avec les mandats qui n'auraient pas été retirés.

Les officiers résidant au chef-lieu du département doivent aussi se présenter, du 1er au 10 de chaque mois, chez le sous-intendant, qui leur fait la remise de leur mandat, après qu'ils en ont signé le récépissé, en sa présence, sur une feuille d'émargement.

Du 11 au 15, le sous-intendant militaire fait connaître au général commandant le département les noms des officiers qui ne se sont pas présentés, et ce renseignement est immédiatement transmis au lieutenant général commandant la division.

379. Tout officier des 7e et 8e classes qui n'a pas retiré son mandat de paiement dans le délai prescrit, est considéré comme illégalement absent, et le paiement de sa solde demeure suspendu jusqu'à ce qu'il en ait été autre-

ment ordonné par le lieutenant général, qui en réfère au ministre de la guerre, s'il y a lieu.—Dans le cas de maladie, ou de tout autre empêchement légitime, le lieutenant général fait cesser la suspension de paiement, s'il juge satisfaisantes les justifications qui ont été produites.

SECTION III.— DES MANDATS DE PAIEMENT NON ACQUITTÉS.

Délai fixé pour le paiement des mandats individuels.

380. Les mandats individuels sont payables jusqu'au 30 juin de la seconde année de l'exercice, dans le lieu où il existe des payeurs du trésor, et jusqu'au 20 juin seulement dans les arrondissements où il n'en existe pas. (1ᵉʳ sem., 1839, p. 31.)

Passé ce délai, les titulaires qui ont négligé de recevoir leur solde ne peuvent en obtenir le paiement qu'en se présentant chez l'intendant ou le sous-intendant militaire, auquel ils rendent les mandats. Ce fonctionnaire les annulle et en délivre de nouveaux, dont il comprend le montant par rappel sur la première revue.

Mode à suivre pour constater le non-paiement des mandats.

381. Pour constater les paiements effectués, le payeur remet à l'intendant ou au sous-intendant militaire, dans les dix premiers jours du deuxième mois qui suivra chaque trimestre, pour les mandats émis dans chacun des trois premiers trimestres de l'exercice, et dans les cinq premiers jours du mois de juillet de la deuxième année, pour les mandats délivrés sur le même exercice pendant le quatrième trimestre et les cinq premiers mois de l'année suivante, un état conforme au modèle annexé à la décision du 1ᵉʳ février 1839, indiquant les noms des officiers qui ne se sont point présentés pour toucher le montant de leurs mandats individuels et les sommes qui devaient leur être payées. Il est établi un semblable état pour chaque classe.—Si tous les officiers d'une même classe ont été payés, l'état prescrit ci-dessus n'en doit pas moins être remis, mais il est négatif. (1ᵉʳ sem., 1839, p. 31.)

CHAPITRE III.—*Dispositions particulières.*

SECTION Iʳᵉ.— CHANGEMENT DE DESTINATION.

Officier passant d'une division ou d'une armée dans une autre.

382. Lorsqu'un officier sans troupe ou un employé militaire passe, avant l'expiration d'un mois, d'une division ou d'une armée à une autre, il lui est délivré, avant son départ et sur l'exhibition de son nouvel ordre de service, un mandat de paiement qui comprend tout ce qui lui est dû pour solde et accessoires de solde, jusqu'au jour exclus de son départ.

383. Cependant, si un officier sans troupe ou un employé militaire n'a pu demander son mandat ni faire arrêter son livret, l'intendant de la division ou le sous-intendant militaire de l'arrondissement qu'il a quitté, envoie, sur sa réclamation, un certificat de non-paiement à l'intendant de la division ou au sous-intendant de l'arrondissement où il est passé, avec indication détaillée des sommes qui lui restent dues.

Officier quittant le service.

384. Les dispositions des deux articles précédents sont applicables à tout officier sans troupe ou employé militaire passant de l'activité à la disponibilité, à la non-activité, à la réforme ou à la retraite, ou qui s'absente légalement de son poste pour quelque cause que ce soit.

6

Cas où un officier est parti sans s'être fait payer.

385. Si un officier sans troupe ou un employé militaire part d'un département ou d'une armée sans avoir reçu le montant du mandat de paiement qui lui a été délivré avant son départ, il ne peut en être payé que par rappel sur la première revue, dans la division ou dans le corps d'armée où il doit être employé en vertu des lettres de service qu'il a reçues. Ce rappel est fait sur l'exhibition du livret de solde et du mandat de paiement qui est annulé et annexé à la revue comme certificat de non-paiement. — La même règle est suivie à l'égard des officiers en disponibilité, en non-activité et en congé illimité.

SECTION II. — DE LA PERTE D'UN MANDAT DE PAIEMENT.

Officier ne changeant pas de résidence.

386. Lorsqu'un officier sans troupe ou un employé militaire, un officier en non-activité ou en congé illimité, a perdu un mandat de paiement, et qu'il ne change pas de résidence, il ne peut en obtenir un duplicata que du fonctionnaire qui a délivré ce mandat; et, à cet effet, il doit représenter un certificat du payeur sur la caisse duquel le mandat était tiré, constatant le non-paiement du primata et portant l'engagement de ne point l'acquitter.

Officier passant dans un autre arrondissement.

387. Si la perte est faite par un officier ou un employé militaire passant dans l'arrondissement d'un autre intendant ou sous-intendant militaire, le rappel de la solde ne peut avoir lieu que sur un certificat de non-paiement délivré par le payeur qui aurait dû acquitter le primata, et visé par l'intendant ou le sous-intendant militaire qui l'avait expédié.

SECTION III. — DES RAPPELS DE SOLDE DE CAPTIVITÉ.

Inscription des paiements sur les livrets.

388. Lorsqu'un officier sans troupe ou un employé militaire rentre des prisons de l'ennemi, l'intendant ou le sous-intendant militaire qui délivre le mandat de paiement de la somme à laquelle il a droit conformément à l'article 116, et le payeur qui l'acquitte, sont tenus, sous leur responsabilité personnelle, d'en faire l'inscription sur le livret ou la feuille de route de l'officier ou de l'employé. — Ces militaires sont compris sur les revues de leurs classes respectives, tant pour ce paiement que pour ceux qui leur seraient faits ultérieurement, à titre de solde de captivité.

389. Les officiers sans troupe et les employés militaires embarqués pour se rendre ailleurs que dans les colonies, et qui ont été faits prisonniers de guerre, soit en mer, soit à leur destination, reçoivent à leur rentrée en France le rappel de leur solde de captivité, conformément à l'article 427.

TITRE III. — DU PAIEMENT DES CORPS DE TROUPE ET DÉTACHEMENTS.

CHAPITRE Ier. — *De la Solde.*

SECTION Ire. — DE LA FORMATION DES ÉTATS.

États de paiement par corps et par département.

390. Il n'est fait qu'un seul état de paiement pour toutes les parties d'un corps stationnées dans le même département. — Aux armées, il n'est égale-

ment fait qu'un état de paiement pour toutes les portions du même corps dont l'administration n'est pas divisée, et qui se trouvent placées dans l'arrondissement du même payeur.

391. Les états de paiement de solde et accessoires portent toujours l'annotation du département ou de l'armée où ils doivent être acquittés, et de la revue sur laquelle ils doivent être imputés.

Établis en double expédition.

392. Les états de paiement pour la solde et ses accessoires sont toujours établis en double expédition, dont une portant *quittance* et l'autre *déclaration de quittance* (1).

Cas où il doit en être fait une troisième expédition.

393. Lorsqu'un militaire détaché ou isolé de son corps a été autorisé à toucher sa solde dans le lieu de sa résidence, le sous-intendant militaire qui a ordonnancé l'état de paiement en fait une troisième expédition, et l'envoie, comme état de mutation, au sous-intendant ayant la surveillance administrative du dépôt du corps.

394. La disposition prescrite par l'article précédent est également applicable, — 1° Aux officiers, sous-officiers, caporaux ou brigadiers et soldats des corps de troupe rentrant des prisons de l'ennemi, pour les sommes qui leur sont payées, tant sur la frontière que dans leurs foyers, à titre de secours, d'avance ou de solde de captivité ; — 2° Aux officiers de troupe détenus et autorisés, en vertu de l'article 111, à percevoir la moitié de leur solde pendant le temps de leur détention ; — 3° Aux délégataires des officiers des corps de troupe, et aux individus autorisés, conformément à l'article 119, à recevoir des avances sur la solde de ces officiers.

États de paiement à établir par anticipation.

395. Si un corps de troupe change de garnison dans la dernière quinzaine d'un mois, il peut être dressé un état pour le paiement de la solde due aux officiers jusqu'au jour du départ exclusivement.

396. Si un corps, en se mettant en route, reçoit l'ordre de suivre une direction sur laquelle il ne doit pas rencontrer de résidence de sous-intendant militaire avant l'expiration de la quinzaine, il peut établir, par anticipation, un état de paiement pour la solde de la troupe pendant la quinzaine suivante.

Détachements de recrues.

397. Lorsque des détachements de recrues partent pour rejoindre les corps auxquels ils sont destinés, leur solde doit être payée du jour de leur départ, sur des états établis au titre de ces corps, et conformément au tarif.

Corps provisoires.

398. Lorsque des détachements appartenant à divers corps sont momentanément réunis en corps provisoires, leurs états de paiement sont établis au titre des corps auxquels ils appartiennent.

Militaires réunis en dépôt.

399. Les militaires réunis dans les dépôts de convalescence ou autres dépôts généraux d'hommes appartenant à divers corps sont payés de la solde de leur grade et de leur arme, ainsi que de la haute paie à l'ancienneté, sur

---

(1) La déclaration de quittance doit être établie sur papier bleu. 2° sem. 1842. p. 225).

états collectifs au titre de ces dépôts, et pour la durée du séjour qu'ils y font. — A leur sortie des dépôts pour rejoindre leurs corps, ces hommes sont traités en route comme militaires voyageant isolément, s'ils ne sont pas en nombre suffisant pour former détachement.

Militaires en recrutement.

400. Les sous-officiers, caporaux ou brigadiers et soldats détachés pour le service du recrutement, sont payés de leur solde et de la haute paie à l'ancienneté sur des états dressés au titre des corps auxquels ils appartiennent.

Hommes en subsistance.

401. Les sous-officiers, caporaux ou brigadiers et soldats, mis en subsistance, sont compris, par un article spécial, sur les états de paiement, pour la solde attribuée à leurs grades et à leur arme, et pour la haute paie à l'ancienneté.

SECTION II. — PASSAGE A UNE SOLDE DIFFÉRENTE.

Augmentation ou diminution qui en résulte.

402. Si, après le paiement de la solde d'une quinzaine, un corps ou détachement passe d'une solde inférieure à une solde supérieure, *et vice versa*, il est fait, suivant le cas, sur le plus prochain état de paiement, augmentation ou diminution du trop ou du moins perçu résultant de ce changement de position. — Mais si, dans le cas de passage d'une solde inférieure à une solde supérieure, le corps ou le détachement n'a pas assez de fonds pour subvenir à l'augmentation de dépense, la différence de solde lui est payée immédiatement, sur un état supplémentaire.

Coupure des états de paiement au passage de la frontière.

403. Lorsqu'un corps entier ou un détachement passe du pied de paix au pied de guerre *et vice versa*, il est fait une coupure dans ses états de paiement au passage de la frontière. — Si l'armée est dans l'intérieur, la coupure des états se fait à partir du jour où les allocations du pied de guerre commencent ou cessent d'avoir lieu.

SECTION III. — DE LA SOLDE DE CAPTIVITÉ.

Officiers rentrant des prisons de l'ennemi.

404. Les états de paiement de la solde de captivité due, en vertu de l'article 116, aux officiers de troupe rentrant des prisons de l'ennemi, sont établis au titre de leurs corps, conformément à l'article 393. (Modèle n° 18.)

405. Les paiements à faire, pour solde de captivité, aux officiers des corps de troupe, dans les cas prévus par l'article 389, sont effectués suivant les dispositions prescrites par l'article 427.

Sous-officiers, caporaux, brigadiers et soldats dans la même position.

406. Les deux mois de solde accordés aux sous-officiers, caporaux ou brigadiers et soldats rentrant des prisons de l'ennemi sont payés sur un état nominatif établi, au titre de leurs corps, suivant le modèle n° 18.

Le sous-intendant militaire qui ordonnance l'état de paiement, et le payeur qui l'acquitte, doivent, sous leur responsabilité personnelle, en faire l'inscription sur la feuille de route du détachement, ou du militaire rentrant isolément.

407. Les sous-officiers, caporaux ou brigadiers et soldats, rentrant des prisons de l'ennemi, et qui, conformément à l'article 165, ont droit au rappel de la haute paie d'ancienneté pour le temps de leur captivité, ne peuvent en être payés qu'à leur retour au corps.

SECTION IV.—DES PRISONNIERS DE GUERRE ÉTRANGERS.

Indemnité de route.

408. L'indemnité de route allouée aux prisonniers de guerre étrangers, et qui leur tient lieu de toute solde pendant la marche, est payée conformément à l'ordonnance réglementaire sur les frais de route (1).

CHAPITRE II.—*Des Masses.*

SECTION 1re. — MASSE INDIVIDUELLE ET AVANCES EN ARGENT ET EN EFFETS DE PETIT ÉQUIPEMENT.

§ 1er. — *De la masse individuelle.*

Prime journalière payable par mois et à terme échu.

409. La prime journalière d'entretien de la masse individuelle est payée par mois, et à terme échu, aux corps ou portions de corps, d'après les fixations réglées par le tarif, tableau n° 52.

Elle est décomptée, pour les journées effectives de présence et d'absence légale, conformément à l'article 258, et le montant du décompte est compris, par un article particulier, sur l'état de paiement de la solde des officiers.

Première mise et supplément.

410. Les premières mises et les suppléments de première mise alloués par les articles 248 et 254 sont également compris sur l'état de paiement de la solde des officiers.

Militaires en recrutement.

411. La prime journalière d'entretien de la masse individuelle des sous-officiers détachés à poste fixe près les dépôts de recrutement est perçue avec leur solde et sur les mêmes états.

Militaires en subsistance ou admis dans des dépôts généraux.

412. Les hommes mis en subsistance et ceux qui séjournent dans des dépôts généraux ne sont rappelés de la prime journalière acquise dans ces positions qu'à leur retour à leurs corps. Ce rappel s'effectue sur la production d'un certificat (modèle n° 19), visé par le sous-intendant militaire, constatant le nombre de journées pour lequel la prime est due (2).

§ 2. — *Avances en argent ou en effets de petit équipement.*

Cas où les avances peuvent être faites.

413. Conformément à l'ordonnance réglementaire sur les frais de route

---

(1) Voir pour les prisonniers arabes, la décision du 27 octobre 1843, p. 262 du *Journal militaire.*

(2) Cet article est modifié en ce qui concerne les sous-officiers, caporaux et soldats détachés à l'école du tir de Vincennes, en ce sens que pour ceux-ci, la prime journalière sera perçue par les soins du corps dans lequel ils sont en subsistance. (1er sem. 1843, p. 233.)

Les dispositions dudit article 412 sont étendues aux militaires détachés pour le service du manège de l'école d'application du corps d'état major, 1er sem. 1846, 213.) et aux militaires de l'armée d'Algérie détachés comme auxiliaires dans les compagnies du train des équipages. (1er sem. 47, 151.)

les sous-intendants militaires font délivrer aux sous-officiers, caporaux ou brigadiers et soldats, sauf imputation sur leur masse, les secours en argent ou en effets de linge et chaussure qu'ils reconnaissent leur être nécessaires.

Suspension de paiement encourue par les hommes qui perdent leur feuille de route.

414. Le sous-officier, caporal, brigadier ou soldat, qui perd sa feuille de route ne reçoit, après son retour au corps, aucun décompte de masse individuelle pendant six mois, et les sommes qui lui reviennent comme excédant restent en dépôt à sa masse, pour servir au remboursement des effets de linge et chaussure qui auraient pu lui être délivrés pendant sa route.

SECTION II. — MASSE GÉNÉRALE D'ENTRETIEN.

Payable par mois échu.

415. La masse générale d'entretien est payée par mois et à terme échu.

Comment décomptée et payée.

416. Cette masse est décomptée à raison de la douzième partie de sa fixation annuelle, et comprise, par un article particulier, sur l'état de paiement de la solde des officiers.

SECTION III. — MASSE D'ENTRETIEN DU HARNACHEMENT ET FERRAGE.

Payable par mois échu.

417. La masse d'entretien du harnachement et ferrage est payée tous les mois à terme échu, au conseil d'administration des corps ou portions de corps y ayant droit.

Comment décomptée et payée.

418. Cette masse se décompte d'après le nombre de journées de présence des chevaux.

Le montant du décompte est compris, par un article particulier, sur l'état de paiement de la solde des officiers.

SECTION IV. — MASSE D'ENTRETIEN DES BATS ET FERRAGE DES CHEVAUX OU MULETS DE BAT.

Comment décomptée.

419. La masse d'entretien des bâts et ferrage est payée tous les mois, à terme échu, et le montant du décompte est compris par un article distinct sur l'état de paiement de la solde des officiers.

CHAPITRE III. — *Disposition communes au paiement de la solde et des masses.*

Délivrance des mandats de paiement des corps ou détachements.

420. Les sous-intendants militaires qui tiennent les contrôles des corps, portions de corps ou détachements s'administrant eux-mêmes, ordonnancent les états de paiement pour toutes les prestations auxquelles ces mêmes corps, portions de corps ou détachements peuvent avoir droit.

421. Les états de paiement sont ordonnancés au titre de chaque corps, portion de corps ou détachement s'administrant lui-même, et payables, sur l'acquit du conseil d'administration ou de l'officier qui en tient lieu, entre les mains du trésorier ou de l'officier payeur, ou enfin de tout autre officier ou sous-officier légalement autorisé à en percevoir le montant.

Etablissements considérés comme corps de troupe.

422. Sont considérés comme formant corps de troupe, pour l'ordre de la comptabilité et pour les paiements, les officiers, sous-officiers, brigadiers et cavaliers de l'écolede cavalerie, les recrues tenues en rassemblement avant leur départ pour leurs corps, les dépôts de déserteurs, ceux de convalescents et tous autres dépôts généraux composés d'hommes appartenant à divers corps.

Les officiers sans troupe faisant partie de l'état-major des diverses écoles militaires, ainsi que les officiers, caporaux, soldats et tambours détachés dans les mêmes établissements, sont payés au titre des classes ou des armes dont ils font respectivement partie.

Indemnités extraordinaires à payer comme la solde.

423. Les indemnités représentatives de vivres et de liquides, ainsi que les indemnités allouées en cas de rassemblement, sont ordonnancées comme la solde et sur les mêmes états.

424. Lorsque des distributions extraordinaires de liquides sont accordées sans qu'il puisse y être pourvu par les magasins de l'Etat, le paiement de l'indemnité représentative est ordonnancé immédiatement et sur un état particulier, si la caisse du corps ne peut en faire l'avance.

CHAPITRE IV.—*Des troupes embarquées et des jeunes soldats levés pour la marine.*

Paiements à ordonnancer par les sous-intendants militaires.

425. Les corps et détachements mis à la disposition de la marine, quelle que soit leur destination, continuent à être soldés par les soins des sous-intendants militaires jusqu'au jour exclus de leur embarquement.

Paiements à faire par la marine au compte de la guerre.

426. Les états de paiement à établir dans les cas prévus par l'art. 270 sont dressés en double expédition, dont l'une porte quittance et l'autre déclaration de quittance.—Les déclarations de quittance sont transmises par le ministre de la marine au ministre de la guerre, comme pièces devant servir à la liquidation définitive et au remboursement de la dépense.

Solde de captivité.

427. Les officiers, sous-officiers, caporaux ou brigadiers et soldats faisant partie des troupes désignées en l'art. 270 précité, et qui ont été faits prisonniers de guerre après leur embarquement, sont payés, lors de leur rentrée en France, et sur les fonds du département de la guerre, de tout ce qui leur est dû pour solde de captivité.

Troupes levées pour la marine.

428. Les jeunes soldats mis en activité pour servir dans les troupes de la marine, sont payés dans les formes et suivant les règles prescrites pour les recrues de l'armée de terre. — Ces paiements sont faits à titre d'avances remboursables par le département de la marine.

TITRE IV. — DES RETENUES SUR LA SOLDE.

CHAPITRE Ier. — *Des retenues au profit de l'État.*

SECTION Ire. — DU REMBOURSEMENT DES AVANCES EN ARGENT OU EN EFFETS DE PETIT ÉQUIPEMENT.

Pièces servant de base au remboursement.

429. Les avances faites en vertu de l'art. 413 sont constatées par les relevés sommaires que les sous-intendants militaires dressent conformément à l'ordonnance réglementaire sur les frais de route, et auxquels sont annexés les mandats et ordres de fourniture, revêtus des acquits des parties prenantes.

Destination de ces pièces.

430. Les pièces mentionnées en l'article précédent sont envoyées, par l'intermédiaire de l'intendant de la division où elles ont été établies, à celui de la division où tiennent garnison les corps auxquels appartiennent les titulaires des mandats. Ce fonctionnaire les transmet, dès qu'elles lui sont parvenues, aux sous-intendants militaires chargés de la surveillance administrative de ces corps.

L'intendant adresse aux sous-intendants militaires employés sous ses ordres les acquits imputables à des corps stationnés dans sa division.

Inscriptions des avances au registre des retenues.

431. Aussitôt que les sous-intendants militaires reçoivent les relevés sommaires, ils inscrivent le total des avances qu'ils relatent sur le registre dont la tenue est prescrite par l'art. 618, et remettent ces relevés, avec les mandats, sous leur responsabilité personnelle, aux conseils d'administration des corps qu'ils concernent.

Mode de recouvrement des avances.

432. Les sous-intendants militaires opèrent le recouvrement des avances en les portant au débit du premier décompte de libération à établir pour les corps au titre desquels ces avances ont été faites.

Cas de rejet par les corps.

433. Les conseils d'administration ne peuvent se refuser à l'imputation des avances. — Cependant, si parmi les mandats à imputer il en est qui concernent des hommes inconnus au corps, le sous-intendant militaire, après avoir vérifié le fait, en prend note sur le registre des retenues. — Le montant du mandat rejeté est ultérieurement porté au crédit du décompte de libération, sur lequel le corps est débité de la somme totale des avances.

Mandats rejetés.

434. Le sous-intendant militaire, dans le cas prévu par le deuxième paragraphe de l'article précédent, se fait remettre le mandat, et le renvoie immédiatement à l'intendant sous les ordres duquel il est employé. — Ce fonctionnaire, conformément aux art. 55 et 56 de l'ordonnance réglementaire sur les frais de route, remplit les formalités nécessaires pour mettre le département de la guerre à portée d'opérer le recouvrement de la somme dont l'imputation au corps a été reconnue inadmissible.

SECTION II.—DE LA RETENUE DE 2 P. 0/0 AU PROFIT DU TRÉSOR, SUBSTITUÉ AUX DROITS DE L'ANCIENNE DOTATION DES INVALIDES.

Prestations qui en sont passibles.

435. Les officiers sans troupe, les officiers des corps de troupe, les officiers en non-activité et en congé illimité, les employés militaires qui ne sont point passibles de retenues particulières pour fonds de retraite, et les vétérinaires, subissent sur leur traitement une retenue de 2 pour cent au profit du trésor public substitué aux droits de l'ancienne dotation des invalides. Cette retenue est exercée sur la solde, les suppléments de solde et l'indemnité de représentation.

Indemnités extraordinaires qui n'en sont point passibles.

La gratification d'entrée en campagne, l'indemnité allouée en cas de rassemblement, celles de vivres, de logement, de fourrages et de frais de bureau, ainsi que les indemnités pour pertes de chevaux et d'effets, n'en sont point passibles.

436. L'officier et l'employé militaire en congé ou à l'hôpital, ne doivent supporter la retenue que sur la solde déterminée pour leur position.

437. L'officier qui se trouve dans une position donnant droit à la solde de route doit subir la retenue sur le montant intégral de cette solde.

Intégralité de la retenue nonobstant toute autre.

438. Lorsqu'un officier ou employé militaire doit supporter sur son traitement une retenue, pour quelque motif que ce soit, la retenue de 2 pour cent n'en est pas moins exercée sur le montant intégral de sa solde.

439. La solde des prisonniers de guerre étrangers n'est point assujettie à la retenue de 2 pour cent.

Opérée par déduction.

440. Les sommes à retenir en vertu des dispositions des articles précédents, sont portées d'une manière distincte sur les états de paiement, et la déduction en est faite sur le montant desdits états, qui doivent être arrêtés et quittancés pour leur montant intégral. (Circulaire du 26 nov. 1838 non insérée au *Journal militaire*, et 1ᵉʳ sem. 1839, p. 87.)

SECTION III.— DES RETENUES AU PROFIT DU TRÉSOR PUBLIC.

Comment exercées.

441. Lorsqu'il doit être exercé des retenues pour sommes à rembourser au trésor public, soit par les officiers sans troupe et employés militaires, soit par les militaires des corps de troupe d'après les ordres particuliers du ministre de la guerre, les motifs des déductions sont expliqués, tant sur les états de paiement que sur les revues, de manière à ne faire payer à la partie prenante que la somme nette qu'elle doit recevoir, déduction faite de la retenue.

442. Si la retenue à faire au profit du trésor ne concerne pas l'exercice courant, une note détaillée fait connaître la somme totale qui aurait dû être allouée par la revue, et les motifs de la déduction.

443. Les retenues à exercer, par suite de la consommation des décomptes des revues de liquidation, ou d'erreurs reconnues par la vérification des revues, ont lieu conformément aux art. 595, 612 et 613.

CHAPITRE II. — *Des retenues au profit de tiers.*

SECTION Ire. — DES RETENUES POUR ALIMENTS SUR LA SOLDE DES OFFICIERS
ET EMPLOYÉS MILITAIRES.

Par qui accordées.

444. Le ministre de la guerre peut prescrire, sur la solde des officiers ou employés militaires, une retenue pour aliments, dans les cas prévus par les art. 203, 205 et 214 du Code civil.—Cette retenue peut être indépendante de toute autre que subirait déjà l'officier, pour quelque cause que ce fût.

Retenues opérées par déduction.

445. Les retenues ordonnées en vertu de l'article précédent doivent être opérées, par déduction, sur les états de solde des officiers ou employés militaires qui en sont passibles, et le montant en est payé à leurs femmes ou enfants, sur la production d'un certificat de retenue, et suivant le mode prescrit par les art. 327, 337, 345 et 394, pour les délégataires.

SECTION II.—DES RETENUES POUR DETTES ENVERS DES TIERS.

Par qui ordonnées.

446. Les retenues pour dettes contractées par des officiers ou employés militaires ont lieu en vertu d'oppositions juridiques. Néanmoins le Ministre de la guerre peut en ordonner d'office, lorsqu'il le juge convenable.

447. Dans les corps de troupe, les dettes des officiers, particulièrement celles qui ont pour objet leur subsistance, leur logement, leur habillement, ou d'autres fournitures relatives à leur état, peuvent aussi être payées au moyen d'une retenue sur leurs appointements ordonnée par le chef du corps, conformément à ce qui est prescrit par les règlements sur le service intérieur des corps de troupe.

Signification d'oppositions juridiques.

448. Toutes saisies-arrêts ou oppositions sur la solde des officiers de troupe ou sans troupe et des employés militaires, doivent être faites entre les mains des payeurs, agents ou préposés, sur la caisse desquels les ordonnances ou mandats sont délivrés. — Néanmoins, à Paris, et pour tous les paiements à effectuer à la caisse du payeur central au trésor public, elles doivent être exclusivement faites entre les mains du conservateur des oppositions au ministère des finances (1 et 2).

Retenues opérées par précompte.

449. Les retenues pour dettes envers des tiers doivent toujours être opérées par précompte; en conséquence, le payeur prélève sur le montant de la solde du débiteur la retenue dont il est passible, sans qu'il y ait lieu, pour cet objet, à aucune déduction sur l'état de paiement, ni sur la revue.

Destination à donner au produit des retenues.

450. Les sommes provenant des retenues opérées par les payeurs sont distribuées aux opposants, suivant les formes prescrites par le Code de procédure civile.

---

(1) Les conseils d'administration des corps de troupe ne doivent donner aucune suite aux oppositions qui seraient formées entre leurs mains. 1er sem. 1838. p. 579.)
(2) Article 13 de la loi des finances, du 9 juillet 1836.

CHAPITRE III. — *Dispositions communes aux retenues pour dettes envers le trésor public et des tiers.*

Proportion commune à toutes les retenues.

451. Les retenues à effectuer pour sommes à rembourser, soit au trésor, soit à des tiers ne peuvent excéder le cinquième de la solde brute des officiers et employés militaires en activité, et des officiers en non-activité ou en congé illimité, à moins de décision contraire du ministre de la guerre, et sauf le cas prévu par l'art. 447.

Mesures à prendre pour en suivre les progrès.

452. Tous les ordres de retenue donnés par le ministre de la guerre, dans les cas spécifiés aux articles ci-dessus, sont adressés aux intendants militaires qmi sont tenus, sous leur responsabilité personnelle, d'eu suivre, lorsqu'il y a lieu, l'exécution auprès des sous-intendants militaires. En conséquence, les intendants en tiennent uń registre conforme au modèle n. 20, sur lequel ils annotent, d'après les comptes qui leur sont rendus par les sous-intendants, les sommes remboursées, en désignant les états de paiement et les revues sur lesquelles les retenues ont été effectuées.

Les sous-intendants militaires tiennent le même registre pour les retenues qu'ils doivent faire d'après les ordres que leur transmettent les intendants.

453. Lorsqu'un officier sans troupe, un employé militaire, ou un corps de troupe, assujetti à des retenues non encore effectuées en totalité, change de division, l'intendant fait connaître le restant à retenir à l'intendant de la division, dans laquelle le militaire ou le corps doit se rendre, afin qu'il fasse continuer ces retenues. Cet intendant devient pareillement responsable de leur exécution.

L'intendant ou le sous-intendant militaire qui fait payer le débiteur a, en outre, le soin, s'il s'agit d'un officier payé sur mandats individuels, de porter sur son livret ou sur le certificat de cessation de paiement qu'il lui délivre, une mention spéciale faisant connaître avec détail la situation de la retenue.

IIIe PARTIE. — Du Règlement des Dépenses.

TITRE Ier. — DES CONTROLES.

CHAPITRE Ier. — *Des officiers sans troupe et employés militaires.*

Tenue des contrôles par les intendants et sous-intendants militaires.

454. Les intendants militaires sont chargés de la tenue des contrôles des officiers sans troupe et employés militaires. — Ils peuvent, lorsque l'intérêt du service le commande, déléguer cette partie de leurs attributions aux sous-intendants militaires des départements de l'intérieur ou des divisions d'armée. Ils sont tenus, lorsqu'ils usent de cette faculté, d'en prévenir le Ministre de la guerre et les chefs respectifs des diverses classes d'officiers sans troupe et d'employés militaires.

Les contrôles des officiers en non-activité ou en congé illimité, sont tenus par le sous-intendant militaire du département dans lequel ils résident.

455. Les contrôles sont distincts pour chaque classe d'officiers sans troupe et d'employés militaires, et pour les officiers en non-activité ou en congé illimité. Aux armées, les contrôles des officiers sans troupe et des employés militaires, sont tenus par l'intendant ou le sous-intendant militaire chargé d'ordonnancer le paiement de la solde de ces officiers ou employés.

Fourniture et renouvellement des contrôles.

456. Les contrôles à tenir pour les officiers sans troupe et les employés militaires, ainsi que pour les officiers en non-activité ou en congé illimité, sont conformes au modèle n. 21, et fournis par l'administration de la guerre; ils sont renouvelés au 1ᵉʳ janvier de chaque année. Les contrôles de l'année expirée sont déposés dans les archives de l'intendance militaire. Ceux concernant les officiers sans troupe et employés militaires des armées, sont envoyés au Ministre de la guerre lorsque ces armées sont dissoutes et que la vérification des revues est entièrement consommée.

Mesures pour assurer l'exactitude des contrôles.

457. Pour faciliter la tenue exacte des contrôles, les officiers et les employés militaires mentionnés en l'article précédent sont obligés, lors de leur arrivée à une nouvelle destination, ainsi qu'à leur départ pour passer d'une résidence à une autre, de présenter au visa de l'intendant ou du sous-intendant militaire, chargé d'ordonnancer leur solde, les originaux de leurs brevets, commissions et autres pièces établissant leur position. En outre, chaque chef de classe adresse à l'intendant ou au sous-intendant militaire l'état de tous les mouvements et mutations qui ont lieu dans sa classe, et lui donne ou fait donner communication des titres justificatifs.

458. Tous les ordres de mouvements et les nominations ou promotions concernant les officiers sans troupe ou employés militaires sont notifiés aux intendants des divisions où ces militaires résident. Les intendants militaires les font connaître aux sous-intendants placés sous leurs ordres ; ils en tiennent un registre par ordre alphabétique, conforme au modèle n. 22, et qu'ils doivent consulter, au besoin, pour la vérification des revues. Les sous-intendants militaires tiennent un pareil registre des ordres et avis ministériels qui leur sont transmis par les intendants.

459. Les officiers sans troupe, à la seule exception des officiers généraux, et les employés militaires, doivent se présenter dans les bureaux de l'intendant ou du sous-intendant militaire le dernier jour de chaque mois, à moins d'empêchement légitime dont ils sont tenus de justifier.

460. Dans les lieux où il ne réside pas d'officier de l'intendance militaire, les officiers sans troupe ou employés militaires se présentent chez le commandant de la place, qui donne à l'intendant ou au sous-intendant militaire avis de leur présentation.

CHAPITRE II. — *Des corps de troupe.*

—

SECTION Iʳᵉ.—DES CONTROLES A TENIR PAR LES CORPS.

§ 1ᵉʳ.—*Contrôle des hommes.*

Formes des contrôles.

461. Le contrôle des hommes est conforme au modèle n. 23. Il en est tenu un pour l'état-major et la compagnie ou le peloton hors rang, et un pour chaque compagnie, escadron ou batterie. — La réunion de ces contrôles particuliers forme le contrôle général du corps, qui est toujours tenu par le major.

462. Les cases de chaque contrôle sont numérotées depuis la première jusqu'à la dernière, excepté celles qui sont destinées aux officiers.

Lors de l'établissement ou du renouvellement des contrôles, les hommes y sont enregistrés par rang de grade et de classe, et dans chaque grade, par rang d'ancienneté ; les tambours, clairons ou trompettes et les enfants de troupe, y précèdent les soldats. Chaque homme y occupe une case, et y est désigné par le numéro qui lui a été donné sur le registre matricule, ainsi que par ses noms, prénoms et surnoms. — Il est laissé à la suite de chaque grade un nombre de cases en blanc double de celui des hommes formant le complet du grade.

Pour les emplois, le nombre de cases en blanc est égal à celui de chaque emploi.

Officiers ; comment inscrits.

463. La date et le lieu de naissance de chaque officier sont indiqués au contrôle.

464. Tout officier destiné pour un corps de troupe doit, aussitôt que l'avis officiel de sa nomination est parvenu à ce corps, être inscrit sur le contrôle et désigné pour mémoire comme non arrivé, jusqu'à ce qu'il ait rejoint.

Contrôles des portions de corps détachées.

465. Lorsqu'une portion de corps détachée s'administre elle même, et qu'elle se compose de plusieurs compagnies, il est remis à l'officier qui la commande une copie du contrôle de chaque compagnie — Cependant, si le détachement n'est composé que d'une compagnie, il n'en est pas formé de contrôle, le livre de compagnie dont il est fait mention à l'art. 475 devant lui en tenir lieu.

Si le détachement n'est composé que d'une ou plusieurs fractions de compagnie, il en est formé un contrôle particulier, qui est extrait du contrôle général.

466. Les copies ou extraits des contrôles sont délivrés par le major ou par son suppléant, certifiés par le conseil d'administration, et visés par le sous-intendant militaire chargé de la surveillance administrative du corps ou de la portion de corps. — Au retour des portions de corps ou des détachements, les copies ou extraits de contrôles dont ils étaient pourvus, sont remis au major, et arrêtés, suivant le cas, par le conseil éventuel ou par l'officier commandant; ils sont ensuite comparés avec les contrôles tenus au dépôt.

467. Il est donné connaissance au sous-intendant militaire chargé de la surveillance administrative du corps ou de la portion de corps, des rectifications que ces comparaisons peuvent occasionner. Ce sous-intendant reçoit en même temps les copies ou extraits de contrôles mentionnés ci-dessus, les annule et les rend ensuite au conseil d'administration, pour être déposés dans les archives du corps.

Contrôle provisoire des hommes laissés au dépôt.

468. Lorsqu'un régiment d'infanterie désigné pour entrer en campagne, a reçu l'ordre de former des bataillons de guerre, les hommes qui restent au dépôt sont inscrits aux contrôles des compagnies du dépôt. Ils sont alors rayés des contrôles de leurs compagnies respectives.

Les hommes des compagnies d'élite sont inscrits aux contrôles des compagnies du dépôt, distinctement de ceux des compagnies du centre.

469. Dans les régiments de cavalerie organisés sur le pied de guerre, il est formé, au titre de chaque escadron partant, un contrôle spécial pour les hommes laissés au dépôt ou qui viennent à y rentrer.

Dans les régiments d'artillerie et du génie, le bataillon de pontonniers, les escadrons du train des parcs d'artillerie, les compagnies du train des équipages militaires, et celles d'ouvriers du même corps, ainsi que dans le bataillon d'ouvriers d'administration, les hommes formant le cadre du dépôt en cas d'organisation sur le pied de guerre, sont inscrits sur un seul et même contrôle.

Tenue des contrôles ; à qui attribuée.

470. Le contrôle général des hommes est tenu en totalité par le major, et, à son défaut, par le capitaine chargé de le suppléer. — Lorsqu'un ou plusieurs bataillons ou escadrons détachés s'administrent séparément, le commandant de chaque bataillon ou escadron tient les doubles des contrôles. Il en est de même à l'égard des détachements formés de moins d'un bataillon ou de deux escadrons.

471. Dans les compagnies formant corps entier, le registre de compagnie mentionné à l'art. 475, tient lieu de contrôle général.

472. Les contrôles des dépôts de recrutement et de réserve, de prisonniers de guerre ou de déserteurs étrangers, de convalescents, et ceux des dépôts généraux composés d'hommes appartenant à plusieurs corps, sont tenus par les commandants de ces dépôts. — Les contrôles des écoles militaires sont tenus par l'officier faisant les fonctions de trésorier.— Les contrôles des ateliers de condamnés sont tenus par le comptable de l'établissement, et ceux des pénitenciers militaires par l'inspecteur de l'établissement. — Il y a, dans le contrôle de chaque dépôt de prisonniers de guerre, des chapitres distincts pour les hommes de chaque puissance.

Le contrôle d'un dépôt de convalescents, ou d'un dépôt général appartenant à divers corps, fait aussi connaître, par des chapitres distincts, les hommes appartenant à chaque corps. —Les contrôles du personnel des services administratifs sont tenus par les chefs respectifs de ces différents services. — Tous les contrôles indiqués au présent article sont établis suivant le modèle n. 24.

Remise des états de mutations à l'officier chargé de la tenue des contrôles.

473. Tous les matins, après le rapport que prescrit le règlement sur le service intérieur, l'officier chargé de la tenue du contrôle général reçoit, certifié par chaque commandant de compagnie, l'état des mutations et mouvements survenus la veille. Pour l'état-major et la compagnie ou le peloton hors rang, l'état est certifié et fourni par l'officier d'habillement.

Aussitôt après la réception de ces états, l'officier chargé de la tenue du contrôle général y enregistre les mutations et mouvements.

474. Lorsque des détachements se trouvent sous la surveillance administrative d'un sous-intendant militaire autre que celui du dépôt de leurs corps, les états de leurs mutations et mouvements, certifiés par les officiers qui les commandent, sont remis tous les dix jours, s'ils sont employés dans l'intérieur, et tous les mois, s'ils sont hors du royaume, aux sous-intendants militaires sous la surveillance administrative desquels ils sont placés. Ceux-ci, après les avoir visés, les adressent immédiatement aux sous-intendants militaires des dépôts, qui les remettent au conseil d'administration central. — Ces états de mutations servent à la vérification des feuilles de journées des détachements, et donnent les moyens de faire, tant sur le registre matricule que sur les contrôles annuels, les annotations constatant les gains et les pertes.

Lesdits états sont indépendants de ceux que les détachements doivent fournir, conformément à l'art. 491, tous les jours ou tous les cinq jours, suivant le cas, aux sous-intendants militaires sous la surveillance desquels ils se trouvent. — A la rentrée des détachements, les contrôles sont déposés dans les archives du corps, ainsi que le prescrit l'art. 467.

Contrôles des compagnies.

475. Indépendamment des contrôles ci-dessus inscrits, chaque capitaine tient pour sa compagnie, son escadron ou sa batterie, un contrôle qui fait partie du livre de compagnie. — Le contrôle de la compagnie ou peloton hors rang, tenu par l'officier d'habillement, comprend l'état-major.

Renouvellement des contrôles.

476. Les contrôles sont renouvelés au commencement de chaque année. Le dernier mouvement de chaque individu alors absent du corps est rappelé sur le nouveau contrôle, ainsi que son numéro au contrôle de l'année précédente. — Les militaires qui surviennent après la confection ou le renouvellement annuel des contrôles sont inscrits à la suite des hommes de leurs grades respectifs, et leur classement par rang d'ancienneté n'a lieu qu'au renouvellement des contrôles.

Les conseils d'administration ou les commandants de détachement font remettre aux sous-intendants militaires une expédition des nouveaux contrôles.

Hommes passant d'une compagnie à une autre ou changeant de grade dans la même compagnie.

477. Lorsqu'un militaire passe, dans le même corps, d'une compagnie à une autre, le contrôle annuel de la compagnie qu'il a quittée indique le numéro de la case qu'il doit occuper dans sa nouvelle compagnie, et le contrôle de cette dernière compagnie rappelle le numéro de la case qu'il occupait dans l'ancienne.

Le militaire qui avance en grade ou qui passe à une classe supérieure, sans changer de compagnie, est rayé de la case qu'il occupait, et inscrit dans une case à la suite des hommes de son nouveau grade ou de sa nouvelle classe. — La même manière d'opérer est suivie à l'égard des sous-officiers, caporaux ou brigadiers et soldats de 1re classe, descendus à un grade inférieur ou à une classe inférieure, sans changer de compagnie. = L'homme qui, dans le cas prévu par le présent article, cesse d'appartenir à une compagnie, est immédiatement rayé du contrôle, et son numéro reste vacant jusqu'à la fin de l'année.

Militaires changeant de corps.

478. Lorsqu'un officier ou un homme de troupe passe d'un corps dans un autre, le conseil d'administration du corps d'où il sort est tenu d'en donner avis sur-le-champ à son nouveau corps, et de l'informer du jour du départ. L'officier est inscrit sur le contrôle du nouveau corps, s'il n'y est pas déjà porté, de la manière indiquée à l'art. 464.

Etats des hommes traités dans les hôpitaux.

479. Les feuilles nominales trimestrielles établies conformément à l'ordonnance sur le service des hôpitaux, par les officiers d'administration comptables et par les administrateurs ou gérants des hospices civils, sont transmises par les sous-intendants militaires à ceux de leurs collègues qui ont la surveillance administrative des corps auxquels les militaires appartiennent.

Ces derniers fonctionnaires les font parvenir, après inscription sur leurs contrôles, aux conseils d'administration des corps.

Hommes rayés et réadmis.

480. Les militaires absents de leurs corps ou prévenus de désertion, sont rayés des contrôles lorsqu'il résulte d'un jugement, d'une décision ou d'un fait constaté, qu'ils n'appartiennent plus à ces corps, ou bien lorsque six mois se sont écoulés sans qu'on ait pu découvrir ce qu'ils sont devenus.

Ceux de ces militaires qui sont réadmis à leurs corps sont inscrits sur les contrôles comme hommes nouveaux.

481. Les hommes faits prisonniers de guerre sont rayés des contrôles annuels, à compter du jour où ils sont tombés au pouvoir de l'ennemi; ils sont inscrits sur un registre particulier, conforme au modèle n. 25, qui est tenu au dépôt de chaque corps par le trésorier. A leur rentrée au corps, ils sont rayés de ce registre et rétablis sur les contrôles.

482. Les hommes en congé illimité et ceux renvoyés par anticipation dans leurs foyers, sont également rayés des contrôles annuels, à compter du jour de leur départ, et portés en même temps sur un registre spécial tenu par le trésorier, et qui est conforme au modèle n. 26.—Le trésorier tient également, lorsqu'il y a lieu, le contrôle des hommes en subsistance (1).

Mention de la masse individuelle des hommes morts ou absents.

483. En cas de mort, de radiation, et dans tous les cas d'absence, la situation de la masse individuelle de chaque homme est portée sur le contrôle, à la suite de la mutation.

Comparaison des livres de compagnie avec les contrôles.

484. Les livres de compagnie, en ce qui concerne les mutations des officiers et des hommes de troupe, sont comparés tous les mois avec le contrôle général du corps. Le major fait opérer les rectifications dont les uns et les autres sont reconnus susceptibles. Il en rend compte au conseil d'administration et au sous-intendant militaire.—Ce fonctionnaire compare, quand il le juge nécessaire, ces contrôles avec ceux qui sont tenus par le major et avec les livres de compagnie.

§ 2. — *Contrôle des chevaux.*

Formes des contrôles généraux et particuliers.

485. Dans les corps de troupe à cheval, les contrôles sont tenus pour les chevaux, conformément au modèle n. 27, et sont numérotés comme ceux des hommes. Les chevaux sont désignés par les numéros de leur case, et par leurs noms et signalements. Pour ceux des officiers, le nom de leur propriétaire est en outre indiqué. —Ces contrôles sont disposés de manière qu'il y en ait un pour l'état-major et le peloton hors rang, et un pour chaque escadron, compagnie ou batterie.

La réunion de ces contrôles particuliers forme le contrôle général des chevaux du corps. — Les chevaux de bât, dans les troupes à cheval, sont portés à la suite des chevaux de l'état-major.

Dans l'infanterie, il est établi pour les chevaux de bât un contrôle spécial.

Dans l'artillerie, les chevaux de troupe sont inscrits séparément et dans deux chapitres comprenant, l'un les chevaux de selle, et l'autre les chevaux de trait.

---

(1) Les militaires renvoyés comme impropres au service, par suite d'infirmités antérieures à leur incorporation, et qui ont été inscrits provisoirement sur les contrôles de la réserve, cessent de faire partie de l'effectif soldé, doivent cesser aussi de figurer sur les contrôles annuels. (Décision ministérielle, *Journal militaire*, 1er sem. 44, 173.)

Par qui tenus

486. Le contrôle général des chevaux est tenu par l'officier chargé du contrôle général des hommes. --- Les états de mutations des chevaux sont fournis à cet officier conformément à ce qui est prescrit par l'art. 473 pour ceux des hommes.

487. Les dispositions prescrites pour la tenue des contrôles des hommes sont applicables à la tenue des contrôles des chevaux.

488. Dans le cas prévu par l'art. 301, il est fait mention, sur les contrôles, des chevaux d'officiers qui ont été laissés au dépôt.

Du renouvellement des contrôles.

489. Les contrôles des chevaux sont renouvelés à la même époque que ceux des hommes. Les nouveaux contrôles rappellent la dernière mutation de chaque cheval absent du corps, ainsi que son numéro au contrôle de l'année précédente.

SECTION II.— DES CONTRÔLES A TENIR PAR LES SOUS-INTENDANTS MILITAIRES.

Doubles des contrôles tenus par les corps.

490. Les sous-intendants militaires tiennent un double de tous les contrôles tenus par les corps et établissements considérés comme corps, placés sous la surveillance administrative. Les imprimés pour ces contrôles sont fournis par l'administration de la guerre.

Remise des états de mutations aux sous-intendants militaires.

491. Les états de mutations des hommes et des chevaux sont fournis aux sous-intendants militaires suivant les modèles n°° 28 et 29, aux époques ci-après, savoir : — Dans l'intérieur, sur le pied de paix ou en rassemblement, tous les jours, immédiatement après le rapport du matin, pour les corps stationnés dans le lieu où réside le sous-intendant militaire, et tous les cinq jours pour les corps stationnés hors de cette résidence, ou faisant partie d'une armée active.

Les envois d'états de mutations sont faits, sous la surveillance du commandant du corps, par le major ou par l'officier chargé de la tenue des contrôles.

Dans les cas prévus par l'art. 483, ces états font connaître la situation de la masse individuelle de chaque homme; ils sont certifiés par l'officier chargé de la tenue des contrôles, et visés par le commandant du corps. S'il n'y a point eu de mutations, les états sont négatifs.

Aussitôt après la réception des états mentionnés ci-dessus, les sous-intendants militaires enregistrent les mutations sur les contrôles. Toutefois, ils doivent y inscrire immédiatement, et sans attendre l'envoi des états de mutations, les mouvements des militaires qui présentent à leur visa les permissions, congés ou autres titres en vertu desquels ils s'absentent.

492. Lorsqu'une troupe est en marche, l'état des mutations est fourni, dans tous les lieux de séjour, au sous-intendant militaire ou au commandant de place, et, à leur défaut, au sous-préfet ou maire, qui la passe en revue, et indique sommairement lesdites mutations au tableau de sa revue, sur la feuille de route.

A l'arrivée de la troupe à sa destination, l'état général des mutations, pour tout le temps de sa marche, est également fourni au sous-intendant militaire qui en prend la surveillance administrative. Le sous-intendant, après avoir vérifié cet état en le comparant aux inscriptions portées sur la feuille de route qui lui est remise, et aux résultats de sa revue d'arrivée, enregistre les mutations aux contrôles annuels.

Présentation au sous-intendant des militaires arrivant au corps.

493. L'officier arrivant à son corps, soit pour la première fois, soit après une absence quelconque, est tenu de se présenter, à son arrivée, chez le sous-intendant militaire, s'il est sur les lieux ; dans le cas contraire, le commandant de la place donne avis au sous-intendant de la présentation de l'officier. — Le sous-intendant, ou, en son absence, le commandant de la place, vise les pièces justificatives des mutations et mouvements qui lui sont exhibés par l'officier. Le visa est daté.

494. Les sous-officiers, caporaux ou brigadiers et soldats qui arrivent au corps, soit pour la première fois, soit après une absence quelconque, sont, dans les vingt-quatre heures de leur arrivée, présentés au sous-intendant militaire par un fourrier de semaine, à l'effet d'être aussitôt portés comme présents sur les contrôles de la compagnie. — Le sous-officier qui accompagne ces militaires chez le sous-intendant doit lui présenter les pièces dont ils sont pourvus en arrivant au corps, et lui remettre en même temps la note des numéros qui leur sont affectés, tant au contrôle qu'au registre-matricule.

Dans les places où il ne se trouve pas de sous-intendant militaire, ces présentations sont faites aux commandants de place, et, à défaut de ceux-ci, aux sous-préfets ou maires. — Le sous-intendant militaire, ou celui qui le remplace, vise les pièces qui lui sont présentées. Ce visa est daté.

Contrôles des portions de corps détachées dans un même département.

495. Lorsque les parties d'un corps de troupe se trouvent disséminées sur divers points d'un département dans lequel sont employés plusieurs sous-intendants militaires, les contrôles annuels de ce corps sont tenus en totalité par celui qui a la surveillance administrative de la portion où se trouve le conseil d'administration.

Contrôles des détachements employés dans un département autre que celui où réside le dépôt.

496. Si les détachements sont employés dans un département autre que celui où réside le dépôt, le sous-intendant militaire, à qui la surveillance administrative de ces détachements est confiée, en tient les contrôles annuels. — En conséquence, lorsque les détachements se séparent du corps pour se rendre dans un autre département, et que ces détachements sont composés de compagnies entières, le sous-intendant militaire ayant la surveillance administrative du dépôt adresse les contrôles de ces compagnies, après les avoir arrêtés, aux sous-intendants dans l'arrondissement desquels elles doivent se rendre. Si, au contraire, les détachements ne sont composés que de fractions de compagnies, il en est formé des contrôles particuliers, extraits du contrôle général. La date du départ de chaque homme et de chaque cheval est indiquée sur ces contrôles, dont le sous-intendant militaire fait l'envoi à ceux de ses collègues sous la surveillance administrative desquels passent les détachements.

Cas de changement de destination.

497. Lorsqu'un corps ou détachement de troupe s'administrant lui-même change de département, le sous-intendant militaire en arrête les contrôles jusqu'au jour exclus du départ, et les adresse au sous-intendant militaire dans l'arrondissement duquel le corps ou le détachement doit passer.

Détachements de recrues.

498. Lorsqu'un détachement de recrues part pour rejoindre un corps, il est établi pour lui un contrôle nominatif en double expédition, et conforme au modèle n° 30. Ce contrôle est visé par le sous-intendant militaire chargé du service du recrutement.

Au départ du détachement, le sous-intendant militaire remet une expédition de ce contrôle au conducteur, lequel doit y inscrire toutes les mutations qui peuvent survenir en route, et adresse l'autre au sous-intendant du dépôt du corps auquel le détachement est destiné, pour être remise au conseil d'administration du dépôt.

A l'arrivée du détachement à sa destination, le major, ou, en son absence, l'officier chargé de le remplacer, inscrit sur le contrôle qui a été remis par le sous-intendant militaire les mutations survenues en route. Cette inscription est faite au moyen du dépouillement des mutations portées sur la feuille de route et sur le contrôle tenu par le conducteur. Le trésorier établit, sur les deux expéditions des contrôles, le décompte des journées donnant droit à la solde et aux vivres, ainsi que les décomptes des sommes et des rations revenant au détachement pour le temps de la route, sans distinction de trimestre ni d'exercice. Les deux expéditions du contrôle sont signées par le major et le conducteur, et remises au sous-intendant militaire avec les feuilles de journées du trimestre.

Le décompte des sommes et des rations qui ont été perçues, est réglé contradictoirement entre le trésorier et le commandant du détachement.

Destination des contrôles après leur renouvellement.

499. Lorsque les contrôles tenus par les sous-intendants militaires ont été renouvelés, et que les revues du dernier trimestre de l'année expirée ont été faites, ils sont envoyés à l'intendant militaire de la division pour être conservés dans ses archives.

SECTION III — DES ÉTATS DES LOGEMENTS MILITAIRES.

États annuels

500. D'après les dispositions de l'article 186, l'indemnité de logement ne devant être accordée qu'à défaut ou en cas d'insuffisance de logement en nature, le directeur des fortifications remet, le premier jour de chaque année, à l'intendant militaire de la division, l'état général des logements affectés aux officiers de tout grade et de toute arme, ainsi qu'aux employés militaires. Cet état indique ceux desdits logements qui ne seraient point alors habitables.

États mensuels.

501. Le directeur envoie en outre, le premier jour de chaque mois, à l'intendant divisionnaire, un état sommaire indicatif des logements qui ont été mis en état d'occupation par les réparations faites, ou qui sont devenus inhabitables, par suite de dégradations, pendant le mois précédent.

Communications aux sous-intendants.

502. L'intendant militaire adresse des extraits de ces états aux sous-intendants de la division chargés de la surveillance administrative des corps, ainsi qu'à ceux auxquels il a délégué la faculté d'établir les revues des officiers sans troupe et employés militaires.

Certificats de non-fourniture de meubles.

503. L'indemnité d'ameublement due dans le cas prévu par le deuxième alinéa de l'article 186, ne doit être allouée aux officiers auxquels elle est attribuée que sur un certificat délivré par le sous-intendant militaire chargé de la surveillance administrative du service du casernement, attestant que les meubles n'ont pu être fournis des magasins militaires.

TITRE II. — DES REVUES.

CHAPITRE Ier. — *Officiers sans troupe et employés militaires.*

Revues ; par qui établies.

504. Les officiers de l'intendance militaire sont chargés de l'établissement des revues générales de liquidation des officiers sans troupe et des employés militaires dont ils tiennent les contrôles. — Les suppléants des sous-intendants militaires ne peuvent établir de revues; l'intendant divisionnaire désigne pour être spécialement chargé de cette attribution le sous-intendant militaire du lieu le plus rapproché de la résidence qui est vacante ou dont le titulaire est absent.

Forme des revues.

505. Il est fait une revue générale de liquidation par trimestre pour chaque classe d'officiers d'état-major ou sans troupe et d'employés militaires en résidence dans un même département, ou attachés à un même corps d'armée. Cette revue, conforme au modèle n° 31, est divisée par chapitres, suivant l'ordre des grades et classes, et pour chaque grade ou classe, en autant de sections qu'il y a dans les emplois de catégories différentes. Elle présente les noms, prénoms, grades, mutations et mouvements des officiers et employés; le nombre de journées donnant droit à la solde ainsi qu'aux accessoires de la solde, et les décomptes en deniers des sommes dues pour les mêmes prestations.

Les officiers en disponibilité sont compris, sur les revues de leurs classes respectives, dans des chapitres particuliers.

506. Les sommes, ainsi que les journées de chaque section, sont additionnées séparément, et la revue est terminée par une récapitulation. Dans les revues où sont compris des traitements passibles de retenues particulières pour fonds de retraite, la récapitulation présente le total des traitements sur lesquels porte cette retenue et celui des allocations assujetties à la retenue de 2 p. 100 au profit du trésor.

507. Lorsqu'un officier change de grade ou d'emploi, ou passe de la position d'activité à celle de disponibilité ou de non-activité, *et vice versâ*, le décompte des sommes acquises dans chaque position est établi séparément, selon l'ordre ci-dessus déterminé, et de manière que des traitements de nature différente ne puissent jamais être confondus dans un même chapitre.

508. Les revues de liquidation des fournitures en nature sont établies suivant le modèle n° 32.

509. Les revues des officiers en non-activité ou en congé illimité sont divisées par arme, et dans chaque arme par chapitres distincts, suivant l'ordre des grades.

Elles sont conformes au modèle n° 33.

Rappels sur exercices expirés.

510. Les rappels de solde et accessoires non passibles de déchéance, et qui portent sur un exercice expiré, sont compris sur la revue du trimestre pendant lequel le paiement en est ordonnancé. Dans ce cas, il est établi, pour rester annexé à la revue, un extrait distinct et séparé par exercice (modèle n° 34 et 35) indiquant nominativement tous les rappels effectués sur les crédits affectés aux dépenses de l'année courante. — Quand il n'y a pas lieu à rappel, mention expresse en est faite à la suite de l'arrêté de la revue.

Officiers sans troupe absents à l'époque d'une revue.

511. Les officiers sans troupe et employés militaires absents de leur poste par congé, à l'époque où doit être établie la revue trimestrielle de liquidation, ne sont portés que pour mémoire sur ladite revue, à compter du jour de leur départ. L'intendant ou le sous-intendant militaire indique avec soin la durée du congé, l'époque de son expiration, et s'il a été accordé avec ou sans solde.

Officiers autorisés à toucher leur solde hors de leur résidence.

512. Lorsque des officiers sans troupe ont été autorisés par le ministre de la guerre à toucher leur solde ailleurs qu'à leur poste ou à leur résidence, ils sont compris pour mémoire dans la revue de liquidation des officiers sans troupe de l'arrondissement où ils résident habituellement, et l'intendant ou le sous-intendant militaire y porte l'annotation des ordres qui ont autorisé le paiement de leur traitement pendant leur absence; pareille mention est faite dans la revue par laquelle ce paiement est régularisé.

513. Les officiers, pairs de France ou membres de la Chambre des Députés, peuvent, sans autorisation préalable, recevoir leur traitement à Paris pendant la durée des sessions législatives.

Revues en triple expédition ; destination à leur donner.

514. Les revues de liquidation des officiers sans troupe et employés militaires sont dressées en triple expédition. La première reste pour minute entre les mains de l'intendant ou du sous-intendant militaire qui l'a établie; les deux autres expéditions, lorsqu'il s'agit d'une revue faite par un sous-intendant, sont adressées à l'intendant divisionnaire aussitôt après leur confection, et lorsqu'il y a eu des fournitures en nature, aussitôt après le règlement de décompte dont il est parlé en l'article 597. — Les revues de liquidation des fournitures en nature ne sont établies qu'en deux expéditions, dont une pour minute.

515. Le sous-intendant militaire signataire de la revue y joint l'état des individus logés, avec ou sans meubles, dans les bâtiments militaires, les feuilles de routes, les congés, les ordres de mission, les billets de sortie des hôpitaux, et généralement toutes les pièces qui ont dû être communiquées aux sous-intendants, à l'exception des brevets et lettres de service. — S'il existe plusieurs sous-intendants militaires dans la place, l'état des logements est certifié par celui de ces fonctionnaires qui est chargé du service du casernement.

516. La revue de chaque classe d'officiers sans troupe, pour le quatrième trimestre, est en outre accompagnée d'un relevé comparatif (modèle n° 36) établissant la concordance qui doit toujours exister entre les droits constatés par les revues des quatre trimestres de l'exercice et les paiements effectués (1).

____

(1) Les revues des officiers sans troupes doivent être établies aussitôt après la réception

517. Les revues de liquidation des officiers en non-activité et en congé illimité sont dressées en trois expéditions qui reçoivent la destination indiquée par l'article 514. Le relevé comparatif ci-dessus prescrit doit également être joint, pour chacune de ces classes d'officiers, à la revue du 4e trimestre.

Etats trimestriels de mutations des officiers en non-activité et en congé illimité.

518. Du 10 au 15 du premier mois de chaque trimestre, les sous-intendants militaires chargés de l'ordonnancement de la solde des officiers en non-activité et en congé illimité, dressent et font parvenir à l'intendant divisionnaire un relevé, conforme au modèle n° 37, des mutations survenues parmi ces officiers pendant le trimestre expiré; ce relevé est dressé séparément, par nature de traitement.

Du 16 au 20 dudit mois, l'intendant établit, dans la même forme, les relevés généraux de ces mutations et les adresse immédiatement au ministre de la guerre.

CHAPITRE II. — *Des corps de troupe.*

—

SECTION Ire. — DES REVUES D'EFFECTIF.

§ 1er.— *Revues des sous-intendants militaires.*

Revues périodiques.

519. Pour constater l'effectif des hommes et des chevaux, les sous-intendants militaires passent les corps en revue sur le terrain, au moins une fois par mois.

Les sous-intendants militaires passent en outre les troupes en revue sur le terrain toutes les fois qu'ils en reçoivent l'ordre, soit du ministre de la guerre ou des lieutenants généraux, soit des intendants militaires, ou lorsqu'ils le jugent eux-mêmes utile au bien du service.

520. Les revues des sous-intendants militaires ont lieu conformément à ce qui est prescrit par les ordonnances du 2 novembre 1833 sur le service intérieur des troupes d'infanterie et de cavalerie, et par la décision royale du 8 juillet 1835. — Les sous-intendants sont en grande tenue de service.

Disposition particulière aux troupes d'artillerie.

521. Le sous-intendant militaire qui doit passer la revue d'une troupe d'artillerie attachée à une école de l'arme, en prévient simultanément le maréchal de camp commandant la subdivision et celui qui commande l'école, lesquels doivent, chacun en ce qui le concerne, et en se concertant au besoin, prescrire les dispositions nécessaires.

Toutefois, lorsque la place où l'école est située n'est pas chef-lieu de subdivision, il suffit que le général commandant l'école en soit prévenu.

Feuilles d'appel.

522. Les sous-intendants militaires font leur revue par appel nominal, sur des feuilles d'appel conformes au modèle n° 38, qui leur sont remises quand ils se présentent à la tête des compagnies ou escadrons, par les capitaines ou officiers commandants. — Ces feuilles, certifiées par les commandants des compagnies ou escadrons et visées par le major, présentent les numéros,

---

des documents demandés par la décision ministérielle du 1er février 1839, insérée au Journal militaire, p. 31 du 1er sem. de la même année.

noms, prénoms, surnoms et grades des officiers, sous-officiers, caporaux ou brigadiers et soldats, ainsi que les mouvements et mutations survenus depuis la dernière revue.

Il est fait, pour les cheveaux, des feuilles distinctes, suivant le modèle n° 39.

Réclamations individuelles pendant les revues.

523. Le sous-intendant militaire reçoit, pendant la revue, les réclamations que les militaires de tout grade peuvent avoir à former pour des objets concernant l'administration ; il est tenu d'y faire droit lorsqu'elles sont fondées sur les lois et ordonnances. Il s'assure préalablement que les réclamants se sont adressés à leurs chefs, suivant les règles de la subordination et de la hiérarchie.

Etats de mutations indépendants des feuilles d'appel.

524. Les feuilles d'appel dont il est fait mention à l'article 522, ne dispensent point les officiers commandants de faire remettre au sous-intendant militaire les états de mutations dont l'établissement est prescrit par l'article 491.

Revues des hommes aux hôpitaux.

525. Indépendamment des revues prescrites par les articles qui précèdent, les sous-intendants passent encore celle des militaires malades aux hôpitaux, soit que ces militaires appartiennent ou n'appartiennent pas aux corps placés sous leur surveillance administrative. Les officiers d'administration comptables, ou les gérants des hospices civils, leur remettent, pour cette revue, des états nominatifs spéciaux conformes au modèle n° 40.

Revues de départ, de passage et d'arrivée.

526. Si un corps ou détachement reçoit l'ordre de changer de garnison, il est passé en revue la veille ou le jour de son départ. L'effectif constaté par cette revue est inscrit sur la feuille de route. — Cette revue d'effectif est renouvelée, dans chaque gîte où la troupe doit séjourner, par le sous-intendant militaire, et, à son défaut, par le commandant de la place, le sous-préfet ou le maire. — Elle est encore renouvelée par le sous-intendant militaire, le jour où le lendemain de l'arrivée de la troupe au lieu de sa destination.

527. Les dispositions de l'article précédent sont applicables aux détachements de recrues.

Avis des mouvements donné par les généraux aux intendants.

528. Pour l'exécution de l'article 526, les généraux commandant les divisions sont tenus de prévenir les intendants militaires de tous les mouvements de troupes qui doivent s'opérer dans leurs divisions respectives. Cet avis est donné plusieurs jours à l'avance, lorsque le bien du service ne s'y oppose point. Si les mouvements sont de nature à être tenus secrets, l'avis est donné dès que les circonstances le permettent. — Dans tous les cas, les intendants militaires doivent être avertis assez à temps pour pouvoir faire préparer les vivres, le logement et les moyens de transport dans les lieux de passage.

§ 2 — *Revue des intendants militaires.*

Cas où elles ont lieu.

529. Aux époques de leur inspection administrative, et éventuellement toutes les fois que l'intérêt du service le commande, les intendants militaires passent en revue sur le terrain les corps et détachements de troupes stationnés dans l'étendue de leur division.—Ces revues ont lieu ainsi qu'il est prescrit pour les revues à passer par les sous-intendants militaires.

SECTION II.— DES FEUILLES DE JOURNÉES.

530. Il est établi, pour servir à la confection des revues générales de liquidation des corps de troupe et des infirmiers des hôpitaux, des feuilles de journées tant pour les hommes que pour les chevaux, suivant les modèles n°° 41 et 42. (2° Sem., 1838, p. 170.)

Etablissement des feuilles de journées.

531. Les feuilles de journées sont établies en double expédition, par compagnie, escadron ou batterie, et par trimestre. Il en est établi une particulière pour l'état-major et la compagnie ou le peloton hors rang.

Elles sont nominatives et présentent, 1° les mouvements et mutations survenus depuis la dernière revue de liquidation; 2° le détail des journées donnant droit aux diverses espèces de solde, suppléments et accessoires de solde, à la prime journalière de la masse individuelle, ainsi qu'aux fournitures de vivres et de chauffage; 3° le décompte des sommes et des rations à allouer; 4° le nombre des hommes ayant droit aux premières mises de petit équipement.

La feuille de journées de l'état-major et de la compagnie ou peloton hors rang présente en outre le tableau de l'effectif du corps tant en hommes qu'en chevaux, ainsi que la balance des gains et pertes résultant des mutations survenues depuis la dernière revue. Il est établi une feuille de journées spéciale pour le chauffage, suivant le modèle n° 43.

Par qui établies.

532. Les feuilles de journées sont établies par les capitaines, qui y portent seulement les noms, prénoms, grades, mutations et mouvements. Le décompte des journées et des différentes prestations, tant en deniers qu'en nature, ainsi que les diverses indications générales dont ces feuilles doivent être revêtues, y sont portés par le trésorier ou l'officier payeur du corps. — La feuille de journées de l'état-major et de la compagnie hors rang est établie par l'officier d'habillement; le tableau général de l'effectif qui y fait suite est rempli par le trésorier.

Dans l'artillerie, et en raison de la position spéciale des troupes de cette arme, les feuilles de journées sont toujours complétement remplies par les capitaines. Néanmoins, la révision des décomptes doit être faite par le trésorier.

La feuille de journées spéciale pour le chauffage est établie par le trésorier.

Etats spéciaux à joindre aux feuilles de journée.

533. Lorsqu'il y a lieu d'allouer à un corps des sommes pour gratifications d'entrée en campagne, il en est dressé un état particulier, qui est joint aux feuilles de journées.

Il en est de même à l'égard des sommes à allouer pour indemnités de pertes de chevaux ou d'effets, et pour gratification aux instructeurs.

Ces états sont conformes aux modèles n°° 44, 45 et 46,

Corps provisoires.

534. Il ne doit y avoir qu'une feuille de journées pour tous les militaires n'appartenant à aucun corps, qui font partie d'un corps provisoire.

Coupures dans les feuilles de journées.

535. Lorsqu'un corps ou un détachement de troupes est appelé à une armée employée hors du royaume, ou qu'il cesse d'en faire partie, il y a coupure dans les feuilles de journées à compter du jour du passage de la frontière. — Si l'armée est rassemblée dans l'intérieur, la coupure des feuilles de journées se fait à partir du jour où les allocations du pied de guerre commencent ou cessent d'avoir lieu.

Il n'est point fait de coupure dans les feuilles de journées quand il n'y a pas changement de régime, et que les troupes se déplacent sans passer, soit du pied de paix au pied de guerre, soit du pied de guerre au pied de paix.

Cas spécial de déplacement d'un détachement.

536. Lorsqu'un détachement composé de fractions de compagnies se sépare de la portion principale, il n'est établi pour ce détachement qu'une seule feuille de journées, dans laquelle les hommes appartenant à chaque compagnie sont distingués par ordre de grades.

Mention des emplois vacants.

537. Lorsqu'il se trouve dans un corps des emplois d'officiers vacants, il en est fait mention sur les feuilles de journées.

Absents portés pour mémoire.

538. Le militaire qui, à l'expiration d'un trimestre, se trouve absent de son corps par congé ou mission autorisée, n'est, sauf le cas prévu par l'article 551, porté que pour mémoire sur les feuilles de journées à compter du jour de son départ. On y indique avec soin la durée du congé, et s'il a été accordé avec ou sans solde.

Officiers promus ou changeant de compagnie.

539. Les officiers promus à un nouveau grade sont portés sur les feuilles de journées à l'apostille de leur ancien grade, jusqu'au jour exclus de leur réception, et compris depuis cette époque à l'apostille de leur nouveau grade.

540. Les officiers passant, dans le même corps, d'une compagnie à une autre sans changer de grade, sont portés sur les feuilles de journées de leur ancienne compagnie, jusqu'au jour exclus où ils l'ont quittée.

Sous-officiers, caporaux ou brigadiers et soldats promus ou changeant de compagnie.

541. Les hommes nommés caporaux ou brigadiers, ou passant d'un emploi à un autre dans la classe des sous-officiers, sont portés sur les feuilles de journées à l'apostille de leur ancien grade, jusqu'au jour exclus de leur réception, et ils comptent, depuis la même époque, à l'effectif de leur nouveau grade.

542. Les hommes passant d'une compagnie dans une autre, sans changer de grade ou d'emploi, ou par l'effet d'une promotion, sont également portés sur les feuilles de journées de leur ancienne compagnie, jusqu'au jour exclus où ils l'ont quittée.

Feuilles de journées ; par qui certifiées.

543. Les feuilles de journées, tant pour les hommes que pour les chevaux, sont certifiées et signées par les commandants de compagnie, escadron ou batterie, en ce qui concerne l'effectif et les mutations.—Celles de l'état-major et de la compagnie ou peloton hors rang sont certifiées et signées par l'officier d'habillement, ou, dans les portions détachées, par l'officier d'armement.

544. Le major ou son suppléant vérifie et constate, par un visa, la conformité des feuilles de journées avec le contrôle général, et le trésorier, ou l'officier payeur dans les portions détachées, certifie les décomptes de toute nature qu'il a établis sur ces feuilles.

Recrues en rassemblement.

545. Il n'est pas établi de feuilles de journées pour les recrues en rassemblement, aucune solde ne leur étant due dans cette position, ainsi qu'il résulte des dispositions de l'article 23. — Les contrôles des détachements de recrues tiennent lieu de feuilles de journées, après avoir été arrêtés conformément à l'article 498.

Militaires en subsistance.

546. Pour les militaires mis en subsistance dans un corps, des feuilles particulières de journées sont établies au titre de ce corps, mais chaque homme y est désigné par le corps auquel il appartient. Elles sont dressées et certifiées par le trésorier.

Feuilles de journées remplacées par des revues nominatives.

547. Il n'est point établi de feuilles de journées pour les écoles militaires, à l'exception de celle de cavalerie, non plus que pour le personnel des services administratifs. Il y est suppléé par les revues, qui sont nominatives.

Dépôts réunissant des hommes de plusieurs corps.

548. Les feuilles de journées des dépôts de convalescents et autres dépôts généraux, composés d'hommes appartenant à divers corps, sont dressées par l'officier comptable et visées par le commandant du dépôt. Il est établi pour chaque dépôt une seule feuille de journées par trimestre, divisée en autant de chapitres qu'il y a de corps ayant des hommes au dépôt ; cependant, si le dépôt est considérable, il peut être fait des feuilles de journées distinctes pour les hommes d'un même corps.

Dépôts de prisonniers de guerre.

549. Les feuilles de journées des dépôts de prisonniers de guerre son établies et certifiées par les commandants ; il en est fait de particulières pour les prisonniers de chaque puissance, suivant le modèle n° 47.

Ateliers de condamnés et pénitenciers militaires.

550. Les feuilles de journées à établir pour la régularisation des fournitures de vivres faites aux ateliers de condamnés et aux pénitenciers militaires, sont dressées et certifiées par les comptables de ces établissements.

Dans les pénitenciers militaires, les feuilles sont vérifiées par l'inspecteur.

Militaires autorisés à toucher leur solde isolément.

551. Les militaires appartenant à un corps, et qui, étant en congé ou mission, sont autorisés à recevoir leur solde hors de leur corps, ne sont compris dans les feuilles de journées de leurs compagnies respectives qu'autant que le double des états constatant les paiements qui leur ont été faits, est parvenu au conseil d'administration de leur corps.

Cette disposition est applicable aux officiers de santé des corps détachés dans les hôpitaux et ambulances, et autres désignés aux articles 371, 393 et 391.

Formation d'un relevé général de journées.

552. Dans les corps de troupe de toute arme, le trésorier établit, d'après les feuilles de journées, un relevé général des journées présentant, pour l'ensemble des portions du corps à comprendre dans une même revue, la récapulation, par grade et par position, de toutes les journées donnant droit à des allocations en deniers. — Ce relevé est visé et vérifié par le major. Il est conforme, selon l'arme, au modèle n° 48.

Remise des feuilles de journées.

553. Les conseils d'administration, ou les officiers qui doivent en tenir lieu, envoient les feuilles de journées aux sous-intendants militaires, au plus tard, dans les dix premiers jours de chaque trimestre pour le trimestre expiré.

Si le corps est en marche pendant ces dix premiers jours, les feuilles de journées sont envoyées, immédiatement après son arrivée à destination, au sous-intendant militaire qui doit prendre la surveillance administrative du corps.

554. Indépendamment des pièces justificatives des mouvements et mutations, les feuilles de journées sont accompagnées : 1° D'une expédition du relevé général de journées prescrit par l'article 552 ; — 2° De l'état, certifié par le sous-intendant militaire chargé du service du casernement, des logements assignés aux officiers dans les bâtiments militaires (modèle n° 49); — 3° De l'état des officiers ayant droit à la gratification d'entrée en campagne ; — 4° De l'état des officiers ayant droit aux indemnités de pertes de chevaux ou d'effets ; — 5° De l'état des gratifications accordées aux instructeurs ; — 6° De l'état nominatif des nouveaux admis à la haute paie journalière d'ancienneté ou passés à un grade supérieur (modèle n° 50); — 7° Des états des enfants de troupe nouvellement admis (modèle n° 51); — 8° De l'état des retenues faites sur la masse individuelle des hommes réformés par congé de renvoi, ou des engagés volontaires renvoyés dans leurs foyers par suite de l'annulation de leur acte d'engagement (modèle n° 52); — 9° De l'expédition des procès-verbaux de distribution et de reprise de marmites, qui doit être jointe à la feuille de journées spéciale pour le chauffage (modèles n°° 53 et 54; 2° Sem., 1839, p. 163.)

555. Si les feuilles de journées ne sont pas fournies dans les délais prescrits par l'article précédent, le sous-intendant militaire fait connaître les motifs du retard à l'intendant divisionnaire, qui, après s'être concerté avec le lieutenant général, pour faire cesser ce retard, en rend compte au ministre de la guerre, et lui propose, s'il y a lieu, des mesures de rigueur contre qui de droit.

Vérification par les sous-intendants militaires.

556. Aussitôt que le sous-intendant militaire a reçu les feuilles de journées qui doivent lui être remises en exécution des articles précédents, il en fait la vérification sur les contrôles, les rectifie s'il y a lieu, et les vise. S'il n'a pas la surveillance administrative du dépôt, il les transmet sans délai au sous-intendant militaire chargé de cette attribution, lequel les communique au conseil d'administration central, pour qu'il en fasse faire une contre-vérification. — Ce dernier sous-intendant, après s'être assuré de l'exactitude de la contre-vérification, fait opérer sur chaque feuille de journées les rectifications dont elle aurait été reconnue susceptible.

557. Les sous-intendants militaires s'assurent, par leur vérification, 1° Que toutes les mutations ont été rapportées exactement sur les feuilles de journées telles qu'elles sont inscrites sur les contrôles annuels, et constatées par les pièces justificatives; — 2° Qu'il n'a point été fait de double emploi dans les différentes feuilles de journées sur lesquelles les mêmes militaires peuvent se trouver compris par l'effet de mutations ou de rappels dans le cours du même trimestre et dans le même corps; — 3° Enfin que les prestations en deniers et en rations ont été légitimement et légalement allouées, eu égard aux grades ou emplois des militaires, à leurs positions respectives de présence ou d'absence, et aux fixations des divers tarifs.

SECTION III.— DES REVUES GÉNÉRALES DE LIQUIDATION (1).

Comment et par qui établies.

558. Il n'est établi qu'une revue générale de liquidation par trimestre pour toutes les portions d'un même corps stationnées dans l'intérieur du royaume.

Il n'est également établi qu'une revue de liquidation par trimestre pour toutes les portions d'un même corps employées à la même armée.

559. Les revues de liquidation des corps de troupe sont conformes au modèle n° 55. Elles sont établies par le sous-intendant militaire chargé de la surveillance administrative de la portion de corps où se trouve le conseil d'administration central. Lorsqu'il y a lieu, les sous-intendants militaires sont suppléés pour l'établissement des revues, ainsi qu'il est prescrit par l'article 504.

Pour les corps dont l'organisation ne comporte qu'un seul conseil d'administration, les revues sont établies là où se trouve ce conseil.

560. Les revues des écoles militaires ou autres établissements désignés en l'article 422, ainsi que celles des ateliers de condamnés et des pénitenciers militaires, sont dressées par les sous-intendants militaires ayant la surveillance administrative de ces établissements.

561. Il n'est point établi de revues collectives pour les corps provisoires composés de détachements de différents corps : ces détachements sont compris sur les revues de leurs corps respectifs.

562. Les revues des corps de troupe sont numériques; elles font connaître l'effectif des hommes, celui des chevaux, lorsqu'il y a lieu; le nombre de journées de présence ou d'absence, par grade et par position dans chaque grade, et elles constatent, d'après ces bases, les droits du corps aux diverses allocations, tant en deniers qu'en rations de toute nature.

Celles des écoles militaires sont nominatives; elles constatent également les droits des parties prenantes. — Les imprimés en usage pour ces différentes revues sont fournis par l'administration de la guerre.

563. Conformément à ce qui est prescrit à l'égard des officiers sans troupe par l'article 510, les rappels de solde et accessoires acquis à des corps de troupe sur un exercice expiré, sont compris dans les feuilles de journées et dans les revues de liquidation du trimestre pendant lequel ces rappels ont eu lieu.

564. Chaque revue est accompagnée d'un extrait des feuilles de journées, distinct et séparé par exercice, établi conformément au modèle n° 56, et présentant le montant exact des rappels effectués sur les fonds affectés à l'exercice courant.

____

(1) Les dispositions de cette section sont, à peu de chose près, applicables aux infirmiers des hôpitaux militaires. (2° sem. 1838. p. 170.)

Si la revue ne comprend aucun rappel de cette nature, la déclaration en est faite par le sous-intendant militaire à la suite de l'arrêté du décompte de libération.

Époques de l'établissement des revues.

565. Les revues doivent être établies dans les dix premiers jours du second mois de chaque trimestre pour le trimestre échu, à moins que le sous-intendant militaire n'ait pas encore reçu les feuilles de journées ; auquel cas, il se conforme à ce qui est prescrit par l'article 555.

Corps partant avant l'établissement de sa revue.

566. Lorsque le dépôt d'un corps ou le personnel d'un établissement considéré comme corps, sous le rapport administratif, quitte l'arrondissement d'un sous-intendant militaire après l'expiration d'un trimestre, mais avant que la revue de liquidation ait pu être établie, les feuilles de journées, ainsi que les pièces à l'appui et tous les documents nécessaires à la formation de la revue, sont adressés par le sous-intendant militaire sous la surveillance administrative duquel le dépôt se trouvait à l'expiration du trimestre, au sous-intendant militaire du lieu de la destination dudit dépôt, lequel demeure chargé d'établir la revue. — Toutefois, il y a obligation pour le sous-intendant militaire de l'ancienne garnison d'établir lui-même la revue de liquidation du corps jusqu'au décompte de libération exclusivement, lorsque les feuilles de journées lui ont été remises dans les délais prescrits, et que le corps n'a quitté la garnison qu'après l'expiration du mois dans lequel cette remise a eu lieu.

Revues en quatre expéditions.

567. Les revues de liquidation des corps sont établies en quatre expéditions, qui reçoivent la destination indiquée par les articles 591 et 605.

CHAPITRE III. — *Dispositions particulières aux troupes embarquées.*

Détachements compris sur les revues de leur corps jusqu'à leur embarquement.

568. Les détachements mis à la disposition de la marine pour les destinations indiquées à l'article 270, continuent à être compris dans les revues de leurs corps respectifs jusqu'au jour de l'embarquement.

A compter de ce jour, ils passent sous l'inspection des agents de la marine.

Feuilles de journées après l'embarquement.

569. Dans le cas prévu par le même article 270, les agents de la marine doivent veiller à ce que les contrôles, les états de mutations et les feuilles de journées soient régulièrement établis. Ils sont chargés de recueillir les feuilles de journées, de les viser et arrêter, et de les adresser ensuite aux intendants militaires des divisions dans lesquelles sont stationnés les dépôts des corps auxquels les détachements appartiennent.

Revues particulières après l'embarquement.

570. Il est établi des revues spéciales pour les détachements mis à la disposition de la marine, à compter du jour de leur embarquement. Ces revues sont dressées par les sous-intendants militaires chargés de la surveillance administrative des dépôts des corps dont les détachements font partie.

Obligation imposée aux agents de la marine pour la régularisation des paiements.

571. Les agents de la marine sont tenus de se conformer aux dispositions de la présente ordonnance, pour ce qui concerne les paiements à faire aux troupes embarquées.

Remboursement à faire à la marine.

572. Le remboursement par le département de la guerre au département de la marine, des sommes avancées aux troupes embarquées, a lieu sur la production des états de paiement quittancés. — A l'égard des officiers sans troupe ou des militaires n'appartenant à aucun corps, le remboursement des avances se fait d'après des revues nominatives établies par les agents de la marine, et auxquelles doivent être annexés les mandats de paiement.

TITRE III. — DES DÉCOMPTES DE LIBÉRATION.

CHAPITRE Ier. — *De la réunion des titres d'imputation.*

SECTION Ire.— DES DÉCLARATIONS DE QUITTANCE.

Remise de ces pièces par les payeurs aux sous-intendants militaires.

573. Dans les dix premiers jours de chaque mois, le payeur de chaque département établit, conformément au modèle n° 57, et d'après les déclarations de quittance, un bordereau général des paiements effectués dans le cours du trimestre précédent, soit par lui, soit par ses préposés ou suppléants, sur les fonds affectés à la solde des troupes. Il comprend aussi sur ce bordereau les paiements qui, applicables à des droits acquis pendant le trimestre expiré, n'ont été opérés que dans les dix premiers jours du trimestre courant. (2e Sem. 1838, p. 353).

574. Si, après le 10 du premier mois de chaque trimestre, le payeur opère encore quelques paiements pour droits acquis pendant le trimestre expiré, il établit un bordereau supplémentaire pour ces paiements.

575. Les déclarations de quittance sont inscrites aux bordereaux dans l'ordre des différentes armes et par corps; elles sont en outre rangées suivant leurs dates et la série de leurs numéros.

576. Le payeur adresse les bordereaux avec les déclarations de quittance au sous-intendant militaire qui a ordonnancé les paiements. Ce dernier lui accuse la réception du tout, après les vérifications de droit.

Emploi de déclarations de quittance par les sous-intendants militaires.

577. Le sous-intendant militaire garde par devers lui les déclarations de quittance souscrites au titre des corps qui sont sous sa surveillance administrative, pour les imputer dans leurs décomptes de libération.

Quant aux déclarations de quittance appartenant à des corps dont les revues de liquidation doivent être décomptées dans un autre arrondissement, le sous-intendant militaire les réunit sous une fiche par corps, indiquant, par extrait du bordereau général, le numéro et le montant de chaque pièce. Il adresse ensuite cette fiche, avec les déclarations de quittance qui s'y rattachent, au sous-intendant ayant la surveillance administrative du corps auquel ces pièces sont imputables.

Cet envoi doit être fait dans le mois qui suit le trimestre expiré.

578. Chaque sous-intendant militaire dépositaire des bordereaux, y annote marginalement l'emploi qu'il a fait des déclarations de quittance qui y sont inscrites, soit en les imputant lui-même, soit en les transmettant à d'autres sous-intendants militaires.

SECTION II.—DES BORDEREAUX DE TOTALISATION DES FOURNITURES EN NATURE.

Destination à leur donner par les sous-intendants militaires.

579. Les fournitures en nature devant être totalisées pour chaque trimestre, aux époques et suivant les formes prescrites par le règlement sur les subsistances militaires, le sous-intendant militaire garde par devers lui une des deux expéditions de chaque bordereau de totalisation, avec les pièces à l'appui; il donne ensuite à ces bordereaux la destination prescrite par l'article 577 pour les déclarations de quittance.

580. Les bordereaux de totalisation des fournitures faites, soit dans l'inrieur, soit dans l'arrondissement d'un corps d'armée ou d'un rassemblement sur le pied de guerre, à des officiers sans troupe ou à des employés militaires, sont envoyés aux intendants ou aux sous-intendants militaires chargés d'établir les revues de ces officiers ou employés.

Époques des envois.

581. Les envois prescrits par les deux articles précédents doivent être effectués dans le mois qui suit le trimestre que les fournitures concernent.

SECTION III. — MODE D'ENVOI DES PIÈCES D'UN SOUS-INTENDANT MILITAIRE A UN AUTRE.

Chargement des paquets.

582. Les déclarations de quittance et bordereaux de totalisation que les sous-intendants militaires ont à s'envoyer mutuellement, en exécution des articles 577, 579 et 580, doivent être renfermés en un paquet sous bandes croisées, chargé à la poste. — Ces pièces sont détaillées dans un bordereau énumératif en deux expéditions, dont une est renvoyée au sous-intendant militaire expéditeur, revêtue du récépissé du destinataire.

583. Si, cinq jours après le délai convenable pour la réception de ce récépissé, il n'est point encore parvenu au sous-intendant militaire expéditeur, celui-ci est tenu d'en rendre compte immédiatement à l'intendant militaire de la division, lequel en réfère, s'il y a lieu, au ministre de la guerre.

CHAPITRE II. — *De la formation des décomptes.*

—

SECTION Iʳᵉ.— RÈGLES POUR LEUR ÉTABLISSEMENT.

Comment et par qui établis.

584. Toutes les dépenses, soit en deniers, soit en nature, autorisées par la présente ordonnance, à l'exception seulement de la solde et des accessoires de la solde des officiers sans troupe et des employés militaires, ainsi que de la solde des officiers en non-activité ou en congé illimité, donnent lieu à des décomptes définitifs qui ont pour objet d'opérer la libération du département de la guerre envers les parties prenantes, *et vice versâ*.

585. Aussitôt qu'un sous-intendant militaire a établi la revue de liquidation d'un corps de troupe ou d'un établissement considéré comme tel, et qu'il a réuni toutes les déclarations de quittance et bordereaux de totalisation constatant les sommes et les fournitures à imputer sur cette revue, il dresse le décompte de libération, et le remet au conseil d'administration, qui le signe et le renvoie au sous-intendant militaire, s'il ne donne lieu à aucune observation. Dans le cas contraire, le sous-intendant convoque le conseil pour procéder, contradictoirement et séance tenante, au règlement du décompte.

Imputations des avances en argent et en effets de petit équipement.

586. Les avances en argent et en effets de petit équipement aux militaires isolés sont considérées comme sommes perçues par le corps, et sont en conséquence imputées dans ses décomptes de libération, ainsi qu'il est dit à l'art. 432.

Imputations pour trop-perçu sur les prestations en nature.

587. S'il résulte du décompte des prestations en nature que le corps ait reçu un plus grand nombre de rations que celui qui lui est alloué par la revue, le montant de ce trop-perçu est porté au débit du corps.

588. Le décompte en deniers trop-perçus sur les prestations en nature est fait d'après un tarif établi par le ministre de la guerre, et suivant les prix déterminés pour la division dans laquelle le corps a reçu le plus grand nombre de rations. --- La compensation d'un trop-perçu avec un moins-perçu est autorisée, dans la limite d'un même trimestre, pour les denrées qui sont de nature à être substituées les unes aux autres.

Arrêté des décomptes.

589. Le sous-intendant militaire arrête, conjointement avec le conseil d'administration, le décompte de libération sur les quatre expéditions de la revue. Il appose son cachet d'annulation sur les bordereaux de totalisation, les déclarations de quittance et les mandats d'avances.

Corps partant avant l'établissement de son décompte.

590. Lorsque le cas prévu par l'art. 566 se présente après l'établissement de la revue de liquidation, mais avant que le décompte de libération soit formé, la revue, les déclarations de quittance, bordereaux de totalisation, et généralement toutes les pièces devant servir à la confection du décompte, sont adressées par le sous-intendant militaire du lieu du départ au sous-intendant du lieu de la destination, lequel demeure chargé de l'arrêté du décompte de libération.

SECTION II.— DE LA DESTINATION DES REVUES DÉCOMPTÉES.

Répartition des quatre expéditions.

591. La première expédition de la revue décomptée est remise, avec une expédition des feuilles de journées et la minute du relevé général de journées, au conseil d'administration du corps qu'elle concerne.

La deuxième et la troisième expédition de la revue sont envoyées à l'intendant divisionnaire. Cet envoi doit être fait au plus tard le 15 du deuxième mois qui suit le trimestre expiré, à moins d'empêchement légitime, dont le sous-intendant militaire est tenu de rendre compte sur-le-champ. -- La quatrième expédition servant de minute, reste entre les mains du sous-intendant, ainsi que les bons de distribution.

592. Toutes les fois que le sous-intendant militaire a besoin, pour ses vérifications ultérieures, de recourir aux feuilles de journées des trimestres

expirés, il réclame la communication de celles qui sont restées à l'appui des revues conservées par le conseil d'administration, lequel est tenu de déférer sans délai à sa demande.

Pièces à joindre à l'expédition destinée à l'intendant divisionnaire.

593. L'une des deux expéditions de la revue adressées à l'intendant divisionnaire doit être accompagnée : — 1° Des feuilles de journées; — 2° Des extraits relatifs aux rappels de solde et accessoires portant sur un exercice expiré, — 3° Des différentes pièces énumérées en l'article 534; — 4° Des feuilles de rectification,—5° De la copie des ordres de retenue et autres qui ont été donnés par le ministre; — 6° Des feuilles de route, permissions, congés, ordres de missions, billets de sortie des hôpitaux, etc.,—7° Des déclarations de quittance et mandats d'avances en argent et en effets de petit équipement; 8° Des bordereaux de totalisation, et généralement de toutes les pièces qui ont dû être communiquées au sous-intendant militaire, à l'exception des brevets, lettres de service et bons de distributions (1).

CHAPITRE III.—*De la consommation des décomptes.*

—

SECTION Ire.— DES CORPS DE TROUPE.

Moins-perçus.

594. Si le décompte de libération d'une revue, soit de l'exercice courant, soit d'un exercice expiré, présente pour résultat un *moins-perçu,* le montant en est porté en augmentation sur le premier état de paiement de la solde courante, et le corps en est crédité sur le décompte de libération de la revue correspondant à cet état de paiement.

Trop-perçus.

595. Lorsque le décompte de libération présente un trop-perçu, la somme à retenir est portée en déduction sur le premier état de paiement de la solde courante, et le corps est débité de la même somme sur le décompte de libération de la revue correspondant à cet état de paiement.

Décompte portant sur un exercice expiré.

596. Si les augmentations ou déductions à faire en vertu des deux articles précédents portent sur un exercice expiré, il en est fait mention par une note détaillée mise au bas du décompte sur lequel le corps se trouve crédité ou débité de leur montant. Les sommes allouées ou déduites à ce titre sont en outre annotées d'une manière distincte sur le relevé trimestriel de mandats prescrits par l'article 364.

SECTION II.—DES FOURNITURES EN NATURE FAITES AUX OFFICIERS SANS TROUPE ET EMPLOYÉS MILITAIRES.

Mode d'établissement des décomptes.

597. Dans les cinq derniers jours du mois qui suit le trimestre expiré, les intendants ou sous-intendants militaires procèdent d'office à la formation des décomptes de libération des fournitures de vivres et de fourrages faites

---

(1) La revue du 4e trimestre de chaque exercice doit, en outre , être accompagnée d'un relevé général de journées d'absence , conforme au modèle annexé à la note du 24 juin 1840, insérée au Journal militaire, p. 265 du semestre correspondant.

pendant le même trimestre aux officiers sans troupe et aux employés militaires dont ils ont établi les revues.

En cas d'empêchement, il en est rendu compte immédiatement à l'intendant militaire, ou au ministre, si c'est l'intendant qui doit régler le décompte.

598. Les décomptes de libération sont portés sur les revues; les bordereaux de totalisation sont frappés du cachet d'annulation de l'intendant ou du sous-intendant militaire, et restent dans ses archives à l'appui des décomptes.

Cas de trop-perçu.

599. S'il existe un trop-perçu, la somme à laquelle il est évalué est portée en déduction sur le premier mandat de paiement et sur la revue correspondante.—La conversion en deniers des rations perçues en trop s'opère ainsi qu'il est prescrit par l'article 588.

600. Si la partie prenante qui doit supporter la retenue, a passé sous la surveillance administrative d'un autre intendant ou sous-intendant militaire, celui qui a réglé le décompte est tenu, sous sa responsabilité personnelle, d'en prévenir ledit intendant ou sous-intendant, et de lui adresser en même temps une feuille de retenue, pour qu'il en soit fait imputation conformément à l'article précédent.

TITRE IV. — DE LA VÉRIFICATION DES REVUES.

CHAPITRE Ier.—*De la vérification par les intendants militaires.*

Mode de vérification.

601. Aussitôt que l'intendant militaire a reçu les revues de liquidation établies par les sous-intendants militaires employés dans sa division, il procède à leur vérification. — Pour faciliter cette vérification, l'intendant doit se reporter au registre indiqué en l'article 458.

Feuilles de vérification et de rectification.

602. Les résultats de la vérification des revues établies par les sous-intendants militaires sont constatés par des feuilles de vérification conformes au modèle n° 58.

603. Les feuilles de vérification concernant les revues des corps sont adressées aux sous-intendants militaires qui en ont la surveillance administrative, et communiquées par eux aux conseils d'administration pour avoir leurs observations.

Les feuilles relatives aux revues des officiers sans troupe et des employés militaires sont envoyées aux sous-intendants qui ont établi ces revues.

604. Si, d'après la réponse du sous-intendant militaire, l'intendant juge qu'il y a lieu à rectification, il dresse, à cet effet, une feuille conforme au modèle n° 59. Cette feuille de rectification est transcrite sur les deux expéditions de la revue qu'elle concerne, et envoyée au sous-intendant, qui la transcrit aussi sur la minute de la même revue. Quand la feuille de rectification est relative à un corps de troupe, pareille transcription est faite sur l'expédition remise au conseil d'administration. — Si la vérification n'a donné lieu à aucun redressement, l'intendant le constate par un visa motivé et daté qu'il appose sur la revue.

Envoi des revues au Ministre.

605. L'intendant militaire adresse les revues au ministre de la guerre aussitôt après en avoir terminé la vérification. L'envoi doit en être fait, au plus tard, dans le troisième mois qui suit chaque trimestre, tant pour ce qui concerne les officiers sans troupe, les employés militaires en activité, et les officiers en non-activité ou en congé illimité, que pour les corps de troupe et les établissements considérés comme tels. En cas d'empêchement, l'intendant rend compte au ministre des motifs du retard, en lui adressant, le 1er et le 16 de chaque mois, un état de situation conforme au modèle n° 60.

Les revues des corps sont envoyées au ministre en deux expéditions, dont l'une est accompagnée des feuilles de journées, des extraits comprenant les rappels applicables à des exercices expirés, de toutes les pièces énumérées en l'article 554, enfin de celles désignées aux paragraphes 4 et 5 de l'article 593.

Les revues des officiers sans troupe et celles des officiers en non-activité et en congé illimité sont également envoyées au ministre, en deux expéditions; l'une d'elles est accompagnée des extraits comprenant les rappels afférents à des exercices expirés, des feuilles de rectification et des copies des ordres de retenue ou autres qui ont été donnés par le ministre.

Aux revues des officiers sans troupe sont, en outre, annexés les états de logement et les certificats de pertes de chevaux et d'effets, lorsqu'il y a lieu.

Les pièces justificatives autres que celles ci-dessus mentionnées sont renvoyées aux sous-intendants militaires, qui, lorsqu'elles concernent des corps de troupe, remettent aux conseils d'administration celles qui doivent appuyer les inscriptions faites au registre matricule, ainsi que les mandats d'avances en argent et en effets de petit équipement, les déclarations de quittance et les bordereaux de totalisation.

CHAPITRE II. — *De la vérification au ministère de la guerre.*

Revues établies par les intendants militaires.

606. Les revues de liquidation des officiers sans troupe et des employés militaires, établies par les intendants militaires, sont vérifiées dans les bureaux du ministre de la guerre.

Revues établies par les sous-intendants militaires.

607. Les revues d'officiers sans troupe et des corps de troupe, établies par les sous-intendants et vérifiées par les intendants militaires, sont contre-vérifiées dans les bureaux du ministre de la guerre.

Rectifications.

608. Le ministre prescrit les mesures nécessaires pour la rectification des erreurs reconnues dans les revues, par suite de la vérification ou de la contre-vérification faite dans ses bureaux.

CHAPITRE III. — *De la rectification des erreurs.*

SECTION Ire.—OFFICIERS SANS TROUPE ET EMPLOYÉS MILITAIRES.

Augmentations.

609. Les sommes dues, soit sur l'exercice courant, soit sur un exercice

8*

expiré, à des officiers sans troupe ou employés militaires, par suite de la vérification des revues, sont portées en augmentation sur les premiers mandats de paiement individuels et sur les revues du trimestre correspondant à ces mandats.

Diminutions.

610. Les sommes dont les officiers sans troupe ou les employés militaires peuvent se trouver débiteurs, par suite de la vérification des revues de liquidation ou de la balance des décomptes de libération de fournitures en nature, sont portées en déduction sur les premiers mandats individuels de paiement, et sur les revues correspondantes, quel que soit l'exercice sur lequel les retenues doivent porter.

Ces retenues sont opérées dans la proportion fixée par l'article 451.

SECTION II.—CORPS DE TROUPE.

Augmentations résultant de la vérification des revues.

611. Les augmentations à opérer par suite des erreurs constatées par la vérification des revues de liquidation des corps de troupe, ou des établissements considérés comme corps, s'effectuent sur les premiers mandats de paiement de solde courante, et sur les revues du trimestre que ces mandats concernent.

Diminutions provenant de la même cause.

612. Si un corps doit subir une retenue d'après la vérification de ses revues, le montant intégral en est porté en déduction sur le premier mandat de paiement de la solde courante, et sur la revue du trimestre correspondant.

Erreurs dans les décomptes.

613. Lorsqu'une erreur a été reconnue dans un décompte de libération, l'augmentation ou la déduction à opérer est portée sur le premier mandat de paiement de la solde courante, et le montant en est ajouté au crédit ou au débit du corps, sur le décompte de libération dans lequel ce même mandat de paiement doit être imputé.

Annotations relatives aux augmentations ou diminutions.

614. Dans le cas prévu par les articles précédents, les sous-intendants militaires doivent toujours indiquer la revue où l'erreur a été commise, et la feuille de rectification en vertu de laquelle les augmentations ou les déductions sont effectuées. — Cette feuille reste annexée à la revue sur laquelle la rectification a lieu; si ladite rectification concerne un exercice expiré, une note détaillée doit le faire connaître.

Corps partant avant la consommation des décomptes.

615. Lorsque le dépôt d'un corps, ou le personnel d'un établissement considéré comme corps, passe d'une division dans une autre après l'établissement de la revue de liquidation, mais avant qu'elle ait pu être vérifiée, l'intendant militaire de la division où elle a été dressée la vérifie, comme s'il n'y avait pas eu de changement de destination. S'il ne résulte de cette vérification aucun point à éclaircir ou à rectifier, il envoie la revue au ministre de la guerre. Si, au contraire, quelques erreurs sont signalées, il établit la feuille de vérification et la transmet, avec la revue et toutes les pièces à l'appui, à l'intendant de la division dans laquelle le corps a passé. Cet intendant reçoit les observations et les réponses du conseil d'administration, et établit, s'il y a lieu, la feuille de rectification.

TITRE V.— DISPOSITIONS PARTICULIÈRES.

Tournées administratives des intendants militaires.

616. Chaque année, à l'époque de leur inspection administrative, et lorsqu'ils ont passé les revues d'effectif mentionnées en l'article 529, les intendants militaires se font représenter les registres et les pièces justificatives, à l'effet de vérifier et arrêter la comptabilité des corps de troupe pour l'exercice expiré, en se conformant aux dispositions qui leur sont prescrites à cet égard par des instructions spéciales du ministre de la guerre, auquel ils rendent compte de leurs opérations. Ils examinent en même temps le travail des sous-intendants militaires dans toutes ses parties. — Les intendants sont tenus, sous leur responsabilité personnelle, de faire cesser les négligences ou abus qu'ils auraient découverts.

Responsabilité pécuniaire des officiers du corps de l'intendance militaire.

617. Les officiers de l'intendance militaire sont pécuniairement responsables de tout paiement et de toute fourniture qu'ils auraient autorisés contrairement aux lois, ordonnances et règlements, sauf leur recours sur les parties prenantes. — Toutefois, ce recours ne peut être exercé que sur les officiers. Quant aux sous-officiers, caporaux ou brigadiers et soldats, il ne doit avoir lieu que lorsque les sommes indûment perçues ont été versées à leur masse individuelle. Dans le cas contraire, les officiers de l'intendance militaire demeurent responsables des paiements irréguliers, s'ils les ont, au préalable, autorisés d'une manière expresse. Sinon, la responsabilité retombe sur les officiers qui ont pris l'initiative des paiements; elle est partagée, lorsqu'il y a lieu, par ceux que la nature de leurs attributions appelle à vérifier les pièces servant au paiement du prêt. — Dans aucun cas, les officiers de l'intendance militaire ne peuvent être constitués pécuniairement responsables qu'en vertu d'une décision motivée du ministre de la guerre (1).

Registres des revues et des pièces d'imputation.

618. Les officiers de l'intendance militaire tiennent un registre, suivant le modèle n° 61, de toutes les revues de liquidation qu'ils ont établies.

Ils tiennent également un registre, conforme au modèle n° 62, des pièces d'imputation de toute nature concernant, soit les officiers sans troupe en résidence dans leur arrondissement, soit les corps de troupe placés sous leur surveillance administrative.

619. Les intendants militaires tiennent un registre conforme au modèle n° 63, pour servir à inscrire les revues qu'ils ont reçues, celles qu'ils ont vérifiées, les résultats de ces vérifications, les augmentations ou diminutions portées dans les feuilles de rectification, et l'exécution des dispositions prescrivant ces augmentations ou diminutions.

Répertoire des procès-verbaux.

620. Les officiers de l'intendance militaire tiennent un répertoire analytique sur lequel ils enregistrent tous les procès-verbaux qu'ils dressent, pour quelque cause que ce soit. Ce répertoire, conforme au modèle n° 64, est tenu constamment à jour, sans surcharge ni interligne.

---

(1) Pour l'application du principe consacré par l'article qui précède, voir les §§ 17, 18, 19, 20, 21 et 22 de la circulaire d'envoi de la présente ordonnance placée en tête de ce volume.

Franchise des envois sous bandes.

621. Les envois que doivent faire par la poste les intendants et sous-intendants militaires, ainsi que les officiers et fonctionnaires civils qui les suppléent, ayant droit de franchise, s'effectuent sous bandes croisées, et la suscription de chaque envoi est contresignée par le fonctionnaire qui l'expédie.

Réclamations particulières; à qui adressées.

622. Les officiers sans troupe et les employés militaires qui ont des réclamations à former pour solde et accessoires de solde, sont tenus de s'adresser à l'intendant ou au sous-intendant militaire de l'arrondissement ou du corps d'armée dans lequel ils sont employés.

Les militaires appartenant à un corps, qui ont des réclamations à faire, soit contre leur corps, soit contre le trésor, les adressent au conseil d'administration, qui est tenu, s'il ne peut y satisfaire, de les transmettre immédiatement au sous-intendant militaire ayant surveillance administrative de ce corps.

623. Tout sous-intendant militaire qui a reçu une réclamation de la nature de celles spécifiées en l'article précédent, est tenu, si elle est fondée, d'y satisfaire sur-le-champ. Si la réclamation ne lui paraît pas susceptible d'être admise, il doit motiver son refus par écrit et le notifier au réclamant par la voie hiérarchique.

Si le réclamant se croit fondé à appeler de la décision du sous-intendant militaire, il se pourvoit devant l'intendant divisionnaire, auquel il adresse en original la réponse du sous-intendant.

L'intendant statue définitivement, et lui fait pareillement connaître sa décision par écrit.

S'il s'agit d'un cas extraordinaire non prévu par les règlements, l'intendant militaire en réfère au ministre de la guerre, qui prononce.

624. Les réclamants peuvent appeler au ministre de la guerre des décisions des intendants militaires, ou des refus qu'ils en auraient éprouvés; mais, dans ce cas, ils doivent joindre à leurs demandes les réponses qu'ils ont reçues de ces fonctionnaires.

IV° PARTIE.—De la Solde de réforme et de secours.

TITRE Ier.—DE LA SOLDE DE RÉFORME.

Comment sont réglés les droits à la solde de réforme.

625. Les droits à la solde de réforme, dans les cas prévus par la loi du 19 mai 1834 sur l'état des officiers, sont l'objet d'une liquidation arrêtée par le ministre de la guerre, après avoir été révisée par le comité du conseil d'État attaché à son département (1).

626. Les bases de la liquidation sont notifiées à l'intéressé par un titre officiel énonçant le détail de ses services effectifs, et le temps durant lequel il a droit à la solde de réforme. — Ce titre est adressé avec l'autorisation de paiement à l'intendant militaire de la division où il a fixé son domicile, et

---

(1) En attendant cette liquidation, les officiers reçoivent une allocation temporaire égale aux deux tiers du maximum de la solde de retraite de leur grade payable comme la solde de réforme. (2° sem. 1838 p. 469.)

lui est remis, visé par ce fonctionnaire, sur son récépissé, qui est transmis au ministre.

627. Tout pourvoi contre la liquidation d'une solde de réforme doit être formé, à peine de déchéance, dans le délai de trois mois, à partir du premier paiement des arrérages, pouvu que les bases de la liquidation aient été notifiées comme il est prescrit à l'article précédent (1).

Facultés ouvertes à l'officier en réforme.

628. L'officier mis en réforme est rendu à la vie civile, et libéré des obligations de l'état d'activité ou de non-activité, comme l'officier mis en retraite (2).

629. Il peut changer de résidence, voyager et se marier sans être tenu d'en obtenir la permission préalable du ministre de la guerre ou de l'autorité militaire locale.

Il peut cumuler sa solde de réforme avec un traitement civil d'activité (3).

630. Il peut résider hors du royaume, et, dans ce cas, il est soumis aux conditions de notre ordonnance du 24 février 1832 relative aux titulaires de pensions militaires résidant en pays étranger (4).

Cas où le droit à la solde de réforme est suspendu.

631. Le droit à l'obtention ou à la jouissance de la solde de réforme est suspendu : — Par la condamnation à une peine afflictive ou infamante, pendant la durée de la peine ; — Par les circonstances qui font perdre la qualité de Français, durant la privation de cette qualité ; — Par la résidence hors du royaume sans notre autorisation, lorsque le titulaire est Français ou naturalisé Français, ou assujetti par l'ordonnance du 5 juin 1816 (5) à se pourvoir de lettres de déclaration de naturalité (6).

Retenues.

632. La retenue de deux pour cent spécifiée par l'article 435 est exercée sur les soldes de réforme dont la quotité annuelle dépasse cinq cents francs (7).

633. Les soldes de réforme et leurs arrérages sont incessibles et insaisissables, excepté dans les cas de débet envers l'Etat et les corps, ou dans les circonstances prévues par les articles 203, 205 et 214 du Code civil (8).

Dans ces deux cas, les soldes de réforme sont passibles de retenues, qui

---

(1) Disposition analogue à celle de l'article 25 de la loi du 11 avril 1831, sur les pensions de l'armée de terre.

(2) Articles 9, 14 et 19 de la loi du 19 mai 1834 sur l'état des officiers.

(3) Article 27 de la loi de finances du 25 mars 1817 ; articles 14 et 21 de la loi de finances du 15 mai 1848, et article 19 de la loi du 19 mai 1834.

(4) Bulletin des lois, 1er sem. 1832, p. 89. Journal militaire, 1er sem. 1832, p. 145. Cette ordonnance, délibérée en conseil d'Etat, remplace l'ordonnance du 16 décembre 1816 (Bulletin des lois, 2e sem. 1816, p. 279), concernant la résidence en pays étranger des militaires en retraite ou en réforme.

(5) Bulletin des lois, 1er sem. 1816, p. 843.

(6) Dispositions analogues à celles qui régissent l'application de l'article 26 de la loi du 11 avril 1831, aux pensions militaires de retraite.

(7) N° 2 de l'article 2 du décret du 25 mars 1811, Bulletin des lois, 1er sem. 1811, p. 264.

(8) Les dispositions de l'article qui précède sont applicables à la solde de non-activité, régie par l'ordonnance du 20 mai 1848, qui a été portée au titre Traitement de réforme par l'ordonnance du 5 mai 1824. (Article 140 règlement du 1er décembre 1838.)

ne peuvent excéder le *cinquième* pour cause de débet, et le *tiers* pour aliments (1).

634. Les retenues à exercer par précompte, soit pour aliments, soit pour débet envers l'État ou envers l'administration d'un corps de troupe, n'ont lieu qu'en vertu d'une décision du ministre de la guerre. — Celles qui ont pour objet des trop-perçus susceptibles de rentrer par voie de réduction de dépense au crédit du budget de la guerre, peuvent être prescrites par les officiers de l'intendance militaire. Dans ce cas, il en est rendu compte au ministre par un rapport motivé de l'intendant de la division, accompagné, s'il y a lieu, des observations du débiteur. L'intendant juge si les observations sont de nature à faire suspendre provisoirement les imputations.

Les retenues pour aliments peuvent être exercées simultanément avec les retenues pour débet. S'il y a plusieurs débets, les retenues sont successivement opérées dans l'ordre ci-après : — 1° Imputations de trop-perçus ; — 2° Autres débets envers l'État ; — 3° Débets envers l'administration d'un corps de troupe.

635. Dans le cas où le titulaire d'une solde de réforme entre à l'hôpital et y est traité au compte du département de la guerre, il subit, selon la quotité de sa solde, l'une des deux retenues indiquées dans les observations générales qui précèdent les tarifs annexés à la présente ordonnance.

Paiement.

636. La solde de réforme est payable par trimestre, à terme échu.

637. Les arrérages de la solde de réforme sont mandatés par les officiers de l'intendance militaire sur les crédits qui leur sont ouverts ou délégués à cet effet.

Le mandat est conforme au modèle n° 65 et payable dans le délai fixé par l'art. 380. Il n'est présenté au payeur qu'après que le certificat d'existence indiqué au dos de ce modèle a été dûment rempli.

Le titre officiel énonçant la durée de la solde de réforme doit être représenté, soit à l'officier de l'intendance militaire, soit au payeur, chaque fois, qu'ils le requièrent.

Revues.

638. Les paiements sont constatés par des revues trimestrielles conformes au modèle n° 66. Elles énoncent pour ordre les mandats non acquittés, les arrérages non réclamés, ainsi que les causes connues ou présumées de non-paiement, et sont transmises, en double expédition, au ministre, dans le délai déterminé par l'art. 605. — L'une des deux expéditions de chaque revue est accompagnée d'un extrait distinct et séparé (modèle n° 67), comprenant les rappels applicables à des exercices expirés.

Relevés mensuels des mandats et relevés trimestriels des mutations.

639. Les relevés mensuels des mandats et le relevé général, par trimestre, des mutations survenues, sont adressés au ministre de la guerre, par l'intendant militaire, dans les délais déterminés par les art. 364 et 518.

Absence de domicile pour voyage dans le royaume.

640. Le titulaire d'une solde de réforme, absent de sa résidence ordinaire pour cause de voyage dans le royaume, continue de percevoir les arrérages de sa solde, dans le département de son domicile de droit.

---

(1) Dispositions basées sur les lois des 11 avril 1831 (article 28), et 19 mai 1834 (article 20), et sur le décret du 24 juin 1808, rendu sur l'avis du conseil d'État.

A cet effet, il fait produire au payeur, à l'appui du mandat, l'une des deux pièces ci-après, légalisée par le préfet du département où il se trouve momentanément:

Soit le certificat d'un notaire certificateur, établi dans la forme prescrite pour le paiement des arrérages de pensions militaires de retraite; — Soit le certificat d'un maire, rédigé selon la formule indiquée au dos du mandat dont il est fait mention à l'article 637.

Changement de domicile dans le royaume.

641. Si le titulaire change de domicile dans le royaume, et s'il veut être payé dans le département de sa nouvelle résidence, sa demande, appuyée de la justification du changement de domicile, est remise ou adressée au sous-intendant militaire du département qu'il quitte. Ce fonctionnaire lui délivre en échange un certificat de cessation de paiement, sur lequel mention est faite, lorsqu'il y a lieu, des retenues spéciales dont sa solde de réforme resterait passible.

Le sous-intendant transmet la demande à l'intendant avec tous les renseignements nécessaires pour la continuation du paiement, et, s'il y a lieu, des retenues.

642. Si le changement a lieu dans la même division militaire, l'intendant, après avoir vérifié les documents qui lui ont été transmis, donne ses instructions au sous-intendant militaire du département du nouveau domicile.

643. Si le changement s'opère d'une division à une autre, l'intendant militaire de la division d'où le titulaire sort, transmet, sous sa responsabilité, les mêmes documents par lui vérifiés, et la copie figurée de l'autorisation ministérielle de paiement, à l'intendant de la division où le titulaire passe; ce dernier fonctionnaire pourvoit à la continuation du paiement de la solde de réforme.

644. Les mutations de division à division sont notifiées au ministre de la guerre, dans le relevé général des mutations mentionné à l'article 639; celles de département à département sont inscrites à la suite dudit relevé.

Voyage ou résidence aux colonies françaises.

645. Le titulaire qui réside dans une colonie française peut, à son choix, y percevoir sa solde de réforme ou la faire percevoir à son dernier domicile en France. Dans le premier cas, et sur sa demande transmise avec les renseignements concernant les arrérages dus et les retenues dont il serait passible, par l'intendant de la division où il était précédemment payé, le ministre de la guerre fait au ministre de la marine et des colonies les communications nécessaires pour que le paiement des arrérages soit opéré dans la colonie, à charge de remboursement par le département de la guerre. Dans le second cas, le représentant du titulaire produit au payeur l'un des certificats énoncés en l'article 640, légalisé par l'autorité supérieure de la colonie.

Résidence en pays étranger.

646. Tout certificat de vie délivré en pays étranger, et produit, soit à l'officier de l'intendance militaire chargé de mandater les arrérages d'une solde de réforme, soit au payeur, devra, si le titulaire est Français ou naturalisé Français, ou assujetti par l'ordonnance du 5 juin 1816 (1), à se pourvoir de lettres de déclaration de naturalité, être conforme au modèle n° 3 annexé à

____

(1) Déjà cité à l'article 631.

l'ordonnance du 24 février 1832 (1) concernant les militaires en retraite résidant à l'étranger.

Ce certificat ne sera admis qu'autant que le titulaire de la solde de réforme aura obtenu, dans les formes prescrites par ladite ordonnance du 24 février 1832, notre autorisation de résider hors du royaume, et que cette autorisation aura été notifiée à l'intendant militaire de la division où s'effectue le paiement des arrérages. Mention de la date et des conditions de notre autorisation sera faite tant sur les contrôles de la solde de réforme que sur les revues (2).

Interruption de paiement pendant une année révolue.

647. La solde de réforme dont les arrérages n'ont pas été réclamés pendant une année révolue, est provisoirement considérée comme éteinte, et ne peut être rétablie sur les contrôles que par une décision du ministre de la guerre.

Les demandes en rétablissement sont transmises au ministre par l'intendant militaire avec son avis, appuyé des explications fournies par le réclamant, et d'un certificat du maire de son domicile, vérifié ou au moins légalisé par le préfet du département, constatant qu'il n'a pas résidé plus d'un an hors du royaume depuis le dernier paiement, ou que, dans le cas contraire, il avait obtenu notre autorisation (3).

Prescription.

648. Les arrérages de la solde de réforme sont soumis pour la prescription aux conditions de l'art. 246.

Dispositions transitoires.

649. Les dispositions du présent titre sont applicables aux traitements de réforme antérieurs à la loi du 19 mai 1834, y compris les anciennes soldes de non-activité payées à titre de traitement de réforme en vertu de l'ordonnance du 5 mai 1824.

Les titulaires de ces traitements en conservent la jouissance conformément aux ordonnances qui les ont placés dans la positions de réforme, et aux titres officiels dont ils ont été munis (4).

650. Il n'est pas dérogé à la forme des justifications que les militaires des régiments suisses, licenciés en 1830, ont à produire, conformément au traité conclu le 22 avril 1831, entre la France et la Suisse, ni à la forme de celles qui sont en usage pour les officiers suisses jouissant dans leur patrie d'un traitement de réforme concédé antérieurement audit traité.

TITRE II. — DES SECOURS.

Secours permanents aux réfugiés étrangers.

651. Les secours permanents aux réfugiés étrangers réunis en dépôt, sont payés collectivement, par mois et à terme échu, comme la solde des officiers de troupe.

Les mêmes secours aux réfugiés isolés sont payés par mois, à terme échu, sur mandats individuels conformes au modèle n° 6.

---

(1) Déjà citée à l'article 630.
(2) Disposition analogue à celle de l'article 6 de l'ordonnance royale du 24 février 1832 relative aux titulaires de pensions militaires résidant à l'étranger.
(3) Disposition analogue à celle de l'art. 8 de l'ordonnance précitée du 24 février 1832.
(4) Disposition conforme à l'art. 22 de la loi du 19 mai 1834.

Secours périodiques à d'anciens chevaliers de Saint-Louis et à d'autres parties prenantes.

652. Les secours alloués, en vertu des lois annuelles de finances, à d'anciens chevaliers de Saint-Louis ou du Mérite militaire, sont payés par trimestre, à terme échu, sur mandats individuels appuyés de certificats de vie, selon le modèle mentionné à l'article 637.

Le même mode de paiement est suivi pour tous les autres secours périodiques mandatés par les officiers de l'intendance militaire.

Régularisation des paiements.

653. Les articles 638 et 639 concernent les revues trimestrielles et les relevés de mandats et de mutations, sont applicables au service des secours compris dans les deux articles précédents.

Toutefois, les revues des réfugiés étrangers réunis en dépôt doivent être terminées par un décompte de libération.

Interruption de paiement pendant une année révolue.

654. Les secours dont les arrérages n'ont pas été réclamés pendant une année révolue sont provisoirement considérés comme éteints, et ne peuvent être rétablis sur les contrôles que par une décision du ministre de la guerre.

Prescription.

655. Les secours n'étant qu'alimentaires, aucun rappel ne peut en être réclamé après la clôture de l'exercice sur le crédit duquel les arrérages sont payés étaient imputables.

Cumul.

656. Les secours ne sont pas sujets aux lois prohibitives du cumul, à moins qu'il n'en soit autrement ordonné, selon les cas, par le ministre de la guerre.

Inaliénabilité.

657. Les secours sont incessibles et insaisissables, à quelque titre que ce soit.

Ils ne sont pas passibles de la retenue mentionnée aux articles 435 et 632.

Domicile transféré hors du département où le paiement est assigné.

658. Les titulaires des secours ne peuvent en recevoir les arrérages que dans le département indiqué par les autorisations de paiement émanées du ministre de la guerre. Le ministre, lorsqu'il y a lieu, autorise le paiement dans la nouvelle résidence des ayants droit. — Toutefois, en cas d'absence pour voyage dans le royaume, le titulaire d'un secours continue d'en être payé dans le département de sa résidence ordinaire, sur un certificat de vie délivré par le maire du lieu où il se trouve momentanément, et légalisé par le préfet.

Dispositions particulières aux réfugiés étrangers.

659. Les réfugiés étrangers absents du royaume sans un congé du ministre de la guerre, ou qui outre-passent le terme fixé par ce congé, sont rayés du contrôle des secours, et ne peuvent y être rétablis que par une décision du ministre.

660. Les réfugiés étrangers autorisés, par congé, à s'absenter du royaume, n'ont droit, pour le temps de leur absence, à aucun rappel d'arrérages.

661. Les demandes de congé pour absence du royaume, et toutes les réclamations que les réfugiés étrangers peuvent avoir à former relativement aux secours qui leur sont alloués sur les fonds du budget de la guerre, sont transmises au ministre par l'autorité militaire de la division où ils sont ordinairement payés, après que ces demandes ou réclamations ont été communiquées, s'il y lieu, à l'intendant militaire dont l'avis, dans ce cas, est en même temps adressé au ministre.

662. Les dispositions de l'article 635 sont applicables aux réfugiés étrangers qui, admis dans les hôpitaux, y sont traités au compte du département de la guerre.

Secours une fois payés.

663. Lorsque, d'après une autorisation donnée par le ministre de la guerre, des secours éventuels, une fois payés, ont été ordonnancés par les officiers de l'intendance militaire, sur un crédit ouvert à cet effet, le paiement en est régularisé par une revue qui est transmise au ministre, au plus tard, dans les trois mois qui suivent la fin de l'exercice.

664. Les mandats individuels délivrés pour secours de toute nature sont payables dans le délai fixé par l'article 380.

665. Toutes les dispositions antérieures concernant le service de la solde et les revues sont et demeurent abrogées.

666. Il n'est point dérogé par la présente ordonnance aux règlements spéciaux sur l'administration de la gendarmerie.

Exécution de la présente ordonnance.

667. Nos ministres secrétaires d'Etat de la guerre, de la marine et des finances sont chargés, chacun en ce qui le concerne, d'assurer l'exécution, à partir du 1er avril 1838, de la présente ordonnance, qui sera insérée au Bulletin des lois.

Donné au palais des Tuileries, le vingt-cinq décembre mil huit cent trente-sept.

Signé LOUIS-PHILIPPE.

Par le Roi :

Le Président du Conseil, Ministre Secrétaire d'Etat de la guerre,
Signé Maréchal Duc DE DALMATIE.

TABLE ALPHABÉTIQUE

DES MATIÈRES

CONTENUES DANS LA PRÉSENTE ORDONNANCE.

FIN DE LA TABLE.

TARIFS

DE LA SOLDE,

DES

ACCESSOIRES DE LA SOLDE,

DES MASSES, DES GRATIFICATIONS, DES INDEMNITÉS EXTRAORDINAIRES

ET DES FOURNITURES EN VIVRES,

FOURRAGES ET CHAUFFAGE,

FAISANT SUITE AUX ORDONNANCES DES 25 DÉCEMBRE 1837 ET 5 DÉCEMBRE 1840
SUR LE SERVICE DE LA SOLDE ET SUR LES REVUES.

Et annotés de toutes les dispositions qui les ont modifiés jusqu'au 1er Février 1852,

Par AL. GARREL,

Employé au ministère de la Guerre.

ORDONNANCE DU ROI

qui augmente la solde de présence

DES S.-OFFICIERS, CAPORAUX, BRIGADIERS ET SOLDATS

et substitue un nouveau Tarif à ceux des 25 déc. 1837 et 25 juill. 1839.

Paris, le 5 décembre 18.0.

LOUIS-PHILIPPE, Roi des Français, à tous présents et à venir, salut.

Vu la loi du 10 juillet 1840, portant fixation du budget des dépenses de l'exercice 1841 ;

Vu nos ordonnances du 2 novembre 1833, sur le service intérieur des troupes ;

Vu notre ordonnance du 25 décembre 1837, portant règlement sur le service de la solde et sur les revues, ainsi que le tarif y annexé ;

Vu notre ordonnance du 25 juillet 1839, qui a modifié dans plusieurs de ses parties le tarif du 25 décembre 1837 ;

Sur le rapport de notre Président du Conseil, Ministre Secrétaire d'État de la guerre,

Nous avons ordonné et ordonnons ce qui suit :

Art. 1er. La solde de présence des sous-officiers, caporaux, brigadiers et soldats de toutes armes (la gendarmerie exceptée), sera augmentée de 3 centimes par jour, à dater du 1er janvier 1841.

2. A partir de la même époque, le tarif ci-joint, comprenant ladite augmentation, sera substitué à ceux des 25 décembre 1837 et 25 juillet 1839.

Sont maintenues toutefois, en ce qui concerne la gendarmerie, les fixations déterminées par les tarifs nos 1 et 2 du 25 juillet 1839 1).

3. A compter du même jour, 1er janvier prochain, chaque caporal, brigadier ou soldat versera à l'ordinaire dix-huit centimes

---

(1) Ces tarifs sont remplacés par ceux qui font suite à l'ordonnance du 30 avril 1841.

par jour avec les vivres de campagne, trente-trois centimes avec le pain en garnison, et quarante-trois centimes avec le pain en marche, sans préjudice du versement plus considérable qui peut avoir lieu temporairement dans le cas prévu et dans la limite fixée par nos ordonnances sur le service intérieur des troupes.

4. Notre Président du Conseil, Ministre Secrétaire d'Etat de la guerre, est chargé de l'exécution de la présente ordonnance qui sera insérée au *Bulletin des lois*.

Signé LOUIS-PHILIPPE,

Par le Roi :

Le Président du Conseil, Ministre Secrétaire d'État de la guerre,

Signé Maréchal Duc DE DALMATIE.

OBSERVATIONS GÉNÉRALES.

§ 1er. *Hommes de recrue avant leur arrivée au corps.*

Les hommes de recrue, avant leur arrivée au corps, et quand ils voyagent en détachement, reçoivent, avec le pain, une solde spéciale, qui est uniformément fixée à 55 centimes par jour.

§ 2. *Enfants de troupe.*

Lorsque les enfants de troupe reçoivent les vivres de campagne, il est fait sur leur solde journalière une retenue de 15 centimes.

§ 3. *Conducteurs de mulets de bât et de cantines d'ambulance.*

Les militaires chargés de conduire des mulets de bât et cantines d'ambulance en temps de guerre, jouissent du supplément de solde ci-après;

    Conducteur et chef. . . . . 20 c. par jour.
    Conducteur. 10

§ 4. *Maîtres ouvriers.*

Les maîtres ouvriers des corps de troupe, à l'exception des armuriers, dont la solde est invariablement fixée par le tarif, reçoivent, s'ils sont liés au service, la solde de caporal ou de brigadier, après six mois de service, et celle de sergent ou de maréchal des logis, après un an.

Les maîtres ouvriers gagistes n'ont droit qu'à la solde déterminée par le tarif de chaque arme.

§ 5. *Retenues pour journées d'hôpital.*

Officiers supérieurs.	3 f. 00 par jour.
Capitaines.	2 00
Lieutenants.	1 50
Sous-lieutenants.	1 25

Officiers de santé.
Inspecteurs et principaux. . .	3 00
Médecins ordinaires, chirurgiens et pharmaciens majors. . .	2 00
Médecins adjoints, chirurgiens et pharmaciens aides-majors.	1 50
Chirurgiens sous-aides.	1 25

Services administratifs. . .
Officiers d'administration principaux.	3 00
Officiers d'administration comptables.	2 00
Adjudants d'administration (1) de 1re classe	1 50
de 2e classe.	1 25

Vétérinaires. . . . . |
Employés militaires. } Le tiers de la solde de présence sur le pied de paix.

Officiers en non-activité, en solde de congé et en solde de réforme, et réfugiés étrangers. 1 fr. 75 c. } ou la totalité de la solde si elle est moindre.

Cette fixation n'est point applicable aux officiers en non-activité, en solde de congé et solde de réforme qui sont hospitalisés dans les colonies françaises. Ils subissent la retenue de la totalité de leur solde, à moins que cette solde n'excède le prix de la journée d'hôpital, cas dans lequel ils ont droit au rappel de la différence.

Domestiques des officiers. . . . . 1 fr. 30 c.

---

(1) La qualification d'adjudant d'administration de 1re et de 2e classe a été remplacée par celle d'adjudant d'administration en premier et en second. (Ordonnance du 28 février 1838.)

GRADES.	SOLDE DE PRÉSENCE.					
	SUR LE PIED DE PAIX.			SUR LE PIED DE GUERRE,		
	par an.	par mois.	par jour.	par an.	par mois.	par jour.
Maréchal de France.	30,000'	. . . . . .	. . . .	. . . .	. . . .	. . . .
Commandant en chef d'une armée ou d'un corps d'armée (maréchal de France ou lieutenant-général)	15,000	1,250' 00° 0	41' 66° 6	18,750'	1,562' 50° 0	52' 08° 3
Lieutenant général.	15,000	1,250' 00° 0	41' 66° 6	18,750'	1,562' 50° 0	52' 08° 3
Maréchal de camp.	10,000	833 33 3	27 77 7	12,500	1,041 66 6	34 72 2
Colonel	6,250	520 83 3	17 36 1	6,250	520 83 3	17 36 1
Lieutenant-colonel.	5,300	441 66 6	14 72 2	5,300	441 66 6	14 72 2
Chef d'escadron.	4,500	375 00 0	12 50 0	4,500	375 00 0	12 50 0
Capitaines { de 1re classe. .	2,800	233 33 3	7 77 7	2,800	233 33 3	7 77 7
Capitaines { de 2e classe. .	2,400	200 00 0	6 66 6	2,400	200 00 0	6 66 6
Lieutenant.	1,800	150 00 0	5 00 0	4,800	150 00 0	5 00 0
Élève sous-lieutenant.	. . . .	. . . .	. . . .	. . . .	. . . .	. . . .

NOTA. Les officiers d'infanterie et de cavalerie et les lieutenants d'état-major, régulièrement désignés pour remplir les fonc-
l'ordonnance du 23 fév. 1843, jouissent de la solde fixée par le présent tarif. Les capitaines d'infanterie ou de cavalerie dans cette

Ceux de ces officiers qui continuent de compter dans des corps de troupes sont payés au titre de ces corps.

Hors les cas ci-dessus spécifiés, nul officier étranger au corps d'état-major n'a droit d'en recevoir la solde.

Les capitaines et les lieutenants d'état-major détachés ou classés dans un régiment reçoivent la solde de la 2e classe de leur grade
et la cavalerie le temps du service déterminé par l'art. 8 de la susdite ordonnance, seraient dès lors admis à jouir de la solde de leur

Le traitement des capitaines de toutes armes employés comme officiers d'ordonnance près du Roi ou des princes de la famille

GRADES.	SOLDE DE PRÉSENCE.					
	SUR LE PIED DE PAIX.			SUR LE PIED DE GUERRE,		
	par an.	par mois.	par jour.	par an.	par mois.	par jour.
Intendant général.	. . . .	. . . .	. . . .	48 750'	4,562' 50° 0	52' 08° 3
Intendant en chef (solde de fonctions)	. . . .	. . . .	. . . .	48 750'	4,562' 50° 0	52' 08° 3
Intendant militaire.	10,000'	833' 33° 3	7' 77° 7	12 500	1,041 56 6	34 72 0
Sous-intendant militaire { de 1re classe. .	6,200	520 83 3	17 36 1	. . . .	. . . .	. . . .
Sous-intendant militaire { de 2e classe. .	5,300	441 66 6	14 72 2	. . . .	. . . .	. . . .
Adjoint à l'intendance militaire { de 1re classe. .	4,500	345 00 0	12 50 0	. . . .	. . . .	. . . .
Adjoint à l'intendance militaire { de 2e classe. .	2,800	233 33 3	7 77 7	. . . .	. . . .	. . . .

CORPS D'ÉTAT-MAJOR.

SOLDE D'ABSENCE, PAR JOUR,			SUPPLÉMENT de solde dans Paris par jour	OBSERVATIONS.
en congé et en captivité.	à l'hôpital.	à l'hôpital étant en congé avec solde		
. . . .	. . . .	. . . .	. . . .	Ce traitement est dû à MM. les maréchaux de France dans toutes les positions. Il se cumule, quand il y a lieu, avec celui de commandant en chef d'armée ou de corps d'armée.
. . . .	. . . .	. . . .	. . . .	Une décision détermine la solde du commandant en chef.
20ᶠ 83ᶜ 3	. . . .	. . . .	. . . .	
13 88 8	. . . .	. . . .	. . . .	
8 68 0	14ᶠ 36ᶜ 1	5ᶠ 68ᶜ 0	3ᶠ 47ᶜ 2	Mis à la suite d'un régiment, ils conservent la solde d'état-major.
7 36 1	11 72 2	4 36 1	2 94 4	Les capitaines de 2ᵉ classe, actuellement en possession de l'ancienne solde de 2,500 fr., la conserveront jusqu'à ce qu'ils soient appelés à la 1ʳᵉ classe.
6 25 0	9 50 0	3 25 0	2 50 0	Ceux qui, bien que nommés antérieurement à la décision du 16 août 1838 n'ont pas joui de la solde de 2,500 fr., parce qu'ils étaient détachés dans des
3 88 8	5 77 7	1 88 8	1 94 4	corps n'auront droit, lorsqu'ils cesseront d'être détachés, qu'à la solde de 2,400 fr.
3 33 3	4 66 6	1 33 3	1 66 6	Les élèves de l'école d'application du corps d'état-major, en raison de l'identité de leur position, et quelle que soit l'arme dans laquelle ils ont été
2 50 0	3 50 0	1 00 0	1 66 6	classés, recevront uniformément la solde de sous-lieutenant d'infanterie (voir le tarif n. 12). Décision royale du 21 décembre 1844, 2ᵉ sem. 1844, p. 559.
. . . .	. . . .	. . . .	. . . .	

...ions d'officiers d'ordonnance, ainsi que les officiers momentanément employés à un état-major d'armée en vertu de l'article 9 de ...position reçoivent la solde de 1ʳᵉ ou de 2ᵉ classe, selon leur classement dans leur arme.

...dans le corps où ils comptent. Toutefois, les lieutenants qui resteraient dans la même position après avoir accompli dans l'infanterie ...grade dans le corps d'état-major.

...royale est réglé par des décisions spéciales.

MILITAIRE.

SOLDE D'ABSENCE, PAR JOUR,			SUPPLÉMENT de solde dans Paris par jour.	OBSERVATIONS.
en congé et en captivité.	à l'hôpital.	à l'hôpital étant en congé avec solde		
. . . .	. . . .	. . . .	. . . .	Son traitement est fixé par une décision spéciale.
13ᶠ 88ᶜ 8	. . . .	. . . .	. . . .	
13 88 8	. . . .	. . . .	. . . .	
8 68 0	14ᶠ 36ᶜ 1	5ᶠ 68ᶜ 0	3ᶠ 47ᶜ 2	
7 36 1	11 72 2	4 30 1	2 94 4	(*) Supprimé. V. lois de fin. de 1849 et 1850 (1ᵉʳ sem. 1850, p. 231).
6 25 0	9 50 0	3 25 0	2 50 0	
3 88 8	5 77 7	1 88 8	1 94 4	Lois de fin. de 1849 et 1850 (1ᵉʳ sem. 1850, p. 231).

GRADES.	SOLDE DE PRÉSENCE,		
	par an.	par mois.	par jour.
	f.	f. c.	f. c.
Colonel commandant de place.	5,000	416 66 6	13 88 8
Lieutenant-colonel, idem.	4,300	358 33 3	11 94 4
Chef de bataillon, d'escadron et major, commandant ou major de place.	3,600	300 00 0	10 00 0
Capitaine { commandant de place, citadelle, fort, château, ou adjudant de place.	2,000	166 66 6	5 55 5
Capitaine { adjudant de place à Paris.	2,400	200 00 0	6 66 6
Lieutenant commandant de poste militaire, ou adjudant de place.	1,450	120 83 3	4 02 7
Secrétaire archiviste. { Capitaine.	2,000	166 66 6	5 55 5
Secrétaire archiviste. { Idem à Paris.	2,100	175 00 0	5 83 3
Secrétaire archiviste. { Lieutenant.	1,450	120 83 3	4 02 7
Secrétaire archiviste. { Sous-lieutenant.	1,350	112 50 0	3 75 0
Secrétaire archiviste. { Sous-officier.	1,000	83 33 3	2 77 7
Portier-consigne { de 1re classe.	800	66 66 6	2 22 2
Portier-consigne { de 2e classe.	700	58 33 3	1 94 4
Portier-consigne { de 3e classe.	600	50 00 0	1 66 6
Batelier aide-portier.	365	....	1 00 0
Aumônier { de division ou de brigade aux armées.	2,000	166 66 6	5 55 5
Aumônier { de place dans l'intérieur.	1,200	100 00 0	3 33 3

PLACE DE VINCENNES

GRADES.	par an.	par mois.	par jour.
Commandant de place. { Colonel.	5,000	416 66 6	13 88 8
Commandant de place. { Lieutenant colonel.	4,300	358 33 3	11 94 4
Adjudant de place et secrétaire archiviste. { Capitaine.	2,000	166 66 6	5 55 5
Adjudant de place et secrétaire archiviste. { Lieutenant.	1,450	120 83 3	4 02 7
Adjudant de place et secrétaire archiviste. { Sous-lieutenant.	1,350	112 50 0	3 75 0
Portier-consigne de 1re classe.	800	66 66 6	2 22 2
Aumônier.	1,200	100 00 0	3 33 3

SOLDE D'ABSENCE PAR JOUR,			SUPPLÉMENT de solde dans Paris par jour.	OBSERVATIONS.
en congé et en captivité.	à l'hôpital.	à l'hôpital étant en congé avec solde.		
f. c.	f. c.	f. c.	f. c.	
6 94 4	10 88 8	3 94 4	....	
5 97 2	8 94 4	2 97 2	....	
5 00 0	7 00 0	2 00 0	....	
2 77 7	3 55 5	0 77 7	....	
3 33 8	4 66 6	1 33 3	1 66 6	
2 01 3	2 52 7	0 51 3	....	
2 77 7	3 55 5	0 77 7	....	
2 91 6	3 83 3	0 91 6	1 45 8	
2 01 3	2 52 7	0 51 3	....	
1 87 5	2 50 0	0 62 5	....	
1 38 8	1 85 2	0 46 3	....	
1 11 1	1 48 2	0 37 1	....	
0 97 2	1 29 6	0 32 4	....	
0 83 3	1 11 1	0 27 8	....	
0 50 0	0 66 6	0 16 6	....	
2 77 7	3 55 5	0 77 7	....	
1 66 6	1 83 3	0 16 6	....	
6 94 4	10 88 8	3 94 4	2 77 7	
5 97 2	8 94 4	2 97 2	2 38 8	
2 77 7	3 55 5	0 77 7	1 38 8	
2 01 3	2 52 7	0 51 3	1 34 2	
1 87 5	2 50 0	0 62 5	1 25 0	
1 11 1	1 48 2	0 37 1	0 74 0	
1 66 6	1 83 3	0 16 6	0 83 3	

(Nᵒ 3 *bis.*) *Indemnité accordée aux Portiers-Consignes remplis*

DÉSIGNATION de la classe des places.	FIXATION DE L'INDEMNITÉ,		
	Par an.	Par mois.	Par jour.
1ᵒ L'indemnité est due seulement dans les places ci-après désignées, savoir :			
Places de 1ʳᵉ classe.	fr. 200 »	fr. c. m. 16 66 6	fr. c. m. 0 55 5
Places de 2ᵉ classe.	150 »	12 50 0	0 41 6
Places de 3ᵉ classe et postes militaires..	100 »	8 33 3	0 27 7

2ᵒ L'allocation n'est acquise aux ayants droit que pour les journées de présence à leur

3ᵉ Dans les places où il existe plusieurs portiers-consignes, l'indemnité est due à celui plir les fonctions de secrétaire-archiviste.

4ᵒ En cas d'absence d'un portier-consigne ayant droit à l'indemnité déterminée par le les fonctions de secrétaire-archiviste.

5ᵒ Dans les places où l'emploi de secrétaire-archiviste est conservé, la même indemnité appelé à le remplacer provisoirement.

6ᵉ L'indemnité n'est point passible de la retenue de 2 p. 0/0 au profit du Trésor substitu

Décision ministérielle du 27 mai 1850
(1er sem. 1850, p. 230.)

DÉSIGNATION DES PLACES.	OBSERVATIONS.
PLACES DE 1re CLASSE. Vincennes, Charlemont et les Givets, Verdun, Thionville, Grenoble, Besançon, Rochefort, Cherbourg, Calais, Saint-Omer, Arras, Dunkerque, Douai, Valenciennes, Bayonne, Perpignan. **PLACES DE 2e CLASSE.** Soissons, Mézières, Longwy, Neufbrisach, Belfort, Antibes, La Rochelle, Belle-Ile, Lorient, Saint-Malo, Le Havre, Maubeuge, Cambrai, Bastia, La Fère, Rocroy, Sedan et château, Montmédy, Bitche et château, Toul, Phalsbourg, Wissembourg, Schlestadt, Mont-Dauphin, Embrun, Port-Louis, Granville, Péronne, Aire et fort Saint-François, Gravelines, Bergues, Bouchain, Le Quesnoy, Avesnes, Landrecies, Ajaccio et citadelle, Corte, Bonifacio, citadelle de Saint-Jean-Pied-de-Port, Mont-Louis et citadelle. **POSTES DE 3e CLASSE ET POSTES MILITAIRES.** Vitry-le-François, Marsal, Lauterbourg, château de Montbéliard, fort de Joux, Salins et fort Saint-André, fort l'Ecluse, fort Barrault, Queyras, Sisteron et citadelle, fort Sainte-Marguerite, Agde, fort de Cette, Lahougue et Tatihou, Mont-Saint-Michel, Abbeville, citadelle d'Amiens, château de Ham, Boulogne-sur Mer, Montreuil, Calvi et fort Mouzillo, Navarins, citadelle de Bayonne, Narbonne, Béthune.	Les portiers-consignes exerçant les fonctions de secrétaire de place à Alger et à Bone recevront une indemnité annuelle réglée, pour le premier, à 200 fr., et pour le second, à 450 fr. L'allocation ne sera acquise aux ayants droit que pour les journées de présence à leur poste. En cas d'absence, l'indemnité sera payée au suppléant. Dans les places d'Oran et de Constantine, où les fonctions de secrétaire de place ont été réunies à celles de secrétaire-archiviste de la division, une indemnité annuelle de 200 fr. sera allouée au portier-consigne qui, en cas de vacance ou d'absence du titulaire, serait appelé à le remplacer provisoirement pour les détails de la place. L'indemnité ne sera point passible de la retenue de 2 p. 0/0 au profit du trésor substitué aux droits de l'ancienne dotation des invalides. NOTA. — Lorsqu'un sous-officier sera détaché de son corps pour faire transitoirement le service de portier-consigne, il recevra, sur les fonds de la solde de l'état-major des places, une indemnité spéciale fixée à 20 fr. par mois, laquelle ne pourra jamais être cumulée avec celle qui est attribuée aux fonctions de secrétaire de place. (Décision ministérielle du 28 septembre 1850. *Journal militaire*, 1er sem. 1850, p. 141.)

...te.

... a été désigné spécialement par le général commandant la division militaire pour rem-

...sent tarif, cette indemnité est acquise au portier-consigne chargé de le suppléer dans

... allouée au portier-consigne qui, en cas de vacance ou d'absence de titulaire, serait

... droits de l'ancienne dotation des Invalides.

GRADES.	SOLDE DE		
	SUR LE PIED DE PAIX,		
	par an	par mois.	par jour.
OFFICIERS.	f.	f. c.	f. c.
Lieutenant général, maréchal de camp..	......	....	......
Colonel..	6,250	520 83 3	17 36 1
Lieutenant-colonel.	5,300	441 66 6	14 72 2
Chef d'escadron..	4,500	375 00 0	12 50 0
Capitaine, en premier.	2,800	233 33 3	7 77 7
Capitaine, en second.	2,400	200 00 0	6 66 6
Capitaine, en résidence fixe.	2,400	200 00 0	6 66 6
EMPLOYÉS.			
Contrôleur d'armes, des manufactures, de 1re classe.	2,400	200 00 0	6 66 6
Contrôleur d'armes, des manufactures, de 2e classe.	1,800	150 00 0	5 00 0
Contrôleur d'armes, des manufactures, Réviseur.	1,500	125 00 0	4 16 6
Contrôleur d'armes, des directions, de 1re classe.	1,800	150 00 0	5 00 0
Contrôleur d'armes, des directions, de 2e classe.	1,500	125 00 0	4 16 6
Contrôleur, des fonderies, jusqu'à 10 ans d'exercice.	1,800	150 00 0	5 00 0
Contrôleur, des fonderies, de 10 à 15 ans.	2,100	175 00 0	5 83 3
Contrôleur, des fonderies, au delà de 15 ans.	2,400	200 00 0	6 66 6
Contrôleur, adjoint des fonderies, jusqu'à 10 ans d'exercice.	1,200	100 00 0	3 33 3
Contrôleur, adjoint des fonderies, au delà de 10 ans.	1,500	125 00 0	4 16 6
Agent principal comptable.	1,800	150 00 0	5 00 0
Garde d'artillerie, de 1re classe.	1,500	125 00 0	4 16 6
Garde d'artillerie, de 2e classe.	1,200	100 00 0	3 33 3
Maître artificier.	1,400	116 66 6	3 88 8
Chef artificier.	1,100	91 66 6	3 05 5
Ouvriers d'état. Chef.	1,500	125 00 0	4 16 6
Ouvriers d'état. Sous-chef.	1,200	100 00 0	3 33 3
Ouvriers d'état. Ouvrier.	540	45 00 0	1 50 0

NOTA. Les aides de camp des officiers généraux de l'artillerie reçoivent la solde

L'ARTILLERIE.

PRÉSENCE, SUR LE PIED DE GUERRE,			SOLDE D'ABSENCE, PAR JOUR,			Supplément de solde dans Paris par jour.	OBSERVATIONS.
par an.	par mois.	par jour.	en congé et en captivité	à l'hôpital.	à l'hôpital étant en congé avec solde.		
f.	f. c.	f. c.	f. c.	f. c.	f. c.	f. c.	
3,250	520 83 3	17 36 1	8 68 0	14 36 1	5 68 0	3 47 2	Comme à l'état-major général dont ils font partie.
5,300	441 66 6	14 72 2	7 36 1	11 72 2	4 36 1	2 94 4	
4,500	375 00 0	12 50 0	6 25 0	9 50 0	3 25 0	2 50 0	
2,800	233 33 3	7 77 7	3 88 8	5 77 7	1 88 8	1 94 4	
2,400	200 00 0	6 66 6	3 33 3	4 66 6	1 33 3	1 66 6	
2,400	200 00 0	6 66 6	3 33 3	4 66 6	1 33 3	1 66 6	2ᵉ Sem. 1841 p. 319
.....	.....	.....	3 33 3	4 44 4	1 11 1	2 22 2	
.....	.....	.....	2 50 0	3 33 3	0 83 3	1 66 6	
.....	.....	.....	2 08 3	2 77 7	0 69 4	1 38 8	
2,400	200 00 0	6 66 6	2 50 0	3 33 3	0 83 3	1 66 6	
1,800	150 00 0	5 00 0	2 08 3	2 77 7	0 69 4	1 38 8	
.....	.....	.....	2 50 0	3 33 3	0 83 3	1 66 6	
.....	.....	.....	2 91 6	3 88 8	0 97 3	1 94 4	
.....	.....	.....	3 33 3	4 44 4	1 11 1	2 22 2	
.....	.....	.....	1 66 6	2 22 2	0 55 5	1 11 1	
.....	.....	.....	2 08 3	2 77 7	0 69 4	1 38 8	
2,400	200 00 0	6 68 6	2 50 0	3 33 3	0 83 3	1 66 6	
2,000	166 66 6	5 55 5	2 08 3	2 77 7	0 69 4	1 38 8	2ᵉ Sem. 1841 p. 319
1,600	133 33 3	4 44 4	1 66 6	2 22 2	0 55 5	1 11 1	
1,800	150 00 0	5 00 0	1 94 4	2 59 2	0 64 8	1 55 5	
1,500	125 00 0	4 16 6	1 52 7	2 03 7	0 51 0	1 22 2	
1,700	141 66 6	4 72 2	2 08 3	2 77 7	0 69 4	1 38 8	
1,400	116 66 6	3 88 8	1 66 6	2 22 2	0 55 5	1 11 1	
800	66 66 6	2 22 2	0 75 0	1 00 0	0 25 0	0 60 0	

les officiers de l'état-major de leur arme (L. de fin. de 1849 et 1850, 1ᵉʳ sem. 1850, p. 281).

GRADES.	SOLDE DE PRÉSENCE.					
	SUR LE PIED DE PAIX.			SUR LE PIED DE GUERRE.		
	par an.	par mois.	par jour.	par an.	par mois.	par jour.
OFFICIERS.	f.	f. c.	f. c.	f.	f. c.	f. c.
Lieut. gén., maréchal de camp.	. . . . .	. . . . .	. . . . . .	. . . . .	. . . . . .	. . . . . .
Colonel.	6,250	520 83 3	17 36 1	6,250	520 83 3	17 36 1
Lieutenant-colonel.	5,300	441 66 6	14 72 2	5,300	441 66 6	14 72 2
Chef de bataillon.	4,500	375 00 0	12 50 0	4,500	375 00 0	12 50 0
Capitaine { en premier.	2,800	233 33 3	7 77 7	2,800	233 33 3	7 77 7
{ en second.	2,400	200 00 0	6 66 6	2,400	200 00 0	6 66 6
Lieutenant.	1,850	154 16 6	5 13 8	1,850	154 16 6	5 13 8
EMPLOYES.						
Garde principal.	1,800	150 00 0	5 00 0	2,400	200 00 0	6 66 6
Garde et topographe { de 1re cl. .	1,500	125 00 0	4 16 6	2,000	166 66 6	5 55 5
{ de 2e cl. .	1,200	100 00 0	3 33 3	1,600	133 33 3	4 44 4
{ de 3e cl. .	. . . . .	. . . . .	. . . . .	. . . . .	. . . . .	. . . . .
Ouvriers d'état. . . { Chef. . . .	1,500	125 00 0	4 16 6	1,700	141 66 6	4 72 2
{ Sous-chef	1,200	100 00 0	3 33 3	1,400	116 66 6	3 88 8
{ Ouvrier. .	540	45 00 0	1 50 0	800	66 66 6	2 22 2

Nota- Les officiers du génie employés comme aides de camp près des
major de leur arme (L. de fin. de 1849 et 1850, 1er sem. 1850, p. 231).

SOLDE D'ABSENCE, par jour,			SUPPLÉMENT de solde dans Paris, par jour.	OBSERVATIONS.
en congé et en captivité.	à l'hôpital.	à l'hôpital, étant en congé avec solde.		
f. c.	f. c.	f. c.	f. c.	
. . . . .	. . . . .	. . . . .	. . . . .	Comme à l'état-major général dont ils font partie.
8 68 0	14 36 1	5 68 0	3 47 2	
7 36 1	11 72 2	4 36 1	2 94 4	
6 25 0	9 50 0	3 25 0	2 50 0	
3 88 8	5 77 7	1 88 8	1 94 4	
3 33 3	4 66 6	1 33 3	1 66 6	
2 56 9	3 63 8	1 06 9	1 71 2	
2 50 0	3 33 3	0 83 3	1 66 6	Modification qui se trouve au 2ᵉ Semestre 1841, p. 319.
2 08 3	2 77 7	0 69 4	1 38 8	
1 66 6	2 22 2	0 55 5	1 11 1	
. . . . .	. . . . .	. . . . .	. . . . .	Grade supprimé.
2 08 3	2 77 7	0 69 4	1 38 8	
1 66 6	2 22 2	0 55 5	1 11 1	
0 75 0	1 00 0	0 25 0	0 60 0	

officiers généraux de cette arme, reçoivent la solde des officiers de l'état-

10.

GRADES.		SOLDE DE PRÉSENCE,				
		par an.	par mois.		par jour.	
		f.	f.	c.	f.	c.
Examinateur des élèves de l'artillerie et du génie...............		4,000	333	33 3	11	11 1
ÉCOLE D'APPLICATION.						
Officiers de l'état-major.........................		...	. .	. .	....	.
Professeur militaire................	avant 10 ans d'exercice	4,000	333	33 3	11	11 1
	après 10 ans..........	4,800	400	00 0	13	33 3
	après 15 ans.........	5,400	450	00 0	15	00 0
	après 20 ans..........	6,000	500	00 0	16	66 6
Élève sous-lieutenant......................		1,450	120	83 3	4	02 7
ÉCOLES D'ARTILLERIE.						
Commandant.......................		. .	. .	. .	....	.
Professeur de...........	sciences appliquées. avant 10 ans d'exercice	3,600	300	00 0	10	00 0
	après 10 ans..........	3,960	330	00 0	11	00 0
	après 15 ans........	4,320	360	00 0	12	00 0
	après 20 ans..........	4,500	375	00 0	12	50 0
	dessin.... avant 10 ans.......	2,500	208	33 3	6	94 4
	après 10 ans..........	2,750	229	16 6	7	63 8
	après 15 ans........	3,000	250	00 0	8	33 3
	après 20 ans..........	3,200	266	66 6	8	88 8
Répétiteur de sciences appliquées. ..	avant 10 ans d'exercice	1,800	150	00 0	5	00 0
	après 10 ans.	1,980	165	00 0	5	50 0
	après 15 ans........	2,160	180	00 0	6	00 0
	après 20 ans........	2,250	187	50 0	6	25 0
ÉCOLES DU GÉNIE.						
Commandant.....................		. .	. .	. .	......	
Professeurs de...............	sciences appliquées. ..	. .	. .	. .	......	
	dessin.	. .	. .	. .	......	
Professeur de grammaire et d'écriture.	avant 10 ans d'exercice	1,800	150	00 0	5	00 0
	après 10 ans........	2,100	175	00 0	5	83 3
	après 15 ans........	2,300	191	66 6	6	38 8
	après 20 ans........	2,500	208	33 3	6	94 4

DÉSIGNATION DE L'EMPLOI, PAR CLASSES.		SOLDE DE PRÉSENCE SUR LE PIED DE PAIX,			
		par an.	par mois.	par jour.	
		f. c.	f. c.	f.	c.
Aumôniers . . .	de 1re classe. . .	1,500 00 0	125 00 0	4	16 6
	de 2e classe. . .	1,200 00 0	100 00 0	3	33 3
	de 3e classe. . .	800 00 0	66 66 6	2	22 2
	de 4e classe. . .	600 00 0	50 00 0	1	66 6
	de 5e classe. . .	400 00 0	33 33 3	1	11 1

ET DU GÉNIE.

SOLDE D'ABSENCE, PAR JOUR — en congé. (f. c.)	à l'hôpital. (f. c.)	à l'hôpital étant en congé avec solde. (f. c.)	SUPPLÉMENT de solde dans Paris, par jour. (f. c.)	OBSERVATIONS.
				A titre d'indemnité de fonctions.
				La solde du grade, avec le tiers en sus.
5 55 5	7 40 8	1 85 2		Ou la solde du grade, si, avec le supplément du tiers, elle est supérieure.
6 66 6	8 88 8	2 22 2		
7 50 0	10 00 0	2 50 0		
8 33 3	11 11 1	2 77 7		
2 01 3	2 77 7	0 76 3		
				La solde de son grade.
5 00 0	6 66 6	1 66 6	2 00 0	
5 50 0	7 33 3	1 83 3	2 20 0	
6 00 0	8 00 0	2 00 0	2 40 0	
6 25 0	8 33 3	2 08 3	2 50 0	
3 47 2	4 63 0	1 15 8	1 73 6	
3 81 9	5 09 2	1 27 3	1 91 0	
4 16 6	5 55 5	1 38 8	2 08 3	
4 44 4	5 92 6	1 48 2	2 22 2	
2 50 0	3 33 3	0 83 3	1 66 6	
2 75 0	3 66 6	0 91 6	1 83 3	
3 00 0	4 00 0	1 00 0	2 00 0	
3 12 5	4 16 6	1 04 2	2 08 3	
				La solde de son grade.
				Traités comme ceux des écoles d'artillerie.
2 50 0	3 33 3	0 83 3	1 66 6	
2 91 6	3 88 8	0 97 3	1 94 4	
3 19 4	4 26 0	1 06 5	2 12 9	
3 47 2	4 63 0	1 15 8	2 31 5	

HOPITAUX MILITAIRES.

SOLDE D'ABSENCE, PAR JOUR — en congé. (f. c.)	à l'hôpital. (f. c.)	à l'hôpital étant en congé, avec solde. (f. c.)	OBSERVATIONS.
2 08 3	2 16 6	0 08 3	La solde des aumôniers attachés aux hôpitaux de Paris est réglée par des décisions spéciales.
1 66 6	1 83 3	0 16 6	
1 11 1	0 97 2		
0 83 3	0 41 6		
0 55 5			

GRADES.	SOLDE DE PRÉSENCE,					
	SUR LE PIED DE PAIX,			SUR LE PIED DE GUERRE (A)		
	par an.	par mois.	par jour	par an.	par mois.	par jour
	f.	fr. c.	fr. c.	fr.	fr. c.	fr. c.
Médecin, chirurgien, pharmacien inspecteur.	8,500	708 33 3	23 61 1	»	»	»
Médecin, chirurgien et pharmacien principal de. . . . . { 1re classe..	4,500	375 00 0	12 50 0	6,750	562 50 »	18 75 »
Médecin, chirurgien et pharmacien principal de. . . . . { 2e classe..	4,000	333 33 3	11 11 1	6,000	500 00 »	16 66 6
Médecin ordinaire, chirurgien et pharmacien-major de. { 1re classe..	3,000	250 00 0	8 33 3	4,500	375 00 »	12 50 0
Médecin ordinaire, chirurgien et pharmacien-major de. { 2e classe..	2,500	208 33 3	6 94 4	3,750	312 50 »	10 41 6
Médecin-adjoint.	2,050	170 83 3	5 69 4	3,075	256 25 »	8 54 1
Chirurgien et pharmacien-aide-major de... . . . { 1re classe..	2,050	170 83 3	5 69 4	3,075	256 25 »	8 54 1
Chirurgien et pharmacien-aide-major de... . . . { 2e classe..	1,850	154 16 6	5 13 8	2,775	231 25 »	7 70 8
Chirurgien et pharmacien-aide-major commissionné.	1,850	154 16 6	5 13 8	»	»	»
Chirurgien sous-aide.	1,350	112 50 0	3 75 0	2,025	168 75 »	5 62 5
Chirurgien sous-aide auxiliaire..	1,350	112 50 0	3 75 0	2,025	168 75 »	5 62 5
Médecin, chirurgien et pharmacien, professeurs.	La solde de leur grade et de leur classe. Le 1er professe décomptent avec la solde du grade pour les journées Paris.					

(A) La solde sur le pied de guerre est pour les officiers de santé des hôpitaux et am

Il est accordé une subvention de 400 fr. aux élèves de 1re division des hôpitaux d'ins

(2ᵉ sem. du Journal Milit., p. 222 et 437, année 1841.)

| SOLDE D'ABSENCE, par jour, | | | SUPPLÉMENT | SOLDE SPÉCIALE EN AFRIQUE. | | | | | |
en congé et en captivité	à l'hôpital	à l'hôpital étant en congé avec solde.	de solde dans Paris par jour.	SOLDE DE PRÉSENCE par an.	mois.	jour.	SOLDE D'ABSENCE par jour, en congé et en captivité	à l'hôpital.	à l'hôpital en congé avec solde.
fr. c.	f. c.	fr. c.	fr. c.	fr.	fr. c.	fr. c.	fr. c.	fr. c.	fr. c.
11 80 5	20 61 1	8 80 5	4 72 1	»	»	»	»	»	»
6 25 »	9 50 0	3 25 0	2 50 0	6,450	537 50	17 91 6	6 25 0	9 50 0	3 25 0
5 55 5	8 11 1	2 55 5	2 22 2	5,700	475 00	15 83 3	5 55 5	8 11 1	2 55 5
4 16 6	6 33 3	2 16 6	2 08 3	4,320	360 00	12 00 0	4 16 6	6 33 3	2 16 6
3 47 2	4 94 4	1 47 2	1 73 6	3 570	297 50	9 91 6	3 42 7	4 94 4	1 47 2
2 84 7	4 19 4	1 34 7	1 89 8	2,895	241 25	8 04 1	2 84 7	4 19 4	1 34 7
2 84 7	4 19 4	1 34 7	1 89 8	2,895	241 25	8 04 1	2 84 7	4 19 4	1 34 7
2 56 9	3 63 8	1 06 9	1 71 2	2,595	216 25	7 20 8	2 56 9	3 63 8	1 06 9
2 56 9	3 63 8	1 06 9	1 71 2	»	»	»	»	»	»
1 87 5	2 50 0	0 62 5	1 25 0	1,845	153 75	5 12 5	1 87 5	2 50 0	0 62 5
1 87 5	2 50 0	0 62 5	1 25 0	»	»	»	»	»	»

seur reçoit un supplément de solde de 1,000 fr. par an.—Le 2ᵉ, 600 fr. Ces suppléments de présence seulement ; mais ils sont fixés et ne sont pas susceptibles d'augmentation dans

bulances seulement.

truction, et de 600 fr. aux élèves de perfectionnement.

GRADES ET EMPLOIS.		SOLDE DE PRÉSENCE.					
		SUR LE PIED DE PAIX,			SUR LE PIED DE GUERRE,		
		par an.	par mois.	par jour.	par an.	par mois.	par jour.
		fr.	fr. c.	fr. c.	fr.	fr. c.	fr. c.
Officier d'administration principal.		4,000	333 33 3	11 11 1	6,000	500 00	16 66 6
Officier d'administration comptable	de 1re classe.	2,400	200 00 0	6 66 6	3,600	300 00	10 00 0
	de 2e classe.	2,200	183 33 3	6 11 1	3,300	275 00	9 16 6
Adjudant d'administration	en premier. .	1,700	141 66 6	4 72 2	2,550	212 50	7 08 3
	en second. .	1,200	100 00 0	3 33 3	1,800	150 00	5 00 0
ALGÉRIE.							
Officier d'administration principal.		. . . . . .	. . . . . .	. . . . . .	5,700	475 00	15 83 3
Officier d'administration comptable	de 1re classe.	. . . . . .	. . . . . .	. . . . . .	3,420	285 00	9 50 0
	de 2e classe.	. . . . . .	. . . . . .	. . . . . .	3,120	260 00	8 66 6
Adjudant d'administration	en premier. .	. . . . . .	. . . . . .	. . . . . .	2,370	197 50	6 58 3
	en second. . .	. . . . . .	. . . . . .	. . . . . .	1,620	135 00	4 50 0

SOLDE D'ABSENCE, PAR JOUR,			SUPPLÉMENT de solde dans Paris, par jour.	SOLDE DE DISPONIBILITÉ,			OBSERVAT.
en congé et en captivité.	à l'hôpital.	à l'hôpital, étant en congé avec solde.		par an.	par mois.	par jour.	
fr. c.	fr. c.	fr. c.	fr. c.	fr.	fr. c.	fr. c.	Les sous-officiers admis comme élèves d'administration reçoivent, au titre du corps dont ils sont détachés, la solde de leur grade avec un supplément de 40 centimes par journée de présence.
5 55 5	8 11 1	2 55 5	2 22 2	2,860	196 66 6	6 55 5	
3 33 3	4 66 6	1 33 3	1 66 6	1,380	115 00 0	3 83 3	
3 05 5	4 11 1	1 05 5	1 52 8	1,280	106 66 6	3 55 5	
2 36 1	3 22 2	0 86 1	1 57 4	970	80 83 3	2 69 4	Ce supplément leur est alloué à dater du lendemain de leur arrivée à destination.
1 66 6	2 08 3	0 41 6	1 11 1	720	60 00 0	2 00 0	
5 55 5	8 11 1	2 55 5	. . . .	. . . .	. . . .	. . . .	
3 33 3	4 66 6	1 33 3	. . . .	. . . .	. . . .	. . . .	
3 05 5	4 11 1	1 05 5	. . . .	. . . .	. . . .	. . . .	
2 36 1	3 22 2	0 86 1	. . . .	. . . .	. . . .	. . . .	
1 66 6	2 08 3	0 41 6	. . . .	. . . .	. . . .	. . . .	

GRADES.	SOLDE DE PRÉSENCE					
	SUR LE PIED DE PAIX,			SUR LE PIED DE GUERRE,		
	par an.	par mois.	par jour.	par an.	par mois.	par jour.
	fr	fr.	f. c. m.	fr.	fr. c.	fr. c.
Commis principaux	2,400	200	6 66 6	3,600	3.0 »	10 »
Commis de 1re classe	1,800	150	5 » »	2.700	225 »	7 50
entre- de 2e classe.	1,500	125	4 16 6	2,250	187 50	6 25
tenus de 3e classe.	1,200	100	3 33 3	1,800	150 »	5 »
ALGÉRIE.						
Commis principaux.	»	»	»	3,420	285 »	9 50
Commis de 1re classe	»	»	»	2,520	210 »	7 »
entre- de 2e classe.	»	»	»	2,070	172 50	5 75
tenus de 3e classe.	»	»	»	1,620	135 »	4 50

DÉSIGNATION des GRADES.	SOLDE DE PRÉSENCE					SOLDE D'ABSENCE PAR JOUR,			
	par an.	par mois.	par jour			en semestre ou en congé.	à l'hôpital.	à l'hôpital étant en semestre ou en congé	en captivité
			en station ou en campagne.	en marche en corps ou en détachement	supplément de solde dans Paris.				
	fr.	fr. c m	fr. c m.	fr. c. m.	fr. c. m	fr. c.m.	fr. c.m.	fr. c.m.	fr. c.m.
Vétérinaire principal . .	2,500	208 33,3	6 94,4	»	1 73,6	3 47,2	4 94,4	1 47,2	3 47,2
Vétérinaire de 1e classe.	2,200	183 33,3	6 11,1	8 61,1	2 03,7	3 05,5	4 61,1	1 55,5	3 05,5
de 2e classe.	2,000	166 66,6	5 55,5	8 05,5	1 85,1	2 77,7	4 05,5	1 27,7	2 77,7
Aide-vétérinaire de 1re classe.	1,800	150 00,0	5 00,0	7 50,0	1 66,6	2 50,0	3 75,0	1 25,0	2 50,0
de 2e classe.	1,500	125 00,0	4 16,6	6 66,6	1 38,8	2 08,3	2 91,6	0 83,3	2 08,3

NOTA. Les vétérinaires de tous grades cessent d'avoir droit à l'allocation de la première mise et de la prime journalière, dont la quotité est déterminée par le tarif nº 52 faisant suite à l'ordonnance du 5 décembre 1840.

SOLDE D'ABSENCE PAR JOUR.

en congé [...] en [ca]ptivité.	à l'hôpital.	à l'hôpital étant en congé avec solde.	Supplément de solde, dans Paris, par jour.
c. m.	f. c. m.	f. c. m.	f. c. m.
33 3	4 44 4	1 11 1	1 66 6
50 0	3 33 3	» 83 3	1 66 6
08 3	2 77 7	» 69 4	1 38 8
66 6	2 22 2	» 55 5	1 11 1
33 3	4 44 4	1 11 1	»
50 0	3 33 3	» 83 3	»
08 3	2 77 7	» 69 4	»
16 6	2 22 2	» 55 5	»

OBSERVATIONS.

Tous ces traitements sont passibles d'une retenue de 5 pour cent au profit de la caisse des pensions.

Les commis principaux et les commis entretenus de toute classe ont droit à une indemnité de logement, savoir :

	Intérieur.	Algérie.	Indemnité d'ameublement.	
	fr.	fr.		
Commis principal.	300	400	Intérieur	{ moitié des allocations indiquées ci-contre.
Commis entretenus de toute classe.	180	300	Algérie	{ 15 fr. par mois pour les commis de tout grade.

Les allocations d'indemnité de route sont fixées comme il suit :

Commis principaux. . . . . 3 f. » par étape.

Commis entretenus de toute classe. . 2 50 —

Tarif du 28 janvier 1852.
(*Journal militaire*, 1er sem., p. 72.)

Supplément à solde de route pour distances de l'étape parcourues en un jour en sus de première	INDEMNITÉS de logement et d'ameublement :		Indemnité extraordinaire en rassemblement,	INDEMNITÉS pour perte de chevaux et d'effets :		Gratification d'entrée en campagne.	RATIONS de vivres, de fourrages et de chauffage sur le pied de guerre :			Indemnité de route par jour.	Supplément de solde par an aux vétérinaires employés au service de la remonte.
	de logement, par an.	d'ameublement, par an.	par mois.	perte de chevaux.	perte d'effets.		vivres.	fourrages, chevaux de selle.	chauffage.		
c.	fr.	fr.	fr.	fr.	fr.	fr.				fr. c.	fr.
1 20	360	180	40	100	490	600	2	2	4	2 50	500
1 00	240	120	30	400	400	500	2	1	4	2 50	440
1 00	240	120	30	400	400	500	2	1	4	2 50	400
1 00	240 (1)	120 (1)	30	400	400	500	2	1	4	2 50	360
1 00	240 (1)	120 (1)	30	400	400	500	2	1	4	2 50	300

Cette indemnité ne doit être allouée qu'exceptionnellement et lorsqu'il y a impossibilité de loger les aides-vétérinaires [dans] les bâtiments militaires.

OF[...]

GRADES.		SOLDE DE PRÉSENCE,			
				PA[...]	
		PAR AN.	PAR MOIS.	en station ou en campagne.	en marche, en corps ou en détachement.
		fr.	fr. c.	fr. c.	fr. c.
ÉTAT-MAJOR.	Colonel	5,000	416 66 6	13 88 8	18 88 8
	Lieutenant-colonel	4,300	358 33 3	11 94 4	16 94 4
	Chef de bataillon et major.	3,600	300 00 0	10 00 0	14 00 0
	Adjudant-major. Trésorier. Officier d'habillement.	2,000	166 66 6	5 55 5	8 55 5
	Officier adjoint au trésorier.	...	...	...	...
	Porte-drapeau.	1,400	116 66 6	3 88 8	6 38 8
	Chirurgien major.	...	...	...	...
	Chirurgien aide-major.	...	...	...	...
COM-PAGNIES.	Capitaine de 1re classe.	2,400	200 00 0	6 66 6	9 66 6
	Capitaine de 2e classe.	2,000	166 66 6	5 55 5	8 55 5
	Lieutenant de 1re classe.	1,600	133 33 3	4 44 4	6 94 4
	Lieutenant de 2e classe.	1,450	120 83 3	4 02 7	6 52 7
	Sous-lieutenant.	1,350	112 50 0	3 75 0	6 25 0

SOUS-OFFICIE[...]

GRADES.		SOLDE DE PRÉSEN[...]		
		PAR JOUR,		
		avec vivres de campagne ou sans vivres.	en station, avec le pain seulement.	en marche, en corps, avec le pain.
		fr. c.	fr. c.	fr. c.
PETIT ÉTAT-MAJOR.	Adjudant sous officier.	1 88 0	2 03 0	2 18 0
	Tambour-major.	0 98 0	1 13 0	1 38 0
	Caporal-tambour.	0 53 0	0 68 0	0 78 0
	Caporal-sapeur.	0 46 0	0 61 0	0 71 0
	Sapeur.	0 30 0	0 45 0	0 55 0
	Musicien-soldat.	...	...	...
	Maître armurier.	0 60 0	0 75 0	0 55 0
	Maître tailleur, cordonnier.	0 25 0	0 40 0	0 50 0

ERS.

Supplément de solde dans Paris.	SOLDE D'ABSENCE, PAR JOUR,				OBSERVATIONS.
	en semestre ou en congé.	à l'hôpital.	à l'hôpital, étant en semestre ou en congé avec solde.	en captivité.	
fr. c.	fr. c.	fr. c.	fr. c.	fr. c.	
2 77 7	6 94 4	10 88 8	3 94 4	6 94 4	(A) La moitié de la solde affectée à la dernière classe du grade.
2 38 8	5 97 2	8 94 4	2 97 2	5 97 2	
2 00 0	5 00 0	7 00 0	2 00 0	5 00 0	
1 38 8	2 77 7	3 55 5	0 77 7	(A)	Ou la solde de capitaine de 1re classe, s'ils y ont droit par leur ancienneté dans ce grade. La solde de son grade et de sa classe.
1 29 6	1 94 4	2 38 8	0 44 4	(A)	Voir le tableau n° 8
1 66 6	3 33 3	4 66 6	1 33 3	2 77 7	
1 38 8	2 77 7	3 55 5	0 77 7	2 77 7	
1 48 1	2 22 2	2 94 4	0 72 2	2 01 3	
1 34 2	2 01 3	2 52 7	0 51 3	2 01 3	
1 25 0	1 87 5	2 50 0	0 62 5	1 87 5	

T SOLDATS.

Supplément de solde dans Paris.	SOLDE D'ABSENCE, PAR JOUR,			OBSERVATIONS.
	en semestre ou en congé.	à l'hôpital.	à l'hôpital, étant en semestre ou en congé avec solde.	
fr. c.	fr. c.	fr. c.	fr. c.	
0 54 0	0 80 0	0 53 3	0 26 6	
0 22 0	0 30 0	....	....	
0 12 5	0 12 5	0 10 0	....	
0 15 0	0 15 0	....	....	
0 07 5	0 07 5	....	....	La solde de fusilier.
....	....	....	....	Voir le 4e § des observations générales qui précèdent le tarif.
0 14 8	0 21 0	....	....	
0 05 0	0 05 0	....	....	

| | | SOLDE DE PRÉSENCE | |
| | | PAR JOUR. | |
GRADES.	avec vivres de campagne ou sans vivres.	en station, avec le pain seulement.	en marche, en corps, avec le pain.
	fr. c.	fr. c.	fr. c.
Compagnies d'élite. Sergent-major.	1 03 0	1 18 0	1 43 0
Sergent et fourrier.	0 70 0	0 85 0	1 05 0
Caporal.	0 46 0	0 61 0	0 71 0
Grenadier ou voltigeur.	0 30 0	0 45 0	0 55 0
Tambour ou clairon.	0 40 0	0 55 0	0 65 0
Compagnies du centre. Sergent-major.	0 98 0	1 13 0	1 38 0
Sergent et fourrier.	0 60 0	0 75 0	0 95 0
Caporal.	0 41 0	0 56 0	0 66 0
Fusilier ou chasseur.	0 25 0	0 40 0	0 50 0
Tambour ou clairon.	0 35 0	0 50 0	0 60 0
Enfant de troupe. avant l'âge de 14 ans.	. . . . .	0 25 0	0 45 0
à l'âge de 14 ans.	0 25 0	0 40 0	0 50 0

(N° 13.)   BATAILLONS DE

OFFI

| | | | SOLDE DE PRÉSENCE | |
| | | | | PAR |
GRADES.	PAR AN.	PAR MOIS.	en station ou en campagne.	en marche en corps ou en détachement.
	fr.	fr. c.	fr. c.	fr. c.
ÉTAT-MAJOR. Chef de bataillon.	3,600	300 00 0	10 00 0	14 00 0
Capitaine faisant fonctions de major.				
Capitaine adjudant-major.				
Lieutenant ou sous-lieutenant faisant fonctions de trésorier.	2,000	166 66 6	5 55 5	8 55 5
Lieuten. ou sous-lieuten. faisant fonctions d'officier d'habillem.				
Lieutenant ou sous-lieutenant instructeur du tir.	. . . .	. . . .	. . . .	. . . .
Chirurgien aide-major.	. . . .	. . . .	. . . .	. . . .
COMPAGNIES. Capitaine. de 1r classe.	2,400	200 00 0	6 66 6	9 66 6
de 2e classe.	2,000	166 66 6	5 55 5	8 55 5
Lieutenant. de 1re classe.	1,600	133 33 3	4 44 4	6 94 4
de 2e classe.	1,450	120 83 3	4 02 7	6 52 7
Sous-lieutenant.	1,350	112 50 0	3 75 0	6 25 0

(a) Plus un supplément du quart en sus pour les journées de présence en fonctions (1re Sem. 1841. p. 15.)

T SOLDATS.

Supplément de solde dans Paris.	SOLDE D'ABSENCE, PAR JOUR,			OBSERVATIONS.
	en semestre ou en congé.	à l'hôpital.	à l'hôpital, étant en semestre ou en congé avec solde.	
fr. c.	fr. c.	fr. c.		
0 24 0	0 32 5	. . .	. . .	
0 18 8	0 26 0	. . .	. . .	
0 15 0	0 15 0	. . .	. . .	
0 07 5	0 07 5	. . .	. . .	
0 07 5	0 07 5	0 10 0	. . .	
0 22 0	0 30 0	. . .	. . .	
0 14 8	0 21 0	. . .	. . .	
0 12 5	0 12 5	. . .	. . .	
0 05 0	0 05 0	. . .	. . .	
0 05 0	0 05 0	0 10 0	. . .	
0 07 5	. . .	. . .	. . .	
0 05 0	. . .	. . .	. . .	Ou la solde de tambour, s'il en fait titulairement le service.

HASSEURS A PIED.

IERS.

Supplément de solde dans Paris.	SOLDE D'ABSENCE, PAR JOUR,				OBSERVATIONS.
	en semestre ou en congé.	à l'hôpital.	à l'hôpital, étant en semestre ou en congé avec solde.	en captivité.	
fr. c.	fr. c.	fr. c.	fr. c.	fr. c.	(A) La moitié de la solde affectée à la dernière classe du grade.
2 00 0	5 00 0	7 00 0	2 00 0	5 00 0	
1 38 8	2 77 7	3 55 5	0 77 7	(A)	Ou la solde de capitaine de 1re classe, s'ils y ont droit par leur ancienneté dans ce grade.
. . .	. . .	. . .	. . .	. . .	La solde de son grade et de sa classe. (B)
. . .	. . .	. . .	. . .	. . .	Voir le tableau n° 8
1 66 6	3 33 3	4 66 6	1 33 3	2 77 7	
1 38 8	2 77 7	3 55 5	0 77 7	2 77 7	
1 48 1	2 22 2	2 94 4	0 72 2	2 01 3	
1 34 2	2 01 3	2 52 7	0 51 3	2 01 3	
1 25 0	1 87 5	2 50 0	0 62 5	1 87 5	

GRADES.	SOLDE DE PRÉSENCE, PAR JOUR,			
	avec vivres de campagne ou sans vivres.	en station, avec le pain seulement.	en marche en corps, avec le pain.	Supplément de solde dans Paris
Petit état-major. { Adjudant sous-officier.........	1f 88c 0	2f 03c 0	2f 88c 0	0f 54c 0
Sergent-clairon..............	0 60 0	0 75 0	0 95 0	0 14 8
Caporal-clairon..............	0 53 0	0 68 0	0 78 0	0 12 5
Maître { armurier..............	0 60 0	0 75 0	0 95 0	0 14 8
tailleur, cordonnier..	0 25 0	0 40 0	0 50 0	0 05 0
Compagnies. Sergent-major... { de 1re classe.	1 03 0	1 18 0	1 43 0	0 24 0
de 2e classe.	0 98 0	1 13 0	1 38 0	0 22 0
Sergt et fourrier. { de 1re classe.	0 70 0	0 85 0	1 05 0	0 18 8
de 2e classe.	0 60 0	0 75 0	0 95 0	0 14 8
Caporal. . . . { de 1re classe.	0 46 0	0 61 0	0 71 0	0 15 0
de 2e classe.	0 41 0	0 56 0	0 66 0	0 12 5
Chasseur. . . . { de 1re classe.	0 30 0	0 45 0	0 55 0	0 07 5
de 2e classe.	0 25 0	0 40 0	0 50 0	0 05 0
Clairon. . . . . { de 1re classe.	0 40 0	0 55 0	0 65 0	0 07 5
de 2e classe.	0 35 0	0 50 0	0 60 0	0 05 0
Enfans de troupe. { avant l'âge de 14 ans......	. . . .	0 25 0	0 45 0	0 07 5
à l'âge de 14 ans........	0 25 0	0 40 0	0 50 0	0 05 0

GRADES.	SOLDE DE PRÉSENCE,				
	par an.	par mois.	PAR JOUR,		
			en station ou en campagne.	en marche, en corps ou en détachement.	supplément de solde dans Paris.
Compagnies. État-major. { Chef de bataillon commandant.	4,500f	375f 00c 0	12f 50c 0	16f 50c 0	2f 50 0
Adjudant - major. . .					
Trésorier.	2,000	166 66 6	5 55 5	8 55 5	1 38 8
Officier d'habillement. .					
Chirurgen aide-major. .	. . . .	. . . .	. . . .	. . . .	. . . .
Capitaine.. { en premier.	2,500	208 33 3	6 94 4	9 94 4	1 73 6
en second..	2,000	166 66 6	5 55 5	8 55 5	1 38 8
Lieutenant { en premier.	1,850	154 16 6	5 18 8	7 68 8	1 71 2
en second..	1.650	137 50 0	4 58 3	7 08 3	1 52 7
Sous - lieutenant. . .	1,600	133 33 3	4 44 4	6 94 4	1 48 1

SOLDE D'ABSENCE, PAR JOUR,			OBSERVATIONS.
en semestre ou en congé.	à l'hôpital.	à l'hôpital, étant en semestre ou en congé avec solde.	
0ʳ 80 0	0ʳ 53 3	0ʳ 26ᶜ 6	Nota. Les sous-officiers, caporaux et soldats de la section hors rang n'ont droit qu'à la solde fixée pour la 2ᵉ classe.
0 21 0	. . . .	. . . .	Voir le 4ᵉ § des observations générales qui précèdent le tarif.
0 12 5	0 10 0	. . . .	
0 21 0	. . . .	. . . .	
0 05 0	. . . .	. . . .	
0 32 5	. . . .	. . . .	
0 30 0	. . . .	. . . .	
0 26 0	. . . .	. . . .	
0 21 0	. . . .	. . . .	
0 15 0	. . . .	. . . .	
0 12 5	. . . .	. . . .	
0 07 5	. . . .	. . . .	
0 05 0	. . . .	. . . .	
0 07 5	0 10 0	. . . .	
0 05 0	0 10 0	. . . .	
. . . .	. . . .	. . . .	
. . . .	. . . .	. . . .	Ou la solde de clairon, s'il en fait titulairement le service.

SOLDE D'ABSENCE, PAR JOUR,				OBSERVATIONS.
en semestre ou en congé.	à l'hôpital.	à l'hôpital étant en semestre ou en congé avec solde.	en captivité.	
6ʳ 25 0	9ʳ 50 0	3ʳ 25ᶜ 0	6ʳ 25 0	
2 77 7	3 55 5	0 77 7	(ᴀ)	Ou la solde de capitaine en premier, s'ils sont pourvus de ce grade.
. . . .	. . . .	. . . .	. . . .	Voir le tableau nᵒ 8
3 47 2	4 94 4	1 47 2	3 47 2	
2 77 7	3 55 5	0 77 7	2 77 7	
2 56 9	3 63 8	1 06 9	2 56 9	
2 29 1	3 08 3	0 79 1	2 29 1	(ᴀ) La moitié de la solde du grade et de la classe.
2 22 2	3 19 4	0 97 2	2 22 2	

(Suite du n° 14.)

| | GRADES. | SOLDE DE PAR | |
		avec vivres de campagne ou sans vivres.	en station, avec le pain.
Petit état-major.	Adjudant sous-officier.	2f 90c 0	3f 05c 0
	Coporal-tambour.	0 79 0	0 94 0
	Maître.. . . { armurier.	0 96 0	1 11 0
	{ tailleur, cordonnier.	0 27 0	0 42 0
Compagnies	Sergent-major.	1 97 0	2 12 0
	Sergent et fourrier.	0 96 0	1 11 0
	Caporal.. . . { brigadier principal des subsistances. { romainier des vivres-viande. . . . . { Chef-ouvrier du campement.	0 84 0	0 99 0
	Maître. . . { maçon. . . . . { charpentier. . . . . { serrurier.	0 79 0	0 94 0
	Soldat de 1re classe. { Maçon, charpentier. . . . . { Menuisier, tonnelier. . . . . { Serrurier, coutelier. . . . . . . { Brigadier-boulanger, boucher. . . .	0 68 0	0 83 0
	Soldat de 2e classe. { Boulanger-pétrisseur. . . . . . . { Toucheur, botteleur. . . . . { Ouvrier de magasin.	0 53 0	0 68 0
	Tambour.	0 41 0	0 56 0
	Enfant de troupe { avant l'âge de 14 ans. . . . . . . { à l'âge de 14 ans.	. . . .	0 34 0
		0 31 0	0 46 0

PRÉSENCE, JOUR,		SOLDE D'ABSENCE, PAR JOUR,			OBSERVATIONS.
en march en corps, avec le pain.	supplément de solde dans Paris.	en semestre ou en congé.	à l'hôpital.	à l'hôpital, étant en semestre ou en congé avec solde.	
3f 90c 0	0f 94c 8	1f 31c 0	0 87 3	0f 43c 6	
1 04 0	0 25 5	0 25 0	0 40 0	»	
1 31 0	0 29 2	0 39 0	»	»	
0 52 0	0 06 0	0 06 0	. . . .	. . . .	Voir le 4e § des observations générales qui précèdent le tarif.
2 37 0	0 61 6	0 79 5		»	
1 31 0	0 29 2	0 39 0	»	»	
1 09 0	0 34 0	0 34 0	»	»	
1 04 0	0 31 5	0 31 5	»	»	
0 93 0	0 26 5	0 26 5	»	»	
0 78 0	0 19 0	0 19 0	»	»	
0 66 0	0 08 0	0 08 0	0 10 0	»	
0 54 0	0 12 0	»	»	»	
0 56 0	0 08 0	»	»	. . . .	Ou la solde de tambour s'il en fait titulairement le service.

GRADES.	SOLDE DE PRESENCE.		PAR JOUR,	
	par an.	par mois.	en station ou en campagne.	en marche en corps ou en détachement (a).
État-major. — **Chef de bataillon.** Pendant la 1re année de service dans le même grade au bataillon.	3,600f	300f 00c 0	10f 00c 0	14f 00c 0
Après la 1re année, *idem.*	3,675	306 25 0	10 20 8	14 20 8
Après la 2e année, *idem.*	3,750	312 50 0	10 41 6	14 41 6
Après la 3e année, *idem.*	3,825	318 75 0	10 62 5	14 62 5
Après la 4e année, *idem.*	3,900	325 00 0	10 83 3	14 83 3
Après la 5e année, *idem.*	3,975	331 25 0	11 04 1	15 04 1
Après la 6e année, *idem.*	4,050	337 50 0	11 25 0	15 25 0
Après la 7e année, *idem.*	4,125	343 75 0	11 45 8	15 45 8
Après la 8e année, *idem.*	4,200	350 00 0	11 66 6	15 66 6
Capitaine-major.				
Adjudant-major.				
Trésorier.				
Officier d'habillement.				
Chirurgien - major.				
Chirurgien aide-major.				
Compagnies. — **Capitaine de 1re classe.** Pendant la 1re année de service dans le même grade au bataillon.	2,400	200 00 0	6 66 6	9 66 6
Après la 1re année, *idem.*	2,475	206 25 0	6 87 5	9 87 5
Après la 2e année, *idem.*	2,550	212 50 0	7 08 3	10 08 3
Après la 3e année, *idem.*	2,625	218 75 0	7 29 2	10 29 2
Après la 4e année, *idem.*	2,700	225 00 0	7 50 0	10 50 0
Après la 5e année, *idem.*	2,775	231 25 0	7 70 8	10 70 8
Après la 6e année, *idem.*	2,850	237 50 0	7 91 6	10 91 6
Après la 7e année, *idem.*	2,925	243 75 0	8 12 5	11 12 5
Après la 8e année, *idem.*	3,000	250 00 0	8 33 3	11 33 3
Capitaine de 2e classe. Pendant la 1re année de service dans le même grade au bataillon.	2,000	166 66 6	5 55 5	8 55 5
Après la 1re année, *idem.*	2,075	172 91 6	5 76 3	8 76 3
Après la 2e année, *idem.*	2,150	179 16 6	5 97 2	8 97 2
Après la 3e année, *idem.*	2,225	185 41 6	6 18 0	9 18 0
Après la 4e année, *idem.*	2,300	191 66 6	6 38 8	9 38 8
Après la 5e année, *idem.*	2,375	197 91 6	6 59 7	9 59 7
Après la 6e année, *idem.*	2,450	204 16 6	6 80 5	9 80 5
Après la 7e année, *idem.*	2,525	210 41 6	7 01 3	10 01 3
Après la 8e année, *idem.*	2,600	216 66 6	7 22 2	10 22 2

(a) Les fixations portées dans cette colonne ne seraient applicables que

SOLDE D'ABSENCE, PAR JOUR,				OBSERVATIONS.
en congé.	à l'hôpital.	à l'hôpital, étant en congé avec solde.	en captivité.	
5ᶠ 00ᶜ 0	7ᶠ 00ᶜ 0	2 00 0		(a) La moitié de la solde affectée à la dernière classe du grade.
5 10 4	7 20 8	2 10 4		
5 20 8	7 41 6	2 20 8		
5 31 2	7 62 5	2 31 2		
5 41 6	7 83 3	2 41 6	5ᶠ 00ᶜ 0	
5 52 0	8 04 1	2 52 0		
5 62 5	8 25 0	2 62 5		
5 73 0	8 45 8	2 73 0		
5 83 3	8 66 6	2 83 3		
. . .	. . .	. . .	. . .	La solde de capitaine, selon sa classe.
. . .	. . .	. . .	(a)	La solde de capitaine de 2ᵉ classe, ou celle de la 1ʳᵉ classe, s'ils y ont droit par leur ancienneté dans ce grade.
. . .	. . .	. . .	. . .	Voir le tableau n° 8
3 33 3	4 66 6	1 33 3		
3 48 7	4 87 5	1 48 7		
3 54 1	5 08 3	1 54 1		
3 64 6	5 29 2	1 64 6		
3 75 0	5 50 0	1 75 0	2 77 7	
3 85 4	5 70 8	1 85 4		
3 95 8	5 91 6	1 95 8		
4 06 2	6 12 5	2 06 2		
4 16 6	6 33 3	2 16 6		
2 77 7	3 55 5	0 77 7		
2 88 1	3 76 3	0 88 1		
2 98 6	3 97 2	0 98 6		
3 09 0	4 18 0	1 09 0		
3 19 4	4 38 8	1 19 4	2 77 7	
3 29 8	4 59 7	1 29 8		
3 40 2	4 80 5	1 40 2		
3 50 6	5 01 3	1 50 6		
3 61 1	5 22 2	1 61 1		

Dans la position éventuelle de marche dans l'intérieur du royaume.

GRADES.		PAR AN.	PAR MOIS.		SOLDE DE PRÉSENCE, PAR JOUR, en station ou en campagne.	en marche en corps ou en détachement.	
		fr.	fr.	c	fr.	fr.	c.
COMPAGNIES. (Suite.)	Lieutenant de 1re classe.						
	Pendant la 1re année de service dans le même grade au bataillon. . .	1,600	133	33 3	4 44 4	6	94 4
	Après la 1re année, *idem*.	1,650	137	50 0	4 58 3	7	08 3
	Après la 2e année, *idem*.	1,700	141	66 6	4 72 2	7	22 2
	Après la 3e année, *idem*.	1,750	145	83 3	4 86 1	7	36 1
	Après la 4e année, *idem*.	1,800	150	00 0	5 00 0	7	50 0
	Après la 5e année, *idem*.	1,850	154	16 6	5 13 8	7	63 8
	Après la 6e année, *idem*.	1,900	158	33 3	5 27 7	7	77 7
	Après la 7e année, *idem*.	1,950	162	50 0	5 41 6	7	91 6
	Après la 8e année, *idem*.	2,000	166	66 6	5 55 5	8	05 5
	Lieutenant de 2e classe.						
	Pendant la 1re année de service dans le même grade au bataillon. . .	1,450	120	83 3	4 02 7	6	52 7
	Après la 1re année, *idem*.	1,500	125	00 0	4 16 6	6	66 6
	Après la 2e année, *idem*.	1,550	129	16 6	4 30 5	6	80 5
	Après la 3e année, *idem*.	1,600	133	33 3	4 44 4	6	94 4
	Après la 4e année, *idem*.	1,650	137	50 0	4 58 3	7	08 3
	Après la 5e année, *idem*.	1,700	141	66 6	4 72 2	7	22 2
	Après la 6e année, *idem*.	1,750	145	83 3	4 86 1	7	36 1
	Après la 7e année, *idem*.	1,800	150	00 0	5 00 0	7	50 0
	Après la 8e année, *idem*.	1,850	154	16 6	5 13 8	7	63 8
	Sous-lieutenant.						
	Pendant la 1re année de service dans le même grade au bataillon. . .	1,350	112	50 0	3 75 0	6	25 0
	Après la 1re année, *idem*.	1,400	116	66 6	3 88 8	6	38 8
	Après la 2e année, *idem*.	1,450	120	83 3	4 02 7	6	52 7
	Après la 3e année, *idem*.	1,500	125	00 0	4 16 6	6	66 6
	Après la 4e année, *idem*.	1,550	129	16 6	4 30 5	6	80 5
	Après la 5e année, *idem*.	1,600	133	33 3	4 44 4	6	94 4
	Après la 6e année, *idem*.	1,650	137	50 0	4 58 3	7	08 3
	Après la 7e année, *idem*.	1,700	141	66 6	4 72 2	7	22 2
	Après la 8e année, *idem*.	1,750	145	83 3	4 86 1	7	36 1

OFFICIERS.

| SOLDE D'ABSENCE, PAR JOUR, | | | | OBSERVATIONS. |
en congé.	à l'hôpital.	à l'hôpital, étant en congé avec solde.	en captivité.	
fr. c.	fr. c.	fr. c.		
2 22 2	2 94 4	0 72 2		
2 29 1	3 08 3	0 79 1		
2 36 1	3 22 2	0 86 1		
2 43 0	3 36 1	0 93 0	fr. c.	
2 50 0	3 50 0	1 00 0	2 01 3	
2 56 9	3 63 8	1 06 9		
2 63 8	3 77 7	1 13 8		
2 70 8	3 91 6	1 20 8		
2 77 7	4 05 5	1 27 7		
2 01 3	2 52 7	0 51 3		
2 08 3	2 66 6	0 58 3		
2 15 2	2 80 5	0 65 2		
2 22 2	2 94 4	0 72 2		
2 29 1	3 08 3	0 79 1	2 01 3	
2 36 1	3 22 2	0 86 1		
2 43 0	3 36 1	0 93 0		
2 50 0	3 50 0	1 00 0		
2 56 9	3 63 8	1 06 9		
1 87 5	2 50 0	0 62 5		Le sous-lieutenant qui est promu lieutenant continue de recevoir la solde dont il jouissait comme sous-lieutenant si, par suite des augmentations annuelles qu'il a obtenues successivement, elle est devenue supérieure à la solde de son nouveau grade. (*Article 6 de l'ordonnance du 13 mai 1836.*)
1 94 4	2 63 8	0 69 4		
2 01 3	2 77 7	0 76 3		
2 08 3	2 91 6	0 83 3	1 87 5	
2 15 2	3 05 5	0 90 2		
2 22 2	3 19 4	0 97 2		
2 29 1	3 33 3	1 04 1		
2 36 1	3 47 2	1 11 1		
2 43 0	3 61 1	1 18 0		

GRADES.

Petit État-major.	Adjudant sous-officier.	Venu avec avancement de la ligne, ou dans la 1re année dans le même grade au bataillon. . . . .
		Venu sans avancement de la ligne, ou après un an dans le même grade au bataillon. . . . .
	Caporal-tambour ou caporal-clairon.	Venu avec avancement de la ligne, ou dans la 1re année dans le même grade au bataillon. . . . .
		Venu sans avancement de la ligne, ou après un an dans le même grade au bataillon. . . . .
	Maître armurier. .	Dans la 1re année du grade au bataillon. . . . .
		Après un an de grade au bataillon. . . . .
	Maîtres tailleur et cordonnier.	
Compagnies.	Sergent-major. . .	Venu avec avancement de la ligne, ou dans la 1re année dans le même grade au bataillon. . . . .
		Venu sans avancement de la ligne, ou après un an dans le même grade au bataillon. . . . .
	Sergent et fourrier.	Venu avec avancement de la ligne, ou dans la 1re année dans le même grade au bataillon. . . . .
		Venu sans avancement de la ligne, ou après un an dans le même grade au bataillon. . . . .
	Caporal.	Venu avec avancement de la ligne, ou dans la 1re année dans le même grade au bataillon. . . . .
		Venu sans avancement de la ligne, ou après un an dans le même grade au bataillon. . . . .
	Chasseur.	de 1re classe. . . . .
		de 2e classe. . . . .
	Tambour ou clairon.	de 1re classe. . . . .
		de 2e classe. . . . .
	Enfant de troupe.	Avant l'âge de 14 ans. . . . .
		A l'âge de 14 ans. . . . .

SOLDE DE PRÉSENCE, PAR JOUR,			SOLDE D'ABSENCE, PAR JOUR,			OBSERVATIONS.
avec vivres de campagne, ou sans vivres.	en station, avec le pain seulement.	en marche en corps, avec le pain.	en congé.	à l'hôpital.	à l'hôpital, étant en congé avec solde.	
fr. c.	fr. c.	fr. c.	fr. c	fr. c.	fr. c.	
1 88 0	2 03 0	2 68 0	0 80 0	0 53 3	0 26 6	
2 18 0	2 33 0	3 18 0	0 95 0	0 83 3	0 41 6	
0 53 0	0 68 0	0 78 0	0 12 5	0 10 0	. . . .	
0 58 0	0 73 0	0 83 0	0 15 0	0 10 0	. . . .	
0 60 0	0 75 0	0 95 0	0 21 0	. . . .	. . . .	
0 70 0	0 85 0	1 05 0	0 26 0	. . . .	. . . .	
0 25 0	0 40 0	0 50 0	0 03 0	. . . .	. . . .	Voir le 4e parag. des observations générales qui précèdent le tarif.
0 98 0	1 13 0	1 38 0	0 30 0	. . . .	. . . .	
1 03 0	1 18 0	1 43 0	0 32 5	. . . .	. . . .	
0 60 0	0 75 0	0 95 0	0 21 0	. . . .	. . . .	
0 70 0	0 85 0	1 05 0	0 26 0	. . . .	. . . .	
0 41 0	0 56 0	0 66 0	0 12 5	. . . .	. . . .	
0 46 0	0 61 0	0 71 0	0 15 0	. . . .	. . . .	
0 30 0	0 45 0	0 55 0	0 07 5	. . . .	. . . .	
0 25 0	0 40 0	0 50 0	0 05 0	. . . .	. . . .	
0 40 0	0 55 0	0 65 0	0 07 5	0 10 0	. . . .	
0 35 0	0 50 0	0 60 0	0 05 0	0 10 0	. . . .	
0 10 0	0 25 0	0 45 0	. . . .	. . . .	. . . .	
0 15 0	0 40 0	0 50 0	. . . .	. . . .	. . . .	On la solde de tambour ou clairon, s'il en fait titulairement le service.

COMPAGNIE

OF

GRADES.	SOLDE DE PRÉSENCE.			
	par an.	par mois.	PAR JOUR,	
			en station ou en campagne.	en marche en corps ou en détache-ment.
Capitaine.	3,600 f	300 f 00 c 0	10 f 00 c 0	14 f 00 c 0
Lieutenant	2,000	166 66 6	5 55 5	8 55 5
Sous-lieutenant	1,450	120 83 3	4 02 7	6 52 7

SOUS-OFFICIER

GRADES.	SOLDE DE PRÉSENCE, par jour,		
	avec vivres de campagne ou sans vivres.	en station avec le pain.	en marche en corps, avec le pain
Sergent-major.	1 f 83 c 0	2 f 03 c 0	2 f 88 c 0
Sergent et fourrier.	1 18 0	1 33 0	1 53 0
Caporal	0 78 0	0 93 0	1 13 0
Maître. { armurier.	1 18 0	1 33 0	1 53 0
Maître. { tailleur, cordonnier. { lié au service mil.	0 41 0	0 56 0	0 66 0
{ gagiste	0 25 0	0 40 0	0 50 0
Tambour	0 53 0	0 68 0	0 78 0
Fusilier et pionnier.	0 25 0	0 35 0	0 50 0
Enfant de troupe.	. . . . . .	0 25 0	0 45 0

CIERS.

SOLDE D'ABSENCE PAR JOUR,				OBSERVATIONS.
en semestre ou en congé.	à l'hôpital.	à l'hôpital, étant en semestre ou en congé avec solde.	en captivité.	
3f 00c 0	7f 00c 0	2f 00c 0	2f 77c 7	
2 77 7	3 55 5	0 77 7	2 01 3	
2 01 3	2 52 7	0 51 3	1 87 5	

ET SOLDATS.

SOLDE D'ABSENCE, par jour,			OBSERVATIONS.
en semestre ou en congé.	à l'hôpital.	à l'hôpital, étant en congé avec solde.	
0f 80c 0	0f 53c 3	0f 26c 6	
0 30 0	»	»	
0 21 0	»	»	
0 30 0	»	»	
0 12 5	»	»	
0 05 0	»	»	Voir le 4e paragraphe des observations générales qui précèdent le tarif.
0 12 5	0 10 0	»	
0 05 0	»	»	
»	»	»	

	GRADES.	SOLDE DE PRÉSENCE		
		an.	mois.	jour.
	OFFICIERS.	f.	f. c.	f. c.
Petit État-Major.	Chef de bataillon	3,600	300 00 0	10 00 0
	Adjudant major, lieutenant ou sous-lieutenant faisant fonctions de trésorier et d'officier d'habillement	2,000	166 66 6	5 55 5
	Chirurgien-major	«	«	«
Compagnies.	Capitaine de 1re classe	2,400	200 00 0	6 66 6
	Capitaine de 2e classe	2,000	166 66 6	5 55 5
	Lieutenant de 1re classe	1,600	133 33 3	4 44 4
	Lieutenant de 2e classe	1,450	120 83 3	4 02 7
	Sous-lieutenant	1,350	112 50 0	3 75 0

Petit État-Major.	Adjudant sous-officiers
	Maître-armurier
	Secrétaire-caporal
	Sergent-clairon
	Caporal-tambour ou clairon
	Muletier et infirmier
Compagnies.	Sergent-major
	Sergent fourrier
	Sergent
	Caporaux-tambours et clairons
	Tirailleurs
	Ouvriers armuriers

| SOLDE D'ABSENCE par jour, | | | | PRESTATIONS EN NATURE. NOMBRE DE RATIONS par jour et par grade, | | | OBSERVATIONS. |
en semestre ou en congé.	à l'hôpital.	à l'hôpital étant en congé avec solde.	en captivité.	vivres.	fourrages.	chauffage.	
fr. c. 5 00 7	fr. c. 7 00 0	fr. c. 2 00 0	fr. c. 5 00 0	«	2	4	L'officier commandant le bataillon a droit à un supplément de traitement de 75 francs par mois.
2 77 7	3 55 5	0 77 7	2 77 7	«	1	4	
«	«	«	«	«	1	4	Selon la classe à laquelle il appartient, conformément au tableau n° 8.
8 33 8	4 66 6	1 33 3	2 77 7	«	1	4	
2 77 7	3 55 5	0 77 7	2 77 7	«	1	4	
2 22 2	2 94 4	0 72 2	2 01 3	«	«	4	
2 01 3	2 52 7	0 51 3	2 01 3	«	«	4	
1 87 5	2 50 0	0 62 5	1 87 5	«	«	4	

ET SOLDATS.

| SOLDE DE PRÉSENCE par jour. | | |
fr.	c.	
1	95	La solde de congé des sous-officiers, caporaux et soldats, français et indigènes, est fixée à la moitié de la solde de présence. Dans la position d'hôpital étant en congé, ils n'ont droit qu'à la prime journalière d'entretien. (2e sem. 1842, p. 285.)
1	25	
1	10	
1	50	La retenue à opérer sur la solde des sous-officiers, caporaux et soldats, admis dans les hôpitaux, est de cinquante centimes par journée de traitement. (2e sem., 1842, p. 140.)
1	25	
1	10	
1	50	
1	25	
1	25	
1	10	
1	00	
1	00	

OFFI

GRADES.	

ÉTAT-MAJOR.	Colonel.	Pendant la 1ʳᵉ année de service dans le même grade au régiment.. Après la 1ʳᵉ année, *id.* . . . . Après la 2ᵉ année, *id.* . . . . Après la 3ᵉ année, *id.* . . . . Après la 4ᵉ année, *id.* . . . . Après la 5ᵉ année, *id.* . . . . Après la 6ᵉ année, *id.* . . . . Après la 7ᵉ année, *id.* . . . . Après la 8ᵉ année, *id.* . . . .
	Lieutenant Colonel.	Pendant la 1ʳᵉ année de service dans le même grade au régiment. . . . . Après la 1ʳᵉ année, *id.* . . . . Après la 2ᵉ année, *id.* . . . . Après la 3ᵉ année, *id.* . . . . Après la 4ᵉ année, *id.* . . . . Après la 5ᵉ année, *id.* . . . . Après la 6ᵉ année, *id.* . . . . Après la 7ᵉ année, *id.* . . . . Après la 8ᵉ année, *id.* . . . .
	Chef de bataillon et major.	Pendant la 1ʳᵉ année de service dans le même grade au régiment. . . . . Après la 1ʳᵉ année, *id.* . . . . Après la 2ᵉ année, *id.* . . . . Après la 3ᵉ année, *id.* . . . . Après la 4ᵉ année, *id.* . . . . Après la 5ᵉ année, *id.* . . . . Après la 6ᵉ année, *id.* . . . . Après la 7ᵉ année, *id.* . . . . Après la 8ᵉ année, *id.* . . . .

de zouaves.

(...uire de 1842, page 243.)

...CIERS.

SOLDE DE PRÉSENCE par			SOLDE D'ABSENCE par jour,				OBSERVATIONS.
an.	mois.	jours.	en congé.	à l'hôpital.	à l'hôpital étant en congé avec solde.	en captivité.	
f.	f. c.	f. c.	f. c.	f. c.	f. c.	f. c.	
5,000	416 66 6	13 88 8	6 94 4	10 88 8	3 94 4		NOTA. L'augmentation progressive de solde attribuée à l'ancienneté n'est due qu'aux officiers français.
5,075	422 91 0	14 09 7	7 04 8	11 09 7	4 04 8		
5,150	429 16 5	14 30 5	7 15 2	11 30 5	4 15 2		
5,225	435 41 6	14 51 3	7 25 6	11 51 3	4 25 6		
5,300	441 66 6	14 72 2	7 36 1	11 72 2	4 36 1	6 94 4	
5,375	447 91 6	14 93 0	7 46 5	11 93 0	4 46 5		
5,450	454 16 6	15 43 8	7 56 9	12 43 8	4 56 9		
5,525	460 41 6	15 34 7	7 67 3	12 34 7	4 67 3		
5,600	466 66 6	15 55 5	7 77 7	12 55 5	4 77 7		
4,300	358 33 3	11 94 4	5 97 2	8 94 4	2 97 2		
4,375	364 58 3	12 15 2	6 07 2	9 15 2	3 07 6		
4,450	370 83 3	12 36 1	6 18 0	9 36 1	3 18 0		
4,525	377 08 3	12 56 9	6 28 4	9 56 9	3 28 4	5 97 2	
4,600	383 33 3	12 77 7	6 38 8	9 77 7	3 38 8		
4,675	389 58 3	12 94 6	6 49 3	9 98 6	3 49 3		
4,750	395 83 3	13 19 4	6 59 7	10 19 4	3 59 7		
4,825	402 08 3	13 40 2	6 70 1	10 40 2	2 70 1		
4,900	408 83 3	12 61 4	6 80 5	10 61 4	3 80 5		
3,600	300 00 0	10 00 0	5 00 0	7 00 0	2 00 0		
3,675	306 25 0	10 20 8	5 10 4	7 0 8	2 10 4		
3,750	312 50 0	10 41 6	5 20 8	7 41 6	2 20 8		
3,825	318 75 0	10 62 5	5 31 2	7 62 5	2 31 2		
3,900	325 00 0	10 83 3	5 41 6	7 83 3	2 41 6	5 00	
3,975	331 25 0	11 04 1	5 52 0	8 04 1	2 52 0		
4,050	337 50 0	11 25 0	5 62 5	8 25 0	2 62 5		
4,125	343 75 0	11 45 8	5 72 9	8 45 8	2 72 9		
4,200	350 00 0	11 66 6	5 83 3	8 60 6	2 83 3		

GRADES.

		GRADES.	
Suite de l'ÉTAT-MAJOR.	Grades divers.	Adjudant-major.	
		Trésorier.	
		Ollicier d'habillement.	
		Adjoint au trésorier.	
		Porte-Drapeau.	
COMPAGNIES.	Capitaine de 1re classe.	Pendant la 1re année de service dans le même grade au régiment.	
		Après la 1re année, *id.*	
		Après la 2e année, *id*	
		Après la 3e année, *id.*	
		Après la 4e année, *id.*	
		Après la 5e année. *id.*	
		Après la 6e année, *id.*	
		Après la 7e année, *id.*	
		Après la 8e année, *id.*	
	Capitaine de 2e classe.	Pendant la 1re année de service dans le même grade au régiment.	
		Après la 1re année, *id.*	
		Après la 2e année, *id.*	
		Après la 3e année, *id.*	
		Après la 4e année, *id.*	
		Après la 5e année, *id.*	
		Après la 6e année, *id.*	
		Après la 7e année, *id.*	
		Après la 8e année, *id.*	
	Lieutenant de 1re classe.	Pendant la 1re année de service dans le même grade au régiment.	
		Après la 1re année, *id.*	
		Après la 2e année, *id.*	
		Après la 3e année, *id.*	
		Après la 4e année, *id.*	
		Après la 5e année, *id.*	
		Après la 6e année, *id.*	
		Après la 7e année, *id.*	
		Après la 8e année, *id.*	

SOLDE DE PRESENCE par			SOLDE D'ABSENCE par jour.				OBSERVATIONS.
an.	mois.	jour.	En congé.	A l'hôpital.	A l'hôpital étant en congé avec solde.	en captivité.	
f.	f. c.	f. c.	f. c.	f. c.	f. c.	f. c.	La solde de capit. de 2e cl. ou celle de 1re cl. s'ils y ont droit par leur ancienneté dans ce grade. La solde de son grade. La solde de son grade augmentée de 50 fr.
»	»	»	»	»	»	»	
»	»	»	»	»	»		
»	»	»	»	»	»		
»	»	»	»	»	»		
»	»	»	»	»	»		
»	»	●	»	»	»		
2,400	200 00 0	6 66 6	3 33 3	4 66 6	4 33 3		
2,475	206 25 0	6 87 5	3 43 7	4 87 5	4 43 7		
2,550	212 50 0	7 08 3	3 54 1	5 08 3	4 54 1		
2,625	218 75 0	7 29 1	3 64 5	5 29 1	4 64 5		
2,700	225 00 0	7 50 0	3 75 0	5 50 0	4 75 0	2 77 7	
2,775	231 25 0	7 70 8	3 85 4	5 70 8	4 85 4		
2,850	237 50 0	7 91 6	3 95 8	5 91 6	4 95 8		
2.925	243 75 0	8 12 5	4 06 2	5 12 5	2 06 2		
3,600	250 00 0	8 33 3	4 16 6	6 33 3	2 16 6		
2,000	166 66 6	5 55 5	2 77 7	3 55 5	0 77 7		
2,075	172 91 6	5 76 3	2 88 1	3 76 3	0 88 1		
2,150	179 16 6	5 97 2	2 98 6	3 97 2	0 98 6		
2,225	185 41 6	6 18 0	3 09 0	4 18 0	1 09 0		
2,300	191 66 6	6 38 8	3 19 4	4 38 8	1 19 4	2 77 7	
2,375	197 91 6	6 59 7	3 29 8	4 39 7	1 29 8		
2,450	204 16 6	6 80 5	3 40 2	4 80 5	1 40 2		
2,525	210 41 6	7 01 3	3 50 6	5 01 3	1 50 6		
2,600	216 66 6	7 22 2	3 61 6	5 22 2	1 61 1		
1,600	133 33 3	4 41 4	2 22 2	2 94 4	0 72 2		
1,650	137 50 0	4 58 3	2 29 1	3 08 3	0 79 1		
1,700	141 66 6	4 72 2	2 36 1	3 22 2	0 86 1		
1 750	145 83 3	4 86 1	2 43 0	3 36 1	0 93 0		
1,800	150 00 0	5 00 0	2 50 0	3 50 0	1 00 0	2 01 3	
1,850	154 16 6	5 13 8	2 56 9	3 63 8	1 06 9		
1,900	158 33 3	5 27 7	2 63 8	3 77 7	1 13 8		
1,950	162 50 0	5 41 6	2 70 8	3 91 6	1 20 8		
2,000	166 66 6	5 55 5	2 77 7	4 05 5	1 27 7		

GRADES.

Suite des COMPAGNIES.		
	Lieutenant de 2ᵉ classe.	Pendant la 1ʳᵉ année de service dans le même grade au régiment.. . . . .
		Après la 1ʳᵉ année, id. . . . .
		Après la 2ᵉ année, id. . . . .
		Après la 3ᵉ année, id. . . . .
		Après la 4ᵉ année, id. . . . .
		Après la 5ᵉ année, id. . . . .
		Après la 6ᵉ année, id. . . . .
		Après la 7ᵉ année, id. . . . .
		Après la 8ᵉ année, id. . . . .
	Sous-lieutenant.	Pendant la 1ʳᵉ année de service dans le même grade au régiment.. . . . .
		Après la 1ʳᵉ année, id. . . . .
		Après la 2ᵉ année, id. . . . .
		Après la 3ᵉ année, id. . . . .
		Après la 4ᵉ année, id . . . .
		Après la 5ᵉ année, id. . . . .
		Après la 6ᵉ année, id. . . . .
		Après la 7ᵉ année, id. . . . .
		Après la 8ᵉ année, id. . . . .

SOUS-OFFICIERS

GRADES.

ADJUDANT SOUS-OFFICIER.	Pendant les deux premières années de service dans le même emploi au régiment. . . . .
	Après deux années, id. . . . .

CIERS.

SOLDE DE PRÉSENCE, par			SOLDE D'ABSENCE, par jour,				OBSERVATIONS.
an.	mois.	jour.	en congé.	à l'hôpital.	à l'hôpital étant en congé avec solde.	en captivité.	
fr.	fr. c.	fr. c.	fr. c.	fr. c.	fr. c.	fr. c.	
1,450	120 83 3	4 02 7	2 01 3	2 52 7	0 51 3		
1,500	125 00 0	4 16 6	2 08 3	2 66 6	0 58 3		
1,550	129 16 6	4 30 5	2 15 2	2 80 5	0 65 2		
1,600	133 33 3	4 44 4	2 22 2	2 94 4	0 72 2		
1,650	137 50 0	4 58 3	2 29 1	3 08 3	0 79 1	2 01 3	
1,700	144 66 6	4 72 2	2 36 1	3 22 2	0 86 1		
1,750	145 83 3	4 86 1	2 43 0	3 36 1	0 93 0		
1,800	150 00 0	5 00 0	2 50 0	3 50 0	1 00 0		
1,850	154 16 6	5 43 8	2 56 9	3 63 8	1 06 9		
1,350	142 50 0	3 75 0	1 87 5	2 50 0	0 62 5		Le sous-lieutenant qui est promu lieutenant, continue de recevoir la solde dont il jouissait comme sous-lieutenant, si par suite des augmentations annuelles qu'il a obtenues, elle est devenue supérieure à la solde de son nouveau grade.
1,400	116 66 6	3 88 8	1 94 4	2 63 8	0 69 4		
1,450	120 83 3	4 02 7	2 01 3	2 77 7	0 76 3		
1,500	125 00 0	4 16 6	2 08 3	2 91 6	0 83 3		
1,550	129 16 6	4 30 5	2 15 2	3 05 5	0 90 2	1 87 5	
1,600	133 33 3	4 44 4	2 22 2	3 19 4	0 97 2		
1,650	137 50 0	4 58 3	2 29 1	3 33 3	1 04 1		
1,700	141 66 6	4 72 2	2 36 1	3 47 2	1 11 1		
1,750	145 83 3	4 86 1	2 43 0	3 61 1	1 18 0		

ET SOLDATS.

SOLDE DE PRÉSENCE, par jour,			SOLDE D'ABSENCE, par jour,			OBSERVATIONS.
avec vivres de campagne ou sans vivres.	en station avec le pain seulement.	en marche, en détachement avec le pain.	en congé.	à l'hôpital.	à l'hôpital étant en congé avec solde.	
fr. c.	fr. c.	fr. c.	fr. c.	fr. c.	fr. c.	
1 88 0	2 03 0	2 88 0	0 80 0	0 53 3	0 26 6	
2 58 0	2 53 0	3 38 0	1 05 0	1 03 0	0 51 6	

GRADES.

Suite du **PETIT ÉTAT-MAJOR.**	Tambour-major	Pendant les deux premières années de service dans le même emploi au régiment.. . . . . Après deux années, *id.* . . . .
	Caporal-tambour ou clairon.	Pendant les deux premières années de service dans le même emploi ax régiment.. . . . . Après deux années, *id* . . . .
	Caporal-sapeur..	Pendant les deux premières années de service dans le même emploi au régiment. . . . . Après deux années, *id.* . . . .
	Sapeur.	
	Musicien-soldat.	
	Maître-ouvrier..	Pendant les deux premières années de service dans le même emploi au régiment.. . . . . Après deux années, *id.* . . . .
COMPAGNIES.	Sergent-major..	Pendant les deux premières années de service dans le même emploi au régiment. . . . . Après deux années, *id.* . . . .
	Sergent et fourrier.	Pendant les deux premières années de service dans le même emploi au régiment.. . . . . Après deux années, *id.* . . . .
	Caporal.	Pendant les deux premières années de service dans le même grade au régiment. . . . . Après deux années, *id.* . . . .
	Soldat	de première classe. . . . . de deuxième classe., ...
	Tambour ou clairon..	
	Enfant de troupe.	à l'âge de 14 ans. . . . . avant l'âge de 14 ans.. . . . .

SOLDE DE PRÉSENCE, par jour,			SOLDE D'ABSENCE, par jour,			OBSERVATIONS.
avec vivres de campagne ou sans vivres.	en station avec le pain seulement. (s)	en marche, en détachement avec le pain. (a)	en congé.	à l'hôpital.	à l'hôpital, étant en congé avec solde.	
fr. c.	fr. c.	fr. c.	fr. c.	fr. c.	fr. c.	
0 98 0	1 13 0	1 38 0	0 30 0	»	»	(a) Les fixations portées dans les colonnes, ne sont applicables qu'en cas de séjour ou de marche dans l'intérieur du royaume.
1 88 0	2 03 0	2 88 0	0 80 0	0 53 3	0 26 6	
0 53 0	0 68 0	0 78 0	0 12 5	0 10 0	»	
0 72 0	0 87 0	1 07 0	0 21 0	0 10 0	»	
0 46 0	0 61 0	0 71 0	0 15 0	»	»	
0 70 0	0 85 0	1 05 0	0 26 0	»	»	
0 36 0	0 51 0	0 61 0	0 07 5	»	»	
0 31 0	0 46 0	0 56 0	0 05 0	»	»	
0 60 0	0 75 0	0 95 0	0 21 0	»	»	
0 98 0	1 13 0	1 38 0	0 50 0	»	»	
0 98 0	1 13 0	1 38 0	0 30 0	»	»	
1 88 0	2 03 0	2 88 0	0 80 0	0 53 3	0 26 6	
0 60 0	0 75 0	0 95 0	0 21 0	»	»	
0 98 0	1 13 0	1 38 0	0 30 0	»	»	
0 44 0	0 56 0	0 66 0	0 12 5	»	»	
0 60 0	0 75 0	0 95 0	0 21 0	»	»	
0 36 0	0 51 0	0 61 0	0 07 5	»	»	
0 31 0	0 46 0	0 56 0	0 05 0	»	»	
0 36 0	0 51 0	0 61 0	0 05 0	0 10 0	»	
0 31 0	0 46 0	0 56 0	»	»	»	ou la solde de tambour ou clairon s'il en fait titulairement le service.
0 10 0	0 25 0	0 45 0	»	»	»	

GRADES.	SOLDE DE PRÉSENCE.				
			PAR JOUR.		
	PAR AN.	PAR MOIS.	en station ou en campagne.	en marche en corps ou en détachement.	supplément de solde dans Paris.
	f.	f. c.	f. c.	f. c.	f. c.
ÉTAT-MAJOR. Colonel.	5,500	458 33 3	15 27 7	20 27 7	3 05 5
Lieutenant-colonel.	4,700	391 66 6	13 05 5	18 05 5	2 61 4
Chef d'escadron et major.	4,000	333 33 3	11 11 1	15 11 1	2 22 2
Instructeur en chef.	...	...	...	...	...
Adjudant-major.					
Trésorier.	2,300	191 66 6	6 38 8	9 38 8	1 59 7
Officier d'habillement.					
Officier adjoint au trésorier.	...	...	...	...	...
Porte-étendard.	1,600	133 33 3	4 44 4	6 94 4	1 48 1
Chirurgien. { major.	...	...	...	...	...
{ aide-major.	...	...	...	...	...
ESCADRONS. Capitaine. { en premier.	2,500	208 33 3	6 94 4	9 94 4	1 73 6
{ en second.	2,300	191 66 6	6 38 8	9 38 8	1 59 7
Lieutenant. { en premier.	1,800	150 00 0	5 00 0	7 50 0	1 66 6
{ en second.	1,600	133 33 3	4 44 4	6 94 4	1 48 1
Sous-lieutenant.	1,500	125 00 0	4 16 6	6 66 6	1 38 8

SOUS-OFFICIERS

GRADES.	SOLDE DE PRÉSENCE, PAR JOUR,			
	avec vivres de campagne ou sans vivres.	en station avec le pain seulement.	en marche, en corps, avec le pain.	supplément de solde dans Paris.
	fr c.	fr. c.	fr. c.	fr c.
PETIT ÉTAT-MAJOR Adjudant sous-officier.	2 10 0	2 25 0	3 10 0	0 62 8
Vétérinaire.	...	...	...	...
Trompette-major	1 68 0	1 83 0	2 03 0	0 50 0
Brigadier-trompette.	1 13 0	1 28 0	1 38 0	0 47 5
Fourrier d'état-major.	...	...	...	0 28 0
Maître { armurier.	0 93 0	1 08 0	1 28 0	0 28 0
{ tailleur, bottier, sellier.	0 38 0	0 53 0	0 63 0	0 11 5
Maréchal des logis chef.	1 23 0	1 38 0	1 63 0	0 32 0
Mar. des log. et mar. des log. fourriers.	0 93 0	1 08 0	1 28 0	0 28 0
Brigadier-fourrier.	0 73 0	0 88 0	1 08 0	0 20 0
Brigadier.	0 53 0	0 68 0	0 78 0	0 48 5
ESCADRONS. Carabinier.. { de 1re classe.	0 43 0	0 58 0	0 68 0	0 14 0
{ de 2e classe.	0 38 0	0 53 0	0 63 0	0 11 5
Trompette.	0 75 0	0 90 0	1 00 0	0 30 0
Elève-trompette.	0 38 0	0 53 0	0 63 0	0 11 5
Enfant { avant l'âge de 14 ans.	...	0 31 5	0 51 5	0 10 7
de troupe. { à l'âge de 14 ans.	0 38 0	0 53 0	0 63 0	0 11 5

CARABINIERS.

...CIERS.

SOLDE D'ABSENCE, PAR JOUR.				OBSERVATIONS.
en semestre en ou en congé.	à l'hôpital.	à l'hôpital, étant en semestre ou en congé, avec solde.	en captivité.	
f. c.	f. c.	f. c.	f. c.	
7 63 8	12 27 7	4 63 8	7 63 8	(a) La moitié de la solde du grade et de la classe.
6 52 7	10 05 5	3 52 7	6 52 7	
5 55 5	8 11 1	2 55 5	5 55 5	
. . . .	. . . .	. . . .	. . . .	La solde de son grade et de sa classe, avec le quart en sus, quand il est en fonctions.
3 19 4	4 38 8	1 19 4	(a)	Ou la solde de capitaine en 1re, s'ils y ont droit par leur ancienneté dans ce grade.
. . . .	. . . .	. . . .	. . . .	La solde de son grade et de sa classe.
. . . .	. . . .	. . . .	. . . .	Voir le tableau n° 8
2 50 0	3 50 0	1 00 0	2 50 0	
3 47 2	4 94 4	1 47 2	3 47 2	
3 19 4	4 38 8	1 19 4	3 19 4	
2 50 0	3 50 0	1 00 0	2 50 0	
2 22 2	2 94 4	0 72 2	2 22 2	
2 08 3	2 91 6	0 83 3	2 08 3	

ET SOLDATS.

SOLDE D'ABSENCE, PAR JOUR,			OBSERVATIONS.
en semestre ou en congé.	à l'hôpital.	à l'hôpital étant en semestre ou en congé avec solde	
fr. c.	fr. c.	fr. c.	
0 91 0	0 60 6	0 30 0	
. . . .	. . . .	. . . .	Voir le tableau n° 11.
0 65 0	. . . .	. . . .	
0 47 5	. . . .	. . . .	
. . . .	. . . .	. . . .	La solde de brigadier-fourrier. (Décision ministérielle du 28 mars 1845, 1er sem 1845, p. 151.)
0 37 5	. . . .	. . . .	Voir le 4e paragraphe des observations générales qui précèdent le tarif.
0 44 5	. . . .	. . . .	
0 42 5	. . . .	. . . .	
0 37 5	. . . .	. . . .	
0 27 5	. . . .	. . . .	
0 48 5	. . . .	. . . .	
0 44 0	. . . .	. . . .	
0 44 5	. . . .	. . . .	
0 30 0	. . . .	. . . .	
0 44 5	. . . .	. . . .	
. . . .	. . . .	. . . .	Ou la solde de trompette, s'il en fait titulairement le service.

OFFI

GRADES.	SOLDE DE PRESENCE,				
			PAR JOUR,		
	PAR AN.	PAR MOIS.	en station ou en campagne.	en marche en corps ou en détache-ment.	supplément de solde dans Paris.
	f.	f. c.	f. c.	f. c.	f. c.
Colonel.	5,500	458 33 3	15 27 7	20 27 7	3 05 5
Lieutenant-colonel.	4,700	391 66 6	13 05 5	18 05 5	2 61 1
Chef d'escadron et major. .	4,000	333 33 3	11 11 1	15 11 1	2 22 2
ÉTAT-MAJOR. Instructeur en chef.	. . . .	. . . . .	. . . . .	. . . . .	. . . . .
Adjudant-major.					
Trésorier.	2,300	191 66 6	6 38 8	9 38 8	1 59 7
Officier d'habillement. . . .					
Officier adjoint au trésorier.	. . . .	. . . . .	. . . . .	. . . . .	. . . . .
Porte-étendard.	1,600	133 33 3	4 44 4	6 94 4	1 48 1
Chirurgien. major.	. . . .	. . . . .	. . . . .	. . . . .	. . . . .
aide-major. . .	. . . .	. . . . .	. . . . .	. . . . .	. . . . .
ESCADRONS. Capitaine. en premier. . .	2,500	208 33 3	6 94 4	9 94 4	1 73 6
en second.. . .	2,300	191 66 6	6 38 8	9 38 8	1 59 7
Lieutenant. en premier. . .	1,800	150 00 0	5 00 0	7 50 0	1 66 6
en second. . .	1,600	133 33 3	4 44 4	6 94 4	1 48 1
Sous-lieutenant.	1,500	125 00 0	4 16 6	6 66 6	1 38 8

SOUS OFFICIERS

GRADES.	SOLDE DE PRESENCE PAR JOUR,			
	avec vivres de campagne ou sans vivres.	en station avec le pain seulement.	en marche en corps, avec le pain.	supplément de solde dans Paris.
	f. c.	f. c.	f. c.	f. c.
PETIT ÉTAT-MAJOR. Adjudant sous-officier.	2 05 0	2 20 0	3 05 0	0 60 8
Vétérinaire.	. . . .	. . . .	. . . .	. . . .
Trompette-major. . . , ...	1 63 0	1 78 0	1 98 0	0 48 0
Brigadier-trompette.	1 08 0	1 23 0	1 33 0	0 45 0
Maître armurier.	0 88 0	1 03 0	1 23 0	0 26 0
tailleur, bottier, sellier. .	0 33 0	0 48 0	0 58 0	0 09 0
Maréchal des logis chef.	1 18 0	1 33 0	1 58 0	0 30 0
ESCADRONS. Mar. des logis et mar. des log. fourr.	0 88 0	1 03 0	1 23 0	0 26 0
Brigadier fourrier.	0 68 0	0 83 0	1 03 0	0 48 0
Brigadier.	0 48 0	0 63 0	0 73 0	0 16 0
Cuirassier de 1re classe.	0 38 0	0 53 0	0 63 0	0 11 5
de 2e classe.	0 33 0	0 48 0	0 58 0	0 09 0
Trompette.	0 70 0	0 85 0	0 95 0	0 27 5
Élève-trompette.	0 33 0	0 48 0	0 58 0	0 09 0
Enfant de troupe. avant l'âge de 14 ans.	. . . .	0 29 0	0 49 0	0 09 5
à l'âge de 14 ans. . . .	0 33 0	0 48 0	0 58 0	0 09 0

CUIRASSIERS

...IERS.

SOLDE D'ABSENCE, PAR JOUR.			en captivité.	OBSERVATIONS.
en semestre ou en congé.	à l'hôpital.	à l'hôpital, é·ant en semestre ou en congé avec solde.		
f. c.	f. c.	f. c.	f. c.	
7 63 8	12 27 7	4 63 8	7 63 8	(a) La moitié de la solde du grade et de la classe.
6 52 7	10 05 5	3 52 7	6 52 7	
5 55 5	8 11 1	2 55 5	5 55 5	
· · · ·	· · · ·	· · · ·	· · · ·	La solde de son grade et de sa classe, avec le quart en sus, quand il est en fonctions.
3 19 4	4 38 8	1 19 4	(a)	Ou la solde de capitaine en 1er, s'il y ont droit par leur ancienneté dans ce grade.
· · · ·	· · · ·	· · · ·	· · · ·	La solde de son grade et de sa classe.
2 22 2	2 94 4	0 72 2	(a)	
· · · ·	· · · ·	· · · ·	· · · ·	Voir le tableau n° 8
3 47 2	4 94 4	1 47 2	3 47 2	
3 19 4	4 38 8	1 19 4	3 19 4	
2 50 0	3 50 0	1 00 0	2 50 0	
2 22 2	2 94 4	0 72 2	2 22 2	
2 08 3	2 01 6	0 83 3	2 08 3	

ET SOLDATS.

SOLDE D'ABSENCE, PAR JOUR,			OBSERVATIONS.
en semestre ou en congé	à l'hôpital.	à l'hôpital étant en semestre ou en congé avec solde.	
f. c.	f. c.	f. c.	
0 88 5	0 59 0	0 29 5	
· · · ·	· · · ·	· · · ·	Voir le tableau n° 11.
0 62 5	· · · ·	· · · ·	
0 45 0	· · · ·	· · · ·	
0 35 0	· · · ·	· · · ·	
0 09 0	· · · ·	· · · ·	
0 40 0	· · · ·	· · · ·	Voir le 4e parag. des observations générales qui précèdent le tarif.
0 35 0	· · · ·	· · · ·	
0 25 0	· · · ·	· · · ·	
0 16 0	· · · ·	· · · ·	
0 11 5	· · · ·	· · · ·	
0 09 0	· · · ·	· · · ·	
0 27 5	· · · ·	· · · ·	
0 09 0	· · · ·	· · · ·	
· · · ·	· · · ·	· · · ·	
· · · ·	· · · ·	· · · ·	On la solde de trompette, s'il en fait titulairement le service.

OFFI[...]

| | | SOLDE DE PRÉSENCE. | | | | |
| | | | | PAR JOUR, | | |
GRADES.		PAR AN.	PAR MOIS.	en station ou en campagne.	en marche, en corps ou en détachement.	supplément de solde dans Paris.
		fr	fr. c.	fr. c.	fr. c.	fr. c.
	Colonel	5,500	458 33 3	15 27 7	20 27 7	3 05 5
	Lieutenant-colonel	4,700	391 66 6	13 05 5	18 05 5	2 61 1
	Chef d'escadron et major	4,000	333 33 3	11 11 1	15 11 1	2 22 2
ÉTAT-MAJOR.	Instructeur en chef	.....	.....	.....	.....	.....
	Adjudant-major					
	Trésorier	2,300	191 66 6	6 38 8	9 38 8	1 59 7
	Officier d'habillement					
	Officier adjoint au trésorier	.....	.....	.....	.....	.....
	Porte-étendard	1,600	133 33 3	4 44 4	6 94 4	1 48 1
	Chirurgien. { major	.....	.....	.....	.....	.....
	Chirurgien. { aide-major	.....	.....	.....	.....	.....
ESCA-DRONS	Capitaine. { en premier	2,500	208 33 3	6 94 4	9 94 4	1 73 6
	Capitaine. { en second	2,300	191 66 6	6 38 8	9 38 8	1 59 7
	Lieutenant. { en premier	1,800	150 00 0	5 00 0	7 50 0	1 60 6
	Lieutenant. { en second	1,600	133 33 3	4 44 4	6 94 4	1 48 1
	Sous-lieutenant	1,500	125 00 0	4 16 6	6 66 6	1 38 8

SOUS-OFFICIERS

| | | SOLDE DE PRÉSENCE, PAR JOUR, | | | |
GRADES.		avec vivres de campagne ou sans vivres.	en station avec le pain seulement.	en marche en corps avec le pain.	supplément de solde dans Paris.
		fr. c.	fr. c.	fr. c.	fr. c.
	Adjudant sous-officier	1 88 0	2 03 0	2 68 0	0 54 0
	Vétérinaire	.....	.....	.....	.....
PETIT ÉTAT-MAJOR.	Trompette-major	1 18 0	1 33 0	1 53 0	0 30 0
	Brigadier-trompette	0 83 0	0 98 0	1 08 0	0 32 5
	Maître { armurier	0 73 0	0 88 0	1 08 0	0 20 0
	Maître { tailleur, bottier, sellier	0 28 0	0 43 0	0 53 0	0 06 5
	Maréchal des logis chef	1 06 0	1 21 0	1 46 0	0 25 2
	Maréch. des log. et mar. des log. fourr.	0 73 0	0 88 0	1 08 0	0 20 0
	Brigadier-fourrier	0 63 0	0 78 0	0 98 0	0 16 0
	Brigadier	0 43 0	0 58 0	0 68 0	0 13 5
ESCA-DRONS.	Dragon, chasseur, { de 1re classe	0 33 0	0 48 0	0 58 0	0 09 0
	lancier, hussard. { de 2e classe	0 28 0	0 43 0	0 53 0	0 06 5
	Trompette	0 65 0	0 80 0	0 90 0	0 25 0
	Élève-trompette	0 28 0	0 43 0	0 53 0	0 06 5
	Enfant { avant l'âge de 14 ans	.....	0 26 5	0 46 5	0 08 0
	de troupe. { à l'âge de 14 ans	0 28 0	0 43 0	0 53 0	0 06 5

NOTA. Ce tarif est applicable aux régimens de chasseurs d'Afrique.

LANCIERS, CHASSEURS, HUSSARDS.

CIERS.

SOLDE D'ABSENCE. PAR JOUR, en semestre ou en congé.	à l'hôpital.	à l'hôpital, étant en semestre ou en congé, avec solde.	en captivité.	OBSERVATIONS.
fr. c.	fr. c.	fr. c.	fr. c.	
7 63 8	12 27 7	4 63 8	7 63 8	(A) La moitié de la solde du grade et de la classe.
6 52 7	10 05 5	3 52 7	6 52 7	
5 55 5	8 11 1	2 55 5	5 55 5	
....	....	....	....	La solde de son grade et de sa classe, avec le quart en sus, quand il est en fonctions.
3 19 4	4 38 8	1 19 4	(A)	Ou la solde de capitaine en 1er, s'ils y ont droit par leur ancienneté dans ce grade.
....	....	....	....	La solde de son grade et de sa classe.
2 22 2.	2 94 4	0 72 2	(A)	
....	....	....	....	
....	....	....	....	Voir le tableau n° 8
3 47 2	4 94 4	1 47 2	3 47 2	
3 19 4	4 38 8	1 19 4	3 19 4	
2 50 0	3 50 0	1 00 0	2 50 0	
2 22 2	2 94 4	0 72 2	2 22 2	
2 08 3	2 91 6	0 83 3	2 08 3	

ET SOLDATS.

SOLDE D'ABSENCE, PAR JOUR, en semestre ou en congé.	à l'hôpital.	à l'hôpital, étant en semestre ou en congé, avec solde.	OBSERVATIONS.
fr. c.	fr. c.	fr. c.	
0 80 0	0 53 3	0 26 6	
....	....	....	Voir le tableau n° 11.
0 40 0	....	....	
0 32 5	....	....	
0 27 5	....	....	
0 06 5	....	....	Voir le 4e § des observations générales qui précèdent le tarif.
0 34 0	....	....	
0 27 5	....	....	
0 22 5	....	....	
0 13 5	....	....	
0 09 0	....	....	
0 06 5	....	....	
0 25 0	....	....	
0 06 5	....	....	
....	....	....	
....	....	....	Ou la solde de trompette, s'il en fait titulairement le service.

Solde.	{ Celle affectée à l'arme des cuirassiers par le tableau n° 18, du tarif du 5 décembre 1840.	
Frais de bureau de l'officier comman-dant.	{ Première mise.	120ᶠ » »
	Indemnité annuelle.	250 » »
Indemnité au vaguemestre, par jour.		15
Masse générale d'entretien.	{ Première mise.	350 » »
	Allocation annuelle..	500 » »

EMPLOIS.	TRAITEMENTS.
Officier général.	La solde de son grade, et un supplément de traitement à titre de frais de représentation.
Officiers du cadre constitutif.	Les capitaines qui appartiennent au cadre constitutif de l'école reçoivent la solde de la classe dont ils sont pourvus lors de leur admission à cette école. Néanmoins, tous ceux qui s'y trouvaient employés à l'époque du 1er juin 1849 conserveront indistinctement la solde affectée à la 1re classe. (*Journal militaire*, 1er sem. 1850, p. 231, modifications apportées par les lois de finances des 15 mai 1849 et 15 mai 1850.)
Officiers d'instruction.	La solde de leur grade, avec supplément d'un cinquième.
Officiers élèves..	La solde de leur grade.
Sous-officiers d'instruction..	La solde de leur grade et de leur arme, avec supplément d'un cinquième.
Vétérinaire en premier professeur de maréchalerie..	La solde de son grade, avec le supplément de traitement indiqué par le tableau ci-dessous.
Vétérinaire en premier.	{ La solde de leur grade avec supplément d'un tiers.
A-de-vétérinaire.	

Suppléments de traitement alloués, sur les fonds des écoles militaires.

DÉSIGNATION DES EMPLOIS.	SUPPLÉMENT de traitement annuel.	OBSERVATIONS.
	fr. c.	
Vétérinaire en premier professeur de maréchalerie.	1,200 00	Pour porter son traitement à 3,000
Adjudant sous-officier maître de musique..	1,329 34	*Idem*. 2,400
Adjudant sous-officier maître de manége.	729 34	*Idem*. 1,800
Maréchal des logis chef sous-maître de manége..	852 73	*Idem* 1,500
Maréchal des logis chef maître maréchal ferrant.	852 73	*Idem* 1,500

Décisions ministérielles des 11 mai 1848, p. 268,
et 29 juillet 1848, p. 81.

Masse d'entretien de harnachement et ferrage par cheval.	Par an.	33	» »
	Par jour.	»	09 04
Gratification de première mise d'équipement aux sous-officiers nommés officiers dans les escad. de guides.	950 fr.		

CAVALERIE.

(Ordonnance du 7 nov. 1845).
V. Journal militaire, 2ᵉ sem. 1845, p 417.

EMPLOIS.	TRAITEMENTS.
Adjudants sous-officiers.	La solde de leur grade dans les cuirassiers, avec supplément d'un cinquième.
Trompettes-majors.	La solde de leur grade dans les cuirassiers.
Maréchaux des logis chefs.	La solde de leur grade dans les cuirassiers, avec supplément d'un cinquième.
Maréchaux des logis et maréchaux des logis fourriers.	
Brigadiers-trompettes.	
Brigadiers prévôts d'armes et maréchaux ferrants.	
Maîtres ouvriers.	La solde de leur grade dans les cuirassiers.
Maréchaux des logis, Brigadiers-fourriers, Brigadiers, élèves instructeurs.	
Cavaliers de 1ʳᵉ cl., Cavaliers de 2ᵉ cl., élèves instructeurs.	La solde de leur classe dans les cuirassiers.
Élèves maréchaux ferrants.	La solde de cavalier de 2ᵉ classe dans les cuirassiers.
Élèves trompettes.	La solde de cavalier de 2ᵉ classe dans les dragons.
Enfants de troupe.	La solde des enfants de troupe dans les dragons.

NOTA. Les officiers de tout grade et employés militaires auxquels était attribué un supplément du tiers en sus de leur solde n'y ont droit que s'ils exercent titulairement l'emploi de professeur, d'instructeur ou d'écuyer à l'école.

...ux militaires remplissant des fonctions spéciales à l'école de cavalerie.

DÉSIGNATION DES EMPLO'S.	SUPPLÉMENT de traitement annuel.	OBSERVATIONS.
	fr. c.	
Trompette-major instructeur.	850 30	Pour porter son traitement à 1 500
Maréchal des logis sous-maître de manége.	698 73	Idem. 1.200
Maréchal des logis maître d'escrime.	698 73	Idem. 1,200
Brigadier trompette sous-instructeur de 1ʳᵉ classe.	551 05	Idem. 1,000
Idem de 2ᵉ classe.	351 05	Idem. 800
Brigadier prévôt d'armes.	670 05	Idem. 900
Brigadier maréchal ferrant.	970 05	Idem. 1.200

DÉSIGNATION DES GRADES.	SOLDE DE PRÉSENCE.		
	Par an.	Par mois.	Par jour.
	fr.	fr. c. m.	fr. c. m.
Colonel.	5500	458 33 3	15 27 7
Lieutenant-colonel.	4700	394 66 6	13 05 5
Chef d'escadrons.	4000	333 33 3	11 11 1
Major.			
Capitaine adjudant-major.			
Capitaine trésorier.	2300(1)	191 66 6	6 38 8
Capitaine d'habillement.			
Sous-lieutenant adjoint au trésorier.	1500	125 00 0	4 16 6
Chirurgien major de 1re classe	4320	360 00 0	12 00 0
Chirurgien major de 2e classe.	3570	297 50 0	9 91 6
Chirurgien aide-major de 1re classe.	2895	241 25 0	8 04 1
Chirurgien aide-major de 2e classe.	2595	216 25 0	7 20 1
Capitaine en premier.	2500	208 33 3	6 94 4
Capitaine en second.	2300	191 66 6	6 38 8
Lieutenant en premier.	1800	150 00 0	5 00 0
Lieutenant en second.	1600	133 33 3	4 44 4
Sous-lieutenant.	1500	125 00 0	4 16 6
Vétérinaire en premier.	1800	150 00 0	5 00 0

NOTA. La solde des officiers français et indigènes est passible de la retenue de 2 p. 0/0 au profit du Trésor public.

Indemnités mensuelles aux officiers français et indigènes,

DE LOGEMENT (en Algérie).

	fr.
Colonel.	80
Lieutenant-colonel.	70
Chef d'escadrons et major.	60
Capitaine et chirurgien-major.	35
Lieutenant, sous-lieutenant, chirurgien aide-major et vétérinaire en 1er.	25
Emplacement des bureaux. du capitaine trésorier.	18
Emplacement des bureaux. du capitaine d'habillement.	10

D'AMEUBLEMENT (en Algérie).

	fr.
Officiers supérieurs.	25
Officiers, chirurgiens et vétérinaire en 1er.	15
Pour les bureaux du capitaine trésorier.	9
Pour les bureaux du capitaine d'habillement.	5

DE VIVRES.

Officiers supérieurs.	100
Capitaine et chirurgien-major.	60
Lieutenant, sous-lieutenant, chirurgien aide-major et vétérinaire en 1er.	40

NOTA. Les fixations déterminées par le tableau n° 44, annexé à l'ordonnance royale du 5 déc. 1840, sont applicables aux officiers de spahis ayant droit, en France, aux indemnités de logement ou d'ameublement.

Colonel.	Frais de représentation.	1200 francs.
	Frais de bureau.	300

Tarif du 21 juillet 1845, modifié par
l'arrêté du 24 oct. 1848

SOLDE D'ABSENCE PAR JOUR,				OBSERVATIONS.
en semestre ou en congé.	à l'hôpital.	à l'hôpital étant en semestre ou en congé	en captivité.	
fr. c. m.	fr. c. m.	fr. c. m.	fr. c. m.	
7 63 8	12 27 7	4 63 8	7 63 8	
6 52 7	10 05 5	3 52 7	6 52 7	
5 55 5	8 44 4	2 55 5	5 55 5	
3 19 4	4 38 8	1 19 4	3 19 4	(1) Ou la solde de capitaine en 1er, s'ils y ont droit par leur ancienneté dans ce grade.
2 08 3	2 91 6	0 83 3	2 08 3	
4 16 6	6 33 3	2 16 6	4 16 6	
3 47 2	4 94 4	1 47 2	3 47 2	
2 84 7	4 19 4	1 34 7	2 84 7	
2 56 9	3 63 8	1 06 9	2 56 9	
3 47 2	4 94 4	1 47 2	3 47 2	
3 19 4	4 38 8	1 19 4	3 19 4	
2 50 0	3 50 0	1 00 0	2 50 0	
2 22 2	2 94 4	0 72 2	2 22 2	
2 08 3	2 91 6	0 83 3	2 08 3	
2 50 0	3 50 0	1 00 0	2 50 0	

Indemnité annuelle de frais de représentation aux chefs de corps :
300 fr. par escadron.

Frais de bureau.

Frais de reau.	fixations annuelles.	major.		400 fr.
		capitaine trésorier. . .	dépenses générales.	1200
			en plus pour chaque escadron.	400
		capitaine d'habillement.	dépenses générales.	200
			en plus pour chaque escadron.. . . .	59
	premières mises.	pour chaque escadron de nouvelle formation. . .	capitaine trésorier.	50
			capitaine d'habillement.	50

Les indemnités pour pertes de chevaux sont dues aux officiers français et indigènes dans les cas vus par l'ordonnance royale du 23 déc. 1837, et conformément au tableau n° 45 annexé à celle 5 déc. 1840.

Les indemnités pour pertes d'effets ne sont dues qu'aux officiers français.

La gratification d'entrée en campagne et les suppléments ne sont dus qu'aux officiers français. L'allation en aura lieu conformément au tableau n° 49, faisant suite à l'ordonnance du 5 déc. 1840.

Prestations en nature.

VIVRES. — Les officiers français et indigènes ont droit, pour les prestations de vivres, aux mêmes rations que les officiers des régiments de chasseurs d'Afrique. Ils peuvent opter pour l'indemnité résentative de 44 centimes par ration. Les rations perçues cumulativement avec l'indemnité, ou excédant du nombre attribué à chaque grade, seront remboursées, conformément au tarif appliqué à la troupe.

CHAUFFAGE.—Le chauffage est dû aux officiers français et indigènes, à raison de six rations par pour les colonel et lieutenant-colonel, et de quatre rations pour tous les autres officiers.

FOURRAGES.—Les officiers français et indigènes ont également droit aux rations de fourrages pour chevaux et mulets existants, et dans la limite du complet assigné pour chaque grade.

| | DÉSIGNATION des GRADES ET EMPLOIS. | DE PRÉSENCE. | | | |
| | | Français. | | Indigènes. | |
		fr.	c.	fr.	c.
PETIT ÉTAT MAJOR.	Adjudant sous-officier	2	20		»
	Adjudant vaguemestre	2	20		»
	Vétérinaire { aide	3	88.8		»
	Vétérinaire { sous-aide	3	33 3		»
	Trompette-major	1	50		»
	Brigadier-trompette	1	20		»
	Trompette	1	00		»
	Maréchal ferrant	0	80		»
PELOTON HORS RANG.	Maître { armurier	1	20		»
	Maître { tailleur, bottier, sellier (1)	0	50		»
	Maréchal des logis secrétaire, garde-magasin d'habillement et chargé des détails de l'écurie	1	20		»
	Brigadier fourrier d'état-major	1	40		»
	Brigadier { secrétaire	1	00		»
	Brigadier { tailleur, bottier, sellier	1	00		»
	Brigadier { muletier	1	00		»
	Spahis { secrétaire	0	80		»
	Spahis { muletier	0	80	1	30
	Spahis { attaché à l'infirmerie des chevaux	0	80		•
	Spahis { ouvrier	0	50		•
ESCADRONS.	Maréchal des logis chef	1	50		"
	Maréchal des logis et maréchal des logis-fourrier	1	20	1	70
	Brigadier élève fourrier	1	40		»
	Brigadier	1	00	1	50
	Trompette	1	00	1	50
	Maréchal ferrant et spahis	0	80	1	30
	Enfant de troupe (2)		»		»

(1) S'ils sont liés au service, ils reçoivent, après six mois, la solde de brigadier ; et après un an, celle de maréchal des lo
(2) N'ont droit qu'à l'indemnité représentative de vivres.

Accessoires de solde.

HAUTE-PAIE {	aux Français	La même que celles des troupes françaises.	
	aux Indigènes	Après trois ans de service sans interruption	»
INDEMNITÉ EN REMPLACEMENT DE VIVRES (Français et Indigènes)		Par homme et par jour, y compris les enfants de troupe	»
INDEMNITÉ AU VAGUEMESTRE		Par jour et par régiment	»

NOTA. Il n'est rien accordé aux sous-officiers faisant fonctions de vaguemestre dans escadrons détachés.

DIERS ET CAVALIERS.)

Arrêté du 24 oct. 1843.
(2ᵉ sem. 1843, p. 168.)

SOLDE JOURNALIÈRE						PRIME journalière d'entretien de la masse individuelle. (Français et Indigènes.)	OBSERVATIONS.
DE CONGÉ.		D'HOPITAL.		D'HOPITAL étant en congé			
Français.	Indigènes.	Français.	Indigènes.	Français.	Indigènes.		
fr. c.	fr. c.	fr. c.	fr. c.	fr. c.		fr. c.	
0 80	»	0 53 3	»	0 26,6	»	0 70	
0 80	»	0 53,3	»	0 26,6	»	0 70	
1 94,4	»	2 58,3	»	0 64,8	»	0 70	
1 66,6	»	2 22,2	»	0 55,5	»	0 70	
0 40	»	»	»	»	»	0 70	
0 32,5	»	»	»	»	»	0 70	
0 25	»	»	»	»	»	0 70	
0 06,5	»	»	»	»	»	0 25	
0 27,5	»	»	»	»	»	»	
0 06,5	»	»	»	»	»	»	
0 27,5	»	»	»	»	»	0 25	
0 22,5	»	»	»	»	»	0 25	
0 43,5	»	»	»	»	»	0 25	
0 43,5	»	»	»	»	»	0 25	
0 43,5	»	»	»	»	»	0 70	
0 06,5	»	»	»	»	»	0 25	
0 06 5	0 06,5	»	0 80	»	»	0 70	
0 06,5	»	»	»	»	»	0 25	
0 06,5	»	»	»	»	»	0 25	
0 34	»	»	»	»	»	»	
0 27,5	0 85	»	1 20	»	»	0 70	
0 22,5	»	»	»	»	»	0 70	
0 43,5	0 75	»	1 00	»	»	0 70	
0 25	0 75	»	1 00	»	»	0 70	
0 65	0 65	»	0 80	»	»	0 70	
»	»	»	»	»	»	»	

Prestations en nature.

VIVRES. Les sous-officiers, brigadiers et cavaliers français et indigènes des régiments de spahis n'ont pas droit aux rations de vivres. Dans le cas où il leur en serait délivré, ils devraient en rembourser la valeur, conformément au tarif ci-après :

Pain.	» 18 c.	Vin	0 f. 05 c. 5
Riz ou légumes	» 02 2 m.	Sucre	0 02
Sel	» 00 3	Café	0 03 5 } 0 05 5
Viande ou lard	» 18		

CHAUFFAGE. Le chauffage est dû aux sous-officiers, brigadiers et cavaliers français seulement, à raison de 1 kilog. 60 par jour pour les sous-officiers, et de 8 hectog. pour les brigadiers et cavaliers.

FOURRAGES. Une ration journalière de fourrages est allouée pour chaque cheval et mulet existant.

Abonnements.

MASSE GÉNÉRALE D'ENTRETIEN. . . (1re mise en cas de nouvelle formation). . . . . 100 f.
(par escadron).   Entretien mensuel. 50
PREMIÈRES MISES. . . . . Cavaliers qui doivent être montés. 200
     — qui ne doivent pas être montés. 140
     — non montés passant montés. 60
SUPPLÉMENT DE 1re MISE. . . . Sous-officiers promus adjudants. 140
GRATIFICATION de première mise d'équipement, aux sous-officiers français et indigènes
promus officiers. 950
INDEMNITÉ pour chaque cheval tué par le fer ou le feu de l'ennemi, ou mort par suite de
blessures reçues dans les combats. 250

NOMEN
des dépenses à la charge de la

1° Dépenses éventuelles des chefs de corps à raison de 200 fr. par régiment.
2° Achat, entretien et réparation des trompettes d'ordonnance.
3° Remboursement des médicaments tirés des hôpitaux militaires. — Achats de médicaments
nant à l'État. — Ferrage de ces mulets et des chevaux fournis par l'État aux lieutenants et sous-

GRADES.			SOLDE DE PRÉSENCE,			
				PAR JOUR,		
		par an.	par mois.	en station ou en campagne.	En marche, en corps ou en détachement.	Supplément de solde dans Paris.
		f.	f. c.	f. c.	f. c.	f. c.
	Colonel.	6,750	562 50 0	18 75 0	23 75 0	3 75 0
	Lieutenant-colonel. . .	5,700	475 00 0	15 83 3	20 83 3	3 16 6
	Chef d'escadron et major.	4,900	408 33 3	13 61 1	17 61 1	2 72 2
ÉTAT-MAJOR	Capitaine instructeur d'équitation.	. . .	. . .	. . .	. . .	. . .
	Adjudant-major. . . . . Trésorier. . . . . Officier d'habillement. .	2,600	216 66 6	7 22 2	10 22 2	1 80 5
	Officier adjoint au trésor.	. . .	. . .	. . .	. . .	. . .
	Chirurgien major. . .	. . .	. . .	. . .	. . .	. . .
	Chirurgien aide-major	. . .	. . .	8 33 3	11 33 3	2 08 3
BATTERIES	Capitaine en premier	3,000	250 00 0	8 33 3	11 33 3	2 08 3
	Capitaine en second.	2,600	216 66 6	7 22 2	10 22 2	1 80 5
	Lieutenant en premier	2,050	170 83 3	5 69 4	8 19 4	1 89 8
	Lieutenant en second.	1,850	154 16 6	5 13 8	7 63 8	1 71 2

(A) Les Lieutenants et Sous-Lieutenants détachés pour être employés dans les établissement de Pontonniers ou des compagnies d'Ouvriers d'Artillerie, 1re Sem. 1842, p. 37.

DE SPAHIS.

Modifié par l'arrêté du 24 oct. 1848.
(2ᵉ sem. 1848, p. 168.)

DIERS ET CAVALIERS.

Masse individuelle.

FIXATION DU COMPLET.		RETENUES
Cavaliers { montés.	200 fr. »	journalières à exercer sur la solde des militaires français et indigènes débiteurs de la masse individuelle.
non montés.	140	Sous-officiers. . . . . » 70 c.
		Brigadiers et trompettes. . . . . » 60
		Spahis et maréchaux ferrants. . . . . » 50

CLATURE
masse générale d'entretien.

pour les chevaux et mulets malades, fourniture et entretien du harnachement des mulets apparto-
lieutenants.

D'ARTILLERIE.

CIERS.

SOLDE D'ABSENCE, PAR JOUR,												OBSERVATIONS.
en semestre ou en congé.			à l'hôpital.			à l'hôpital, étant en semestre ou en congé avec solde.			en captivité.			
f.	c.		f.	c.		f.	c.		f.	c.		
9	37	5	15	75	0	6	37	5	9	37	5	(a) La moitié de la solde du grade et de la classe.
7	91	6	12	83	3	4	91	6	7	91	6	
6	80	5	10	61	1	3	80	5	6	80	5	
. . .			. . .			. . .			. . .			La solde de son grade et de sa classe, avec le quart en sus, quand il est en fonctions.
3	61	1	5	22	2	1	61	1		(a)		Ou la solde de capitaine en premier, s'ils sont pourvus de ce grade.
. . .			. . .			. . .			. . .			La solde de son grade et de sa classe.
. . .			. . .		Voir le tableau nᵒ 8							Les officiers détachés de leurs corps pour être employés dans les établissemens ou places de l'intérieur n'ont droit qu'à la solde attribuée aux officiers de leur grade dans l'état-major particulier de l'artillerie. (a)
4	16	6	6	33	3	2	16	6	4	16	6	
3	61	1	5	22	2	1	61	1	3	61	1	
2	84	7	4	49	4	1	34	7	2	84	7	
2	56	9	3	63	8	1	06	9	2	56	9	

ments ou places de l'intérieur, n'ont droit qu'à la solde attribuée aux Lieutenants du régi-

GRADES.	avec vivres de campagne ou sans vivres.	en station, avec le pain seulement.	en marche en corps, avec le pain.
	SOLDE DE PRÉSENCE, par		
	f. c.	f. c.	f. c.
Petit état-major.			
Adjudant sous-officier	3 00 0	3 15 0	4 00 0
Chef artificier	1 72 0	1 87 0	2 12 0
Vétérinaire			
Trompette-major	1 48 0	1 63 0	1 83 0
Brigadier-trompette	0 98 0	1 13 0	1 23 0
Maître armurier	1 06 0	1 21 0	1 41 0
Maître tailleur, bottier-cordonnier, sellier-bourrelier	0 33 0	0 48 0	0 58 0
Batteries à cheval.			
Maréchal des logis chef	1 72 0	1 87 0	2 12 0
Maréchal des logis et fourrier	1 06 0	1 21 0	1 41 0
Brigadier	0 77 0	0 92 0	1 02 0
Artificier	0 61 0	0 76 0	0 86 0
Canonnier. servant de 1re classe	0 51 0	0 66 0	0 76 0
Canonnier. servant de 2e classe	0 42 0	0 57 0	0 67 0
Canonnier. conducteur de 1re classe	0 51 0	0 66 0	0 76 0
Canonnier. conducteur de 2e classe	0 42 0	0 57 0	0 67 0
Ouvrier en bois ou en fer			
Maréchal ferrant	0 51 0	0 56 0	0 66 0
Bourrelier	0 41 0	0 56 0	0 66 0
Trompette	0 65 0	0 80 0	0 90 0
Batteries à pied montées.			
Maréchal des logis chef	1 72 0	1 87 0	2 12 0
Maréchal des logis et fourrier	1 06 0	1 21 0	1 41 0
Brigadier	0 77 0	0 92 0	1 02 0
Artificier	0 51 0	0 66 0	0 76 0
Canonnier. servant de 1re classe	0 41 0	0 56 0	0 66 0
Canonnier. servant de 2e classe	0 32 0	0 47 0	0 57 0
Canonnier. conducteur de 1re classe	0 51 0	0 66 0	0 76 0
Canonnier. conducteur de 2e classe	0 42 0	0 57 0	0 67 0
Ouvrier en bois ou en fer			
Maréchal ferrant	0 51 0	0 56 0	0 66 0
Bourrelier	0 41 0	0 56 0	0 66 0
Trompette	0 65 0	0 80 0	0 90 0
Batteries à pied non montées.			
Maréchal des logis chef	1 62 0	1 77 0	2 02 0
Maréchal des logis et fourrier	0 96 0	1 11 0	1 31 0
Brigadier	0 67 0	0 82 0	0 92 0
Artificier	0 51 0	0 66 0	0 76 0
Ouvrier en bois ou en fer			
Canonnier servant de 1re classe	0 41 0	0 56 0	0 66 0
Canonnier servant de 2e classe	0 32 0	0 47 0	0 57 0
Trompette	0 55 0	0 70 0	0 80 0
Enfant de troupe. avant l'âge de 14 ans		0 23 5	0 48 5
Enfant de troupe. à l'âge de 14 ans	0 32 0	0 47 0	0 57 0

SUR,	SOLDE D'ABSENCE, par jour,			OBSERVATIONS.
Supplément de solde dans Paris.	en semestre ou en congé.	à l'hôpital.	à l'hôpital, étant en semestre ou en congé avec solde.	
f. e.	f. c.	f. c.	f. c.	
0 98 8	1 36 0	0 90 6	0 45 3	Ces fixations sont applicables aux adjudants de batterie.
0 51 6	0 67 0	·····	·····	Voir le tableau n° 11.
·····	·····	·····	·····	
0 42 0	0 55 0	·····	·····	
0 40 0	0 40 0	·····	·····	
0 33 2	0 44 0	·····	·····	
0 09 0	0 09 0	·····	·····	Voir le 4e § des observations générales qui précèdent le tarif.
0 51 6	0 67 0	·····	·····	
0 33 2	0 44 0	·····	·····	
0 30 5	0 30 5	·····	·····	
0 23 0	0 23 0	·····	·····	
0 18 0	0 18 0	·····	·····	
0 13 5	0 13 5	·····	·····	
0 18 0	0 18 0	·····	·····	
0 13 5	0 13 5	·····	·····	La solde de 1er ou 2e canonnier servant, avec un supplément de 5 cent. pour les journées de présence seulement.
·····	·····	·····	·····	
0 18 0	0 18 0	·····	·····	
0 13 0	0 13 0	·····	·····	
0 25 0	0 25 0	·····	·····	
0 51 6	0 67 0	·····	·····	
0 33 2	0 44 0	·····	·····	
0 30 5	0 30 5	·····	·····	
0 18 0	0 18 0	·····	·····	
0 13 0	0 13 0	·····	·····	
0 08 5	0 08 5	·····	·····	
0 18 0	0 18 0	·····	·····	
0 13 5	0 13 5	·····	·····	La solde de 1er ou 2e canonnier servant, avec un supplément de 5 cent. pour les journées de présence seulement.
·····	·····	·····	·····	
0 18 0	0 18 0	·····	·····	
0 13 0	0 13 0	·····	·····	
0 25 0	0 25 0	·····	·····	
0 47 6	0 62 0	·····	·····	
0 29 2	0 39 0	·····	·····	
0 25 5	0 25 5	·····	·····	
0 18 0	0 18 0	·····	·····	La solde de 1er ou 2e canonnier servant, avec un supplément de 5 cent. pour les journées de présence seulement.
·····	·····	·····	·····	
0 13 0	0 13 0	·····	·····	
0 08 5	0 08 5	·····	·····	
0 20 0	0 20 0	·····	·····	
0 09 2	·····	·····	·····	Ou la solde de trompette, s'il en fait titulairement le service.
0 09 5	·····	·····	·····	

GRADES.	SOLDE DE PRÉSENCE,				
			PAR JOUR,		
	par an.	par mois.	en station ou en cam-pagne.	en marche en corps ou en détache-ment.	Supplé-ment de solde dans Paris.
État-major. Colonel.	6,250 f	520f 83c3	17f 36c 1	22f 36c 1	3f 47c 2
Lieutenant-colonel.	5,300	441 66 6	14 72 2	19 72 2	2 94 4
Chef d'escadron et major.	4,500	375 00 0	12 50 0	16 50 0	2 50 0
Adjudant-major.					
Trésorier.	2,400	200 00 0	6 66 6	9 66 6	1 66 6
Officier d'habillement.					
Chirurgien. major.	.....	.....	.....	.....	.....
aide-major.	.....	.....	.....	.....	.....
Compagnies. Capitaine.. en premier.	2,800	233 33 3	7 77 7	10 77 7	1 94 4
en second.	2,400	200 00 0	6 66 6	9 66 6	1 66 6
Lieutenant. en premier.	1,850	154 16 6	5 13 8	7 63 8	1 71 2
en second.	1,650	137 50 0	4 58 3	7 08 3	1 52 7

GRADES	SOLDE DE PRÉSENCE, PAR JOUR,			
	avec vivres de cam-pagne ou sans vivres.	en station, avec le pain seule-ment.	en marche en corps, avec le pain.	Supplé-ment de solde dans Paris.
Petit état-major. Adjudant sous-officier.	2f 90 0	3f 05 0	3f 90 0	0f 94 8
Maîtres charpentier, forgeron, cordier.	1 62 0	1 77 0	1 87 0	0 47 6
Sergent-clairon.	1 48 0	1 63 0	1 83 0	0 42 0
Caporal-clairon.	0 79 0	0 94 0	1 04 0	0 25 5
Maître. armurier.	0 96 0	1 11 0	1 31 0	0 29 2
tailleur, cordonnier.	0 27 0	0 42 0	0 52 0	0 06 0
Compagnies. Sergent-major.	1 62 0	1 77 0	2 02 0	0 47 6
Sergent et fourrier.	0 96 0	1 11 0	1 31 0	0 29 2
Caporal.	0 84 0	0 99 0	1 09 0	0 34 0
Maître ouvrier.	0 69 0	0 84 0	0 94 0	0 26 5
Pontonnier. de 1re classe.	0 49 0	0 64 0	0 74 0	0 17 0
de 2e classe.	0 40 0	0 55 0	0 65 0	0 12 5
Clairon.	0 50 0	0 65 0	0 75 0	0 12 5
Enfant de troupe avant l'âge de 14 ans.	.....	0 34 0	0 54 0	0 12 0
à l'âge de 14 ans.	0 31 0	0 46 0	0 56 0	0 08 0

PONTONNIERS.

...CIERS.

SOLDE D'ABSENCE, PAR JOUR,				OBSERVATIONS
en semestre ou en congé.	à l'hôpital.	à l'hôpital étant en semestre ou en congé avec solde.	en captivité.	
8f 68c 0	14f 36c 1	5f 68c 0	8f 68c 0	(A) La moitié de la solde du grade et de la classe.
7 36 1	11 72 2	4 36 1	7 36 1	
6 25 0	9 50 0	3 25 0	6 25 0	Ou la solde de capitaine en premier, s'ils sont pourvus de ce grade.
3 33 3	4 66 6	1 33 3	(A)	
. . . .	. . . .	. . . .	. . . .	Voir le tableau n° 8
. . . .	. . . .	. . . .	. . . .	
3 88 8	5 77 7	1 88 8	3 88 8	
3 33 3	4 66 6	1 33 3	3 33 3	
2 56 9	3 63 8	1 06 9	2 56 9	
2 29 1	3 08 3	0 79 1	2 29 1	

ET SOLDATS.

SOLDE D'ABSENCE, PAR JOUR,			OBSERVATIONS.
en semestre ou en congé.	à l'hôpital.	à l'hôpital étant en semestre ou en congé avec solde.	
1f 31c 0	0f 87c 3	0f 43c 6	
0 62 0	.	.	
0 55 0	.	.	
0 25 5	0 10 0	.	
0 39 0	.	.	
0 06 0	.	.	Voir le 4e § des observations générales qui précèdent le tarif.
0 62 0	.	.	
0 39 0	.	.	
0 34 0	.	.	
0 26 5	.	.	
0 17 0	.	.	
0 12 5	.	.	
0 12 5	0 10 0	.	2e Sem. 1841, p. 320.
.	.	.	Ou la solde de clairon, s'il en fait titulairement le service.

| GRADES. | | par an. | par mois. | SOLDE DE PRÉSENCE, | | |
| | | | | PAR JOUR, | | |
				en station ou en campagne.	en marche en corps ou en détache-ment.	supplément de solde dans Paris.
		l.	f. c.	f. c.	f. c.	f. c.
Capitaine..	en premier. . . .	2,800	233 33 3	7 77 7	10 77 7	1 94 4
	en second. . . .	2,400	200 00 0	6 66 6	9 66 6	1 66 6
Lieutenant	en premier. . . .	1,850	154 16 6	5 13 8	7 63 8	1 71 2
	en second. . . .	1,650	137 50 0	4 58 3	7 08 3	1 52 7

| GRADES | | SOLDE DE PRÉSENCE, PAR JOUR, | | | |
		avec vivres de campagne ou sans vivres.	en station avec le pain seulement.	en marche en corps, avec le pain.	Supplé-ment de solde dans Paris
		f. c.	f. c.	f. c.	f. c.
Sergent-major............		1 97 0	2 12 0	2 37 0	0 61 6
Sergent et fourrier.........		0 96 0	1 11 0	1 31 0	0 29 2
Caporal.................		0 84 0	0 99 0	1 09 0	0 34 0
Maître ouvrier...........		0 79 0	0 94 0	1 04 0	0 31 5
Ouvrier	de 1re classe.	0 68 0	0 83 0	0 93 0	0 26 5
	de 2e classe.	0 53 0	0 68 0	0 78 0	0 19 0
	de 3e classe.	0 43 0	0 58 0	0 68 0	0 14 0
Clairon................		0 53 0	0 68 0	0 78 0	0 14 0
Enfant de troupe	avant l'âge de 14 ans. .	. . . . .	0 34 0	0 54 0	0 12 0
	à l'âge de 14 ans. . . .	0 31 0	0 46 0	0 56 0	0 08 0

...ENS.

| SOLDE D'ABSENCE, PAR JOUR, | | | | OBSERVATIONS. |
en ...stre ou ...congé.	à l'hôpital.	à l'hôpital étant en semestre ou en congé avec solde.	en captivité.	
f. c.	f. c.	f. c.	f. c.	
3 88 8	5 77 7	4 88 8	3 83 8	
3 33 3	4 66 6	4 33 3	3 33 3	
2 56 9	3 63 8	1 06 9	2 56 9	
2 29 1	3 08 3	0 79 1	2 29 1	

SOLDATS.

| SOLDE D'ABSENCE, PAR JOUR, | | | OBSERVATIONS. |
en semestre ou en congé.	à l'hôpital.	à l'hôpital, étant en semestre ou en congé avec solde.	
f. c.	f. c.		
0 79 5	.	.	
0 39 0	.	.	
0 34 0	.	.	
0 31 5	.	.	
0 26 5	.	.	
0 19 0	.	.	
0 14 0	.	.	
0 14 0	0 10 0	.	2e Sem. 1841, p. 320.
.	.	.	
.	.	.	Ou la solde de clairon, s'il en fait titulairement le service.

OF[FICIERS.]

GRADES.		SOLDE DE PRÉSENCE			P[AR]
		PAR AN.	PAR MOIS.	en station ou en campagne.	en marche en corps ou en détacheme[nt.]
		fr.	fr. c.	fr. c.	fr. c.
ÉTAT-MAJOR.	Lieutenant-colonel.	5,300	441 66 6	14 72 2	19 72 2
	Chef d'escadron.	4,500	375 00 0	12 50 0	16 50 0
	Capitaine-major.				
	Capitaine adjud.-ma or.	2,500	208 33 3	6 94 4	9 94 4
	Trésorier.				
	Officier d'habillement. .				
	Chirurgien-major. . . .	. . . .	. . . .	. . . .	. . . . . .
	Chirurgien aide-major. .	. . . .	. . . .	. . . .	. . . . . .
COMPAGNIES.	Lieutenant.	1,850	154 16 6	5 13 8	7 63 8
	Sous-lieutenant. . . .	1,600	133 33 3	4 44 4	6 94 4

SOUS-OFFICIE[RS.]

GRADES.		SOLDE D[E …]		
		avec vivres de campagne.	en station, avec le pain seulement.	en marche en corps avec le pai[n …]
		fr. c.	fr. c.	fr. c.
PETIT ÉTAT-MAJOR.	Adjudant sous-officier.	3 75 0	3 10 0	4 00 0
	Vétérinaire.	. . . .	. . . .	. . . . .
	Brigadier-trompette.	1 93 0	1 13 0	1 38 0
	Maître. . . . { armurier-éperonnier. . .	1 39 0	1 16 0	1 41 0
	{ tailleur, bottier, sellier-bourrelier.	1 03 0	0 33 0	0 58 0
COMPAGNIES.	Maréchal des logis chef.	2 43 0	1 82 0	2 12 0
	Maréchal des logis et fourrier. . . .	1 39 0	1 16 0	1 41 0
	Brigadier.	0 97 0	0 87 0	1 02 0
	Soldat de. . { 1re classe.	0 57 0	0 61 0	0 76 0
	{ 2e classe.	0 51 0	0 55 0	0 70 0
	Maréchal ferrant.	0 57 0	0 51 0	0 76 0
	Bourrelier.	0 57 0	0 51 0	0 76 0
	Trompette.	0 65 0	0 80 0	1 05 0
	Enfant { avant l'âge de 14 ans. . .	. . . .	0 30 0	0 53 0
	de troupe. { à l'âge de 14 ans. . .	0 51 0	0 55 0	0 70 0

ERS.

upplément de solde lans Paris	SOLDE D'ABSENCE, PAR JOUR,				OBSERVATIONS.
	en semestre ou en congé.	à l'hôpital.	à l'hôpital, étant en semestre ou en congé avec solde.	en captivité.	
fr. c.	fr. c.	fr. c.	fr. c.	fr. c.	
2 94 4	7 36 1	11 72 2	4 36 1	7 36 1	
2 50 0	6 25 0	9 50 0	3 25 0	6 25 0	
1 73 6	3 47 2	4 94 4	1 47 2	(A)	(A) La moitié de la solde du grade.
. . . . . .	. . . . . .	. . . . . .	. . . . . .	. . . . . .	Voir le tableau n° 8
. . . . . .	. . . . . .	. . . . . .	. . . . . .	. . . . . .	
1 71 2	2 56 9	3 63 8	1 06 9	2 56 9	
1 48 1	2 22 2	3 19 4	0 97 2	2 22 2	

SOLDATS.

ÉSENCE, R, n marche solément, ans vivres.	Supplément de solde dans Paris.	SOLDE D'ABSENCE, PAR JOUR,			OBSERVATIONS.
		en semestre ou en congé.	à l'hôpital.	à l'hôpital, étant en semestre ou en congé avec solde.	
fr. c.	fr. c.	fr. c.	fr. c.	fr. c.	
2 95 0	0 98 8	1 36 0	0 90 6	0 45 3	Voir le tableau n° 11.
. . . . . .	. . . . . .	. . . . . .	. . . . . .	. . . . . .	
0 98 0	0 46 0	0 47 5	. . . . . .	. . . . . .	
1 01 0	0 43 2	0 44 0	. . . . . .	. . . . . .	
0 18 0	0 19 0	0 09 0	. . . . . .	. . . . . .	Voir le 4e § des observat. générales qui précèdent le tarif.
1 67 0	0 61 6	0 67 0	. . . . . .	. . . . . .	
1 01 0	0 43 2	0 44 0	. . . . . .	. . . . . .	
0 72 0	0 40 5	0 30 5	. . . . . .	. . . . . .	
0 46 0	0 28 0	0 18 0	. . . . . .	. . . . . .	
0 40 0	0 25 0	0 15 0	. . . . . .	. . . . . .	
0 36 0	0 28 0	0 18 0	. . . . . .	. . . . . .	
0 36 0	0 28 0	0 18 0	. . . . . .	. . . . . .	
0 65 0	0 42 5	0 32 5	. . . . . .	. . . . . .	
. . . . . .	0 12 5	. . . . . .	. . . . . .	. . . . . .	
0 40 0	0 25 0	. . . . . .	. . . . . .	. . . . . .	Ou la solde de trompette, s'il en fait titulairement le service

OFFI[CIERS]

| | GRADES. | | par an. | SOLDE DE PRÉSENCE, par jour, | | |
				par mois.	en station ou en campagne.	en marche en corps ou en détachement.	supplément de solde dans Paris.
			fr.	fr. c.	fr. c.	fr. c.	fr. c.
ÉTAT-MAJOR.	Colonel		6,250	520 83 3	17 36 1	22 36 1	3 47 2
	Lieutenant-colonel		5,300	441 66 6	14 72 2	19 72 2	2 94 4
	Chef de bataillon et major		4,500	375 00 0	12 50 0	16 50 0	2 50 0
	Adjudant-major						
	Trésorier		2,400	200 00 0	6 66 6	9 66 6	1 66 6
	Officier d'habillement						
	Offic. adjoint au trésorier		. . . .	. . . .	. . . .	. . .	. . . .
	Chirurgien	major	»	»	»	»	»
		aide-major	»	»	»	»	»
COMPAGNIES de sapeurs ou mineurs.	Capitaine	en premier	2,800	233 33 3	7 77 7	10 77 7	1 94 4
		en second	2,400	200 00 0	6 66 6	9 66 6	1 66 6
	Lieutenant	en premier	1,850	154 16 6	5 13 8	7 63 8	1 71 2
		en second	1,650	137 50 0	4 58 3	7 08 3	1 52 7
COMPAGNIES de sapeurs conducteurs	Capitaine	en premier	3,000	250 00 0	8 33 3	11 33 3	2 08
		en second	2,600	216 66 6	7 22 2	10 22 2	1 80
	Lieutenant	en premier	2,050	170 83 3	5 69 4	8 19 4	1 89
		en second	1,850	154 16 6	5 13 8	7 63 8	1 71

SOUS-OFFICIER[S]

| | GRADES. | | SOLDE DE PRÉSENCE, par jour, | | | |
			avec vivres de campagne ou sans vivres.	en station, avec le pain seulement.	en marche en corps, avec le pain.	supplément de solde dans Paris.
			f. c.	f. c.	f. c.	f. c.
PETIT ÉTAT-MAJOR...	Adjudant sous-officier		2 90 0	3 05 0	3 30 0	0 94
	Tambour-major		1 23 0	1 38 0	1 63 0	0 52
	Caporal-tambour		0 79 0	0 94 0	1 04 0	0 25
	Musicien-soldat		. . . .	. . . .	. . . .	. . .
	Maître	armurier	0 96 0	1 11 0	1 31 0	0 25
		tailleur, cordonnier	0 27 0	0 42 0	0 52 0	0 06
COMPAGNIES..	Serg.-major et mar. des log. chef		1 62 0	1 77 0	2 02 0	0 47
	Sergent, Mar. des logis. et fourr.		0 96 0	1 11 0	1 31 0	0 29
	Caporal et Brigadier		0 67 0	0 82 0	0 92 0	0 25
	Artificier ou maître ouvrier		0 54 0	0 69 0	0 79 0	0 19
	Mineur sapeur et sapeur conducteur	de 1re classe	0 48 0	0 63 0	0 73 0	0 16
		de 2e classe	0 43 0	0 58 0	0 68 0	0 14
	Maréchal ferrant et bourrelier		0 36 0	0 51 0	0 76 0	0 28
	Idem admis à la 1re classe. (Art. 303 de l'ordonnance du 16 mars 1838)		0 48 0	0 63 0	0 76 0	0 28
	Tambour		0 53 0	0 68 0	0 78 0	0 14
	Trompette		0 65 0	0 80 0	1 05 0	0 42
Enfant de troupe.	avant l'âge de 14 ans		. . . .	0 34 0	0 54 0	0 12
	à l'âge de 14 ans		0 31 0	0 46 0	0 56 0	0 04

IERS.

| SOLDE D'ABSENCE, par jour, | | | | OBSERVATIONS. |
en semestre ou en congé.	à l'hôpital.	à l'hôpital, étant en semestre ou en congé avec solde.	en captivité.	
fr. c.	fr. c.	fr. c.	fr. c.	
8 68 0	14 36 1	5 68 0	8 68 0	(A) La moitié de la solde du grade et de la classe.
7 36 1	11 72 2	4 36 1	7 36 1	
6 25 0	9 50 0	3 25 0	6 25 0	
3 33 3	4 66 6	1 33 3	(A)	Ou la solde de capitaine en 1er, s'ils sont pourvus de ce grade.
. . . .	. . . .	. . . .	. . . .	La solde de son grade ou de sa classe.
»	»	»	»	Voyez le tableau n. 8.
»	»	»	»	
3 88 8	5 77 7	1 88 8	3 88 8	
3 33 3	4 66 6	1 33 3	3 33 3	
2 56 9	3 63 8	1 06 9	2 50 9	
2 29 1	3 08 3	0 79 1	2 29 1	
4 16 6	6 33 3	2 16 6	4 16 6	L'augmentation de 200 fr. accordée aux compagnies des sapeurs conducteurs, est exclusivement applicable à la solde d'activité. (2e s., 1841, p. 320.)
3 61 1	5 22 2	1 61 1	3 61 1	
2 84 7	4 19 4	1 34 7	2 84 7	
2 56 9	3 63 8	1 06 9	2 56 9	

T SOLDATS.

| SOLDE D'ABSENCE, par jour, | | | OBSERVATIONS. |
u semestre ou en congé	à l'hôpital.	à l'hôpital, étant en semestre ou en congé avec solde.	
f. c.	f. c.	f. c.	
1 31 0	0 87 3	0 43 6	
1 42 5	. . . .	. . . .	
0 25 5	0 10 0	. . . .	La solde de sapeur.
. . . .	. . . .	. . . .	Voir le 4e paragraphe des observations générales qui précèdent le tarif.
0 39 0	. . . .	. . . .	
0 06 0	. . . .	. . . .	
0 62 0	. . . .	. . . .	
0 39 0	. . . .	. . . .	
0 25 5	. . . .	. . . .	
0 19 0	. . . .	. . . .	
0 16 5	. . . .	. . . .	
0 14 0	. . . .	. . . .	
0 18 0	. . . .	. . . .	
0 18 0	. . . .	. . . .	
0 14 0	0 10 0	. . . .	2e Sem. 1841, p. 320.
0 32 5	. . . .	. . . .	
. . . .	. . . .	. . . .	
. . . .	. . . .	. . . .	Ou la solde de tambour, s'il en fait titulairement le service.

OFF[ICIERS]

| GRADES. | par an. | par mois. | SOLDE DE PRÉSENCE, | | |
| | | | PAR JOUR, | | |
			en station ou en campagne.	en marche en corps ou en détache-ment.	supplément de solde dans Paris.
	f.	f. c.	f. c.	f. c.	f. c.
Capitaine.. { en premier. . . .	2,800	233 33 3	7 77 7	10 77 7	1 94 4
{ en second. . . .	2,400	200 00 0	6 66 6	9 66 6	1 66 6
Lieutenant { en premier. . .	1,850	154 16 6	5 13 8	7 63 8	1 71 2
{ en second. . . .	1.650	137 50 0	4 58 3	7 08 3	1 52 7

SOUS-OFFICIE[RS]

| GRADES. | SOLDE DE PRÉSENCE, PAR JOUR, | | | |
	avec vivres de campagne, ou sans vivres.	en station, avec le pain seulement.	en marche en corps, avec le pain.	Supplé-ment de solde dans Par[is].
	f. c.	f. c.	f. c.	f. c.
Sergent-major.	1 97 0	2 12 0	2 37 0	0 61
Sergent et fourrier	0 96 0	1 11 0	1 31 0	0 29
Caporal.	0 84 0	0 99 0	1 09 0	0 34
Maître ouvrier.	0 79 0	0 94 0	1 04 0	0 31
Ouvrier. { de 1re classe.	0 68 0	0 83 0	0 93 0	0 26
{ de 2e classe.	0 53 0	0 68 0	0 78 0	0 19
Apprenti.	0 43 0	0 58 0	0 68 0	0 14
Tambour.	0 53 0	0 68 0	0 78 0	0 14
Enfant { avant l'âge de 14 ans. .	. . . . .	0 34 0	0 54 0	0 12
de troupe { à l'âge de 14 ans. . . .	0 31 0	0 46 0	0 56 0	0 08

RS

en semestre ou congé.	à l'hôpital.	à l'hôpital étant en semestre ou en congé avec solde.	en captivité.	OBSERVATIONS.
f. c.	f. c.	f. c.	f. c.	
88 3	5 77 7	1 88 8	3 88 8	
33 3	4 66 6	1 33 3	3 33 3	
56 9	3 63 8	1 06 9	2 56 9	
29 1	3 08 3	0 79 1	2 29 1	

OLDATS.

en semestre ou en congé.	à l'hôpital.	à l'hôpital, étant en semestre ou en congé avec solde.	OBSERVATIONS.
f. c.	f. c.		
79 5	. . . .	. . . .	
39 0	. . . .	. . . .	
84 0	. . . .	. . . .	
31 5	. . . .	. . . .	
26 5	. . . .	. . . .	
19 0	. . . .	. . . .	
14 0	. . . .	. . . .	
14 0	0 10 0	. . . .	2e Sem. 1841, p. 320.
. . .	. . . .	. . . .	
. . .	. . . .	. . . .	Ou la solde de tambour, s'il en fait titulairement le service.

SOLDE DE PRÉSENCE SUR LE PIED DE PAIX,

GRADES.	par an.	par mois.	par jou[r]
	f.	fr. c.	fr. c.
Colonel	6,250	520 83 3	17 36
Lieutenant-colonel	5,300	441 66 6	14 72
Chef d'escadron	4,500	375 00 0	12 50
Officiers attachés à l'état-major — Capitaine en premier	2,500	208 33 3	6 94
Capitaine en second	2,300	191 66 6	6 38
Lieutenant en premier	1,850	154 16 6	5 13
Lieutenant en second	1,650	137 50 0	4 58
Sous-lieutenant	1,600	133 33 3	4 44
Capitaine en résidence fixe	2,300	191 66 6	6 38
Garde d'équipage de 1re classe	1,800	150 00 0	5 00
de 2e classe	1,500	125 00 0	4 16
de 3e classe	1,200	100 00 0	3 33
de 4e classe	900	75 00 0	2 50
Ouvriers d'état — Chef	1,500	125 00 0	4 16
Sous-chef	1,200	100 00 0	3 33
Ouvrier	540	45 00 0	1 50
Portier	600	50 66 6	1 66
Aide-portier-consigne	000	00 00 0	1 00

SOLDE DE PRÉSENCE,

GRADES.	par an.	par mois.	PAR JOUR, en station ou en campagne.	en marche ou en détachement.	suppl[ément] [...] de so[...] dans [...]
	f.	f. c.	f. c.	f. c.	f. c.
ÉTAT-MAJOR. — Lieutenant-colonel	5,300	441 66 6	14 72 2	19 72 2	2 94
Chef d'escadron	4,500	375 00 0	12 50 0	16 50 0	2 50
Capitaine-major / Trésorier (capitaine) / Lieutenant ou sous-lieutenant / Officier d'habillement / Capitaine, lieutenant ou sous-lieutenant	2,300	191 66 6	6 38 8	9 38 8	1 58
Lieutenant instructeur chargé des fonctions d'adj.-major	»	»	»	»	
Adjoint au trésorier (B)	»	»	»	»	
Officiers de santé (C)	»	»	»	»	

DES EQUIPAGES MILITAIRES

SOLDE DE PRÉSENCE SUR LE PIED DE GUERRE.			SOLDE D'ABSENCE PAR JOUR,			OBSERVATIONS.
par an.	par mois.	par an.	en congé et en captivité	à l'hôpital	à l'hôpital étant en congé avec solde.	
fr.	fr. c.	fr. c.	fr. c.	f. c.	fr. c.	
6,250	520 83 3	17 36 1	8 68 0	14 36 1	5 68 0	Les professeurs de mathématiques élémentaires et de dessin, reçoivent la même solde que les mêmes professeurs dans les écoles d'artillerie. (1er sem. 1842, p. 258.)
5,300	441 66 6	14 72 2	7 36 1	11 72 2	4 36 1	
4.500	375 00 0	12 50 0	6 25 0	9 50 0	3 25 0	
2,500	208 33 3	6 94 4	3 47 2	4 94 4	1 47 2	
2,300	190 66 6	6 38 8	3 19 4	4 38 8	1 19 4	
1,850	164 16 6	5 15 8	2 56 9	3 63 8	1 06 9	
1,650	137 50 0	4 58 3	2 29 1	3 08 3	0 79 1	
1,600	133 33 3	4 44 4	2 22 2	3 19 4	0 97 2	
2,300	191 66 6	6 38 8	3 19 4	4 38 8	1 19 4	
2,400	200 00 0	6 66 6	2 50 0	3 33 3	0 83 3	Modification insérée au Journal Militaire, 2e sem., 1841, p. 319.
2 000	166 66 6	5 55 5	2 08 3	2 77 7	0 69 4	
1,600	'33 33 3	4 44 4	1 66 6	2 22 2	0 55 5	
1,200	100 00 0	3 33 3	1 25 0	1 66 6	0 41 6	
1,700	141 66 6	4 72 2	2 08 3	2 77 7	0 69 4	
1,400	116 66 6	3 88 8	1 66 6	2 22 2	0 55 5	
800	66 66 6	2 22 2	0 75 0	1 00 0	0 25 0	
600	50 00 0	1 66 6	0 69 4	0 92 0	0 23 2	1er sem., 1842, p. 258.
000	00 00 0	1 00 0	0 50 0	0 66 6	0 16 6	idem.

EQUIPAGES MILITAIRES.

...CIERS.

1er sem., 1842, p. 258.

SOLDE D'ABSENCE, PAR JOUR,				OBSERVATIONS.
en semestre ou en congé.	à l'hôpital.	à l'hôpital, étant en semestre ou en congé avec solde.	en captivité.	
fr. c.	fr. c.	fr. c.	fr. c.	
7 36 1	11 72 2	4 36 1	7 36 1	(A) La moitié de la solde du grade et de la classe.
6 25 0	9 50 0	3 25 0	6 25 0	
3 19 4	4 38 8	1 19 4	(A)	Ou la solde de capitaine en 1er, s'ils y ont droit par leur ancienneté dans ce grade.
»	»	»	»	La solde de son grade et de sa classe, avec le quart en sus, quand il est en fonctions.
»	»	»	»	(B) La solde de son grade et de sa classe.
»	»	»	»	(c) Voir le tableau no 8.

GRADES	SOLDE DE PRÉSENCE,				
	par an.	par mois.	PAR JOUR,		
			en station ou en campagne.	en marche en corps ou en détachement	supplément de solde dans Paris
	f.	f. c.	f. c.	f. c.	f. c.
Com-pagnies. Capitaine... en premier..	2,500	208 33 3	6 94 4	9 94 4	1 73 6
en second...	2,300	191 66 6	6 38 8	9 38 8	1 59 7
Lieutenant... en premier..	1,850	154 16 6	5 13 8	7 63 8	1 71 2
en second...	1,650	137 50 0	4 58 3	7 08 3	1 52 7
Sous-lieutenant........	1,600	133 33 3	4 44 4	6 94 4	1 48 1

SOUS-OFFICIERS

GRADES.	SOLDE DE PRÉSENCE PAR JOUR,				
	avec vivres de campagne.	en station avec le pain seulement.	en marche, en corps, avec le pain.	en marche, isolément sans vivres.	supplément de solde dans Paris.
	fr. c.	fr. c.	fr. c.	fr. c.	fr. c.
PETIT ÉTAT-MAJOR. Adjudant sous-officier...	2 78 0	2 03 0	3 03 0	1 89 0	0 70 0
Vétérinaire........	. . . .	. . . .	. . . .	. . . .	. . . .
Trompette major.......	2 09 0	1 63 0	1 83 0	1 48 0	0 42 0
Brigadier-trompette......	1 98 0	1 13 0	1 38 0	0 98 0	0 46 0
Maître { armurier......	1 39 0	1 06 0	1 41 0	0 91 0	0 43 2
Maître { tailleur culotier, bottier, sellier-bourr.	1 03 0	0 48 0	0 58 0	0 33 0	0 49 0
COMPAGNIES. Maréchal des logis chef...	2 43 0	1 72 0	2 12 0	1 57 0	0 61 6
Maréchal des logis et maréchal des logis fourrier....	1 39 0	1 06 0	1 41 0	0 91 0	0 43 2
Brigadier-fourrier....	1 22 0	0 97 0	1 27 0	0 82 0	0 41 5
Brigadier.......	0 97 0	0 77 0	1 02 0	0 62 0	0 40 6
Soldat { de 1re classe...	0 57 0	0 51 0	0 76 0	0 36 0	0 28 0
Soldat { de 2e classe...	0 51 0	0 45 0	0 70 0	0 30 0	0 25 0
Maréchal ferrant.....	. . . .	. . . .	. . . .	. . . .	. . . .
Sellier-bourrelier.....	0 57 0	0 51 0	0 76 0	0 36 0	0 28 0
Forgeron, charron.....	. . . .	. . . .	. . . .	. . . .	. . . .
Trompette.......	0 65 0	0 80 0	1 05 0	0 65 0	0 42 5
Élève-trompette......	0 51 0	0 45 0	0 70 0	0 30 0	0 25 0
Enfant de troupe { avant l'âge de 14 ans	. . . .	0 30 0	0 55 0	. . . .	0 12 5
de troupe { à l'âge de 14 ans	0 51 0	0 45 0	0 70 0	0 30 0	0 25 0

CIERS.

SOLDE D'ABSENCE, PAR JOUR,				OBSERVATIONS.
en semestre ou en congé.	à l'hôpital.	à l'hôpital, étant en semestre ou en congé avec solde.	en captivité.	
fr. c.	fr. c.	fr. c.	fr. c.	
3 47 2	4 94 4	1 47 2	3 47 2	
3 19 4	4 38 8	1 19 4	3 19 4	2ᵉ sem., 1841, p. 320.
2 56 9	3 63 8	1 06 9	2 56 9	
2 29 1	3 08 3	0 79 1	2 29 1	
2 22 2	3 19 4	0 97 2	2 22 2	

ET SOLDATS.

SOLDE D'ABSENCE, PAR JOUR,			OBSERVATIONS.
en semestre ou en congé.	à l'hôpital.	à l'hôpital, étant en semestre ou en congé avec solde.	
fr. c	fr. c.	fr. c.	
0 87 5	0 58 3	0 29 1	Voir le tableau nᵒ 11.
. . . . .	. . . .	. . . .	
0 55 0	. . . .	. . . .	
0 47 5	. . . . .	. . . .	
0 44 0	. . . .	. . . . . .	Voir le 4ᵉ § des observations générales qui précèdent 'e tarif.
0 09 0	. . . .	. . . .	
0 67 0	. . . .	. . . . . .	
0 44 0	. . . .	. . . .	
0 40 0	. . . .	. . . .	
0 30 5	. . . .	. . . . . .	
0 18 0	. . . . . .	. . . . . .	
0 15 0	. 2	. . . . . .	
0 18 0	. . . .	. . . .	
0 32 5	. . . .	. . . .	
0 15 0	. . . .	. . . .	
. . . . .	. . . .	. . . .	
. . . . .	. . . .	. . . .	Ou la solde de trompette, s'il en fait titulairement le service.

OFFI

| GRADES. | | par an. | par mois. | SOLDE DE PRÉSENCE, | | |
| | | | | PAR JOUR. | | |
				en station ou en campagne.	en marche en corps ou en détachement.	Supplément de solde dans Paris.
		fr.	fr. c.	fr. c.	fr. c	fr. c
Capitaine..	en premier.	2,500	208 33 3	6 94 4	9 94 4	1 73 6
	en second.	2,300	191 66 6	6 38 8	9 38 8	1 59 7
Lieutenant.	en premier.	1,850	154 15 6	5 13 8	7 63 8	1 71 2
	en second..	1,650	137 50 0	4 58 3	7 80 3	1 52 7
Sous-lieutenant. . . . . . , . . .		1,600	133 33 8	4 44 4	6 94 4	1 48 1

SOUS-OFFICIERS

| GRADES. | | SOLDE DE PRESENCE, PAR JOUR, | | | |
		avec vivres de campagne ou sans vivres.	en station, avec le pain seulement	en marche, en corps, avec le pain.	supplément de solde dans Paris.
		fr. c.	fr. c.	fr. c.	fr. c.
Sergent-major..		1 97 0	2 12 0	2 37 0	0 61 6
Sergent et fourrier.		0 96 0	1 11 1	1 31 0	0 29 2
Caporal..		0 84 0	0 99 0	0 09 0	0 34 0
Maître ouvrier.		0 79 0	0 94 0	1 04 0	0 31 5
Ouvrier.	de 1re classe.	0 68 0	0 83 0	0 93 0	0 26 5
	de 2e classe.	0 53 0	0 68 0	0 78 0	0 19 0
	de 3e classe.	0 43 0	0 58 0	0 68 0	0 14 0
Tambour.		0 41 0	0 58 0	0 60 0	0 08 0
Enfant de troupe.	avant l'âge de 14 ans. . .	......	0 34 2	0 54 0	0 12 0
	à l'âge de 14 ans.. . . .	0 31 0	0 46 0	0 56 0	0 08 0

TRAIN DES ÉQUIPAGES MILITAIRES.

CIERS.

SOLDE D'ABSENCE, PAR JOUR,				OBSERVATIONS.
en semestre ou en congé.	à l'hôpital.	à l'hôpital, étant en semestre ou en congé avec solde.	en captivité.	
fr. c.	fr. c.	fr. c.	fr. c.	
3 47 2	4 94 4	1 47 2	3 47 2	
3 19 4	4 38 8	1 19 4	3 19 4	Rectification qui se trouve au 2ᵉ sem. 1841, p. 320.
2 56 9	3 63 8	1 06 9	2 56 9	
2 29 1	3 08 3	0 79 1	2 29 1	
2 22 2	3 19 4	0 97 2	2 22 2	Les sous-lieutenants employés comme lieutenants en second reçoivent la solde du grade dont ils remplissent les fonctions.

ET SOLDATS.

SOLDE D'ABSENCE, PAR JOUR,			OBSERVATIONS.
en semestre ou en congé.	à l'hôpital.	à l'hôpital, étant en semestre ou en congé avec solde.	
fr. c.	fr. c.	fr. c.	
0 79 5	....	....	
0 39 0	....	....	
0 34 0	....	....	
0 31 0	....	....	
0 26 5	....	....	
0 19 0	....	....	
0 14 0	....	....	
0 08 0	0 10 0	....	
....	....	....	
....	....	....	Ou la solde de tambour, s'il en fait titulairement le service.

OFFI

GRADES.			par an.	par mois.	SOLDE DE PRÉSENCE, par jour,		
					en station ou en campagne.	en marche en corps ou en détachement.	supplément de solde dans Paris.
			fr.	fr. c.	fr. c.	fr. c.	fr. c.
COMPAGNIES des s.-officiers et de fusiliers (A).	Capitaine.		2,000	166 66 6	5 55 5	8 55 5	1 38 8
	Lieutenant..		1,450	120 83 3	4 02 7	6 52 7	1 34 2
	Sous-lieutenant.		1,350	112 50 0	3 75 0	6 25 0	1 25 0
COMPAGNIES de canonniers vétérans et de vétérans du génie.	Capitaine	en premier..	2,400	200 00 0	6 66 6	9 66 6	1 66 6
		en second...	2,000	166 66 6	5 55 5	8 55 5	1 38 8
	Lieutenant	en premier..	1,750	145 83 3	4 86 1	7 36 1	1 62 0
		en second. .	1,450	120 83 3	4 02 7	6 52 7	1 34 2
COMPAGNIES de gendarmes vétérans.	Capitaine. .	en premier..	2,200	183 33 3	6 11 1	9 11 1	1 52 7
		en second. .	1,800	150 00 0	5 00 0	8 00 0	1 25 0
	Lieutenant.	en premier..	1,550	129 16 6	4 30 5	6 80 5	1 43 5
		en second. ..	1,350	112 50 0	3 75 0	6 25 0	1 25 0
COMPAGNIES de cavaliers vétérans.	Capitaine.		2,300	191 66 6	6 38 8	9 38 8	1 59 7
	Lieutenant.		1,600	133 33 3	4 44 4	6 94 4	1 45 1
	Sous-lieutenant.		1,500	125 00 0	4 16 6	6 66 6	1 38 8

SOUS-OFFICIERS

GRADES.		SOLDE DE PRÉSENCE, par jour,			
		avec vivres de campagne ou sans vivres.	en station, avec le pain seulement	en marche, en corps, avec le pain.	supplément de solde dans Paris.
		fr. c.	fr. c.	fr. c.	fr. c.
COMPAGNIES de sous-officiers.	Sergent-major.	1 65 0	1 70 0	2 03 0	0 58 0
	Sergent et fourrier.. . . .	1 05 0	1 10 0	1 40 0	0 43 0
	Caporal.	0 73 0	0 78 0	0 98 0	0 37 5
	Sous-officiers.	0 47 0	0 52 0	0 72 0	0 25 0
	Tambour.	0 62 0	0 67 0	0 87 0	0 25 0
	Enfant de troupe..	. . . .	0 35 0	0 55 0	0 12 5
COMPAGNIES de fusiliers.	Sergent-major.	0 98 0	1 13 0	1 38 0	0 22 0
	Sergent et fourrier. . . .	0 60 0	0 75 0	0 95 0	0 14 8
	Caporal.	0 41 0	0 56 0	0 66 0	0 12 5
	Fusiliers.	0 25 0	0 40 0	0 50 0	0 05 0
	Tambour.	0 35 0	0 50 0	0 60 0	0 05 0
	Enfant de troupe	. . . . .	0 25 0	0 45 0	0 07 5

DE VÉTÉRANS.

CIERS.

SOLDE D'ABSENCE, par jour,				OBSERVATIONS.
en semestre ou en congé.	à l'hôpital.	à l'hôpital, étant en semestre ou en congé avec solde.	en captivité.	
fr. c.	fr. c.	fr. c.	fr. c.	
2 77 7	3 55 5	0 77 7	2 77 7	(A) La solde des lieutenants et sous-lieutenants des compagnies de sous-officiers vétérans qui sont pourvus du grade supérieur à celui dont ils exercent l'emploi est fixée comme il suit :
2 01 3	2 52 7	0 51 3	2 01 3	SAVOIR.
1 87 5	2 50 0	0 62 5	1 87 5	Lieutenant .... 1,600 fr. par an.
				Sous-lieutenant....... 1,450 id.
3 33 3	4 66 6	1 33 3	3 33 3	
2 77 7	3 55 5	0 77 7	2 77 7	
2 43 0	3 36 1	0 93 0	2 43 0	
2 01 3	2 52 7	0 51 3	2 01 3	
3 05 5	4 11 1	1 05 0	3 05 5	
2 50 0	3 00 0	0 50 0	2 50 0	
2 15 2	2 80 5	0 65 2	2 15 2	
1 87 5	2 50 0	0 62 2	1 87 5	
3 19 4	4 38 8	1 19 4	3 19 4	
2 22 2	2 94 4	0 72 2	2 22 2	
2 08 3	2 91 6	0 83 3	2 08 3	

ET SOLDATS

SOLDE D'ABSENCE, par jour,			OBSERVATIONS.
en semestre ou en congé.	à l'hôpital.	à l'hôpital, étant en semestre ou en congé avec solde.	
fr. c.	fr. c.	fr. c.	
0 64 5	0 40 3	....	
0 44 5	0 27 0	....	
0 29 5	0 47 0	....	
0 17 0	0 08 6	....	
0 17 0	0 23 6	....	
....	....	....	
0 30 0	....	....	Les sous-officiers, caporaux et soldats des compagnies de fusiliers vétérans sont assimilés pour la solde, à ceux de l'infanterie.
0 21 0	....	....	Les hommes provenant des anciennes compagnies de fusiliers sédentaires conservent les suppléments de solde déterminés par l'ordonnance du 26 juillet 1831.
0 12 5	....	....	
0 05 0	....	....	
0 05 0	0 40 0	....	
....	....	....	

MILITAIRES EMPLOYÉS AU SERVICE DU RECRUTEMENT.

DÉSIGNATION des GRADES ET EMPLOIS	SOLDE et SUPPLÉMENTS DE SOLDE.	OBSERVAT.
Militaires employés dans les dépôts de recrutement et de réserve.		
Officiers..	La solde attribuée à leur grade et à leur classe, dans l'arme dont ils font partie, avec le supplément d'un cinquième. Les officiers de cavalerie recevront la solde attribuée à leur grade dans l'infanterie. (*Journal militaire,* 1er sem. 1850, p. 231, Lois de finances de 1849 et 1850.)	
Sous-Officiers. . .	La solde affectée aux militaires de leur grade, dans les corps dont ils sont détachés, avec un supplément de 40 cent. par jour. Ceux qui appartiennent aux compagnies d'élite jouissent de la solde attribuée à cette position, 1er Sem. 1841, p. 345.	
Militaires détachés extraordinairement par la conduite des revues.		
Officiers.	La solde de leur grade et de leur classe dans leur arme, avec le supplément d'un cinquième.	
Sous-officiers, caporaux ou brigadiers et soldats,	La solde de leur grade dans leur arme avec les suppléments ci-après. Sous-officier. . . . . 20 cent. par jour. Caporal ou brigadier. 20 *idem.* Soldat. . . . . 10 *idem.* Tambour ou clairon.. 15 *idem.*	Lorsque les conducteurs en chef sont pris parmi les soldats, ils reçoivent le supplément accordé aux caporaux. Sont traités comme soldats, sauf le cas ci-dessus, les conducteurs pris dans les compagnies de sous-officiers vétérans, qui n'y occupent pas l'emploi de sergent ou de caporal.
Militaires en non activité, en retraite ou en réforme, employés au même service.		
Officiers et sous-officiers.	Officiers, le complément de la solde d'activité de leur grade dans l'infanterie, plus le cinquième de cette même solde ; Sous-officiers, le complément de la solde de leur grade dans l'infanterie (compagnies du centre) augmentée du supplément de 26 centimes.	Ces allocations sont payées sur les fonds affectés au service du recrutement.

DÉSIGNATION des GRADES ET EMPLOIS	SOLDE ET SUPPLÉMENS DE SOLDE.	OBSERVATIONS.
Officiers supérieurs et autres.	La solde de leur grade et de leur classe, avec le supplément d'un cinquième.	Le supplément du cinquième est dû à dater du lendemain de l'arrivée des officiers et des vétérinaires dans les dépôts ou succursales de remonte, et pour les journées effectives de service. Il cesse d'être alloué : 1° Aux officiers des détachemens régimentaires, à compter du lendemain de leur retour au corps ; 2° Aux officiers et vétérinaires employés dans les dépôts ou succursales, à dater du jour de leur départ de ces établissemens, à moins qu'ils ne conduisent un détachement de chevaux à leurs régimens. Dans ce dernier cas, ils restent en possession du supplément jusqu'au jour inclus de leur rentrée au corps, comme les officiers des détachemens régimentaires.
Vétérinaires.	La solde de leur grade, telle qu'elle est déterminée au tabl. n° 11, avec un supplément fixé par an, savoir : pour les vétérinaires principaux, à 500f. vétérin. en 1er 360 aides-vétérin. 280 s.-aides-vétér. 240 2ª Semestre 1843, p. 86.	Le supplément du cinquième cesse également d'être alloué : 1° Pour le temps de leur route, aux officiers qui passent d'un établissement dans un autre ; 2° Pour les journées de permission ou de congé et d'hôpital à ceux qui, pendant la durée de leur mission, se trouvent dans l'une ou l'autre de ces positions.
S.-officiers, brigadiers, cavaliers et cavaliers vétérans. 1er Sem. 1843, p. 36.	La solde de station de leur grade et de leur arme, avec un supplément de 5 centimes par jour.	Ces allocations sont dues à partir du lendemain de l'arrivée des sous-officiers, brigadiers et cavaliers dans les dépôts ou succursales de remonte, jusqu'au jour inclus de leur rentrée au corps, sauf le cas de séjour à l'hôpital et de permission ou de congé. Elles sont exclusives du droit à la fourniture du pain lorsqu'elles se cumulent avec l'indemnité de route ou l'indemnité particulière de découcher. Les hommes qui se rendent pour la première fois dans un établissement de remonte, ou qui y retournent pour prendre des chevaux, sont traités selon la règle commune. Ils reçoivent, en conséquence, durant leur marche, et à l'exclusion du supplément de 5 centimes, la solde de route, s'ils sont en détachement, ou la solde dite *sans vivres*, s'ils voyagent isolément.

SOLDE DE DISPONIBILITÉ (a).

ÉTATS-MAJORS.		FIXATION			SOLDE d'hôpital.
		PAR AN.	PAR MOIS.	PAR JOUR.	PAR JOUR.
		fr. c.	fr. c.	fr. c.	
État-major général.	Lieutenant général.	9,495 00	791 25 0	26 37 5	. . . . .
	Maréchal de camp.	6,330 00	527 50 0	17 58 3	. . . . .
Corps royal d'état-major.	Colonel.	3,970 00	330 83 3	11 02 7	8 02 7
	Lieutenant-colonel.	3,435 00	286 25 0	9 54 1	6 54 1
	Chef d'escadron. . . t	2,792 50	232 70 8	7 75 6	4 75 6
	Capitaine (b). de 1re classe. .	1,762 50	146 87 5	4 89 5	2 89 5
	de 2e classe.	1,562 50	130 20 8	4 34 0	2 34 0
Intendance militaire.	Intendant militaire.	6,147 50	512 29 1	17 07 6	. . . . .
	Sous intendant de 1re classe. .	3,970 00	330 83 3	11 02 7	8 02 7
	de 2e classe. .	3,435 00	286 25 0	9 54 1	6 54 1*
	Adjoint à l'intendance de 1re classe. .	2,792 50	232 70 8	7 75 6	4 75 6
	de 2e classe. .	1,762 50	130 20 8	4 34 0	2 34 0*
État-major particulier de l'artillerie.	Colonel.	3 970 00	330 83 3	11 02 7	8 02 7
	Lieutenant-colonel.	3,435 00	286 25 0	9 54 1	6 54 1
	Chef d'escadron.	2,792 50	232 70 8	7 75 6	4 75 6
	Capitaine. . . en premier. .	1,580 00	131 66 6	4 38 8	2 38 8
	en second. . .	1,380 00	115 00 0	3 83 3	1 83 3
État-major particulier du génie.	Colonel.	3,970 00	330 83 3	11 02 7	8 02 7
	Lieutenant-colonel.	3,435 00	286 25 0	9 54 1	6 54 1
	Chef d'escadron.	2,792 50	232 70 8	7 75 6	4 75 6
	Capitaine . . en premier. .	1,580 00	131 66 6	4 38 8	2 38 8
	en second. . .	1,380 00	115 00 0	3 83 3	1 83 3
	Lieutenant.	1,105 00	92 08 3	3 07 0	1 57 0
Capitaine au corps d'état-major (solde transitoire) (b).		1,612 50	134 37 5	4 48 0	2 48 0

* Modification apportée par les lois de finance de 1849 et 1850, *Journal militaire*, 1er sem., p. 231.

(a) La solde de disponibilité comprend la moitié de la solde d'activité et des indemnités de logement et de fourrages.

(b) Cette fixation est applicable aux capitaines qui, en vertu de la décision royale du 16 août 1838, ont conservé transitoirement la jouissance de la solde de disponibilité qui avait été fixée, pour ce grade, par le Tableau n° 34 du tarif annexé à l'ordonnance du 25 décembre 1837.

Officiers. — Prisonniers de guerre de toutes les puissances indistinctement, assimilés, par leurs grades ou emplois, aux grades, dans l'armée française, de :

	SOLDE de station dans les dépôts.		SOLDE d'absence à l'hôpital.
	PAR MOIS.	PAR JOUR.	Par jour.
	fr. c.	fr. c.	fr. c.
lieutenant général.............	250 00 0	8 33 3	7 33 3
maréchal de camp ou intendant militaire.	166 66 6	5 55 5	4 55 5
colonel ou sous-intendant militaire.......	100 00 0	3 33 3	2 33 3
lieutenant colonel.............	83 33 3	2 77 7	1 77 7
chef de bataillon ou adjoint à l'intendance militaire.......	75 00 0	2 50 0	1 50 0
capitaine.............	50 00 0	1 66 6	1 00 0
lieutenant.............	37 50 0	1 25 0	0 75 0
sous-lieutenant.............	29 16 0	0 97 2	0 55 6
médecin, chirurgien, pharmacien } principal.	75 00 0	2 50 0	1 97 7
médecin ordinaire, chirurgien, pharmacien } major.........	50 00 0	1 66 6	1 00 0
médecin adjoint, chirurgien, pharmacien } aide-major.........	37 50 0	1 25 0	0 85 0
chirurgien sous-aide-major.....	23 16 0	0 97 2	0 64 0
Troupes. — Prisonniers de guerre (les Anglais exceptés), assimilés, par leurs grades, aux grades dans l'armée française, de : adjudant, tambour-major, sergent-major, sergent et fourrier..	....	0 36 0	0 05 0
caporal-tambour, caporal.............	....	0 26 5	0 05 0
musicien, tambour, soldat.............	....	0 18 5	0 05 0
Prisonniers de guerre anglais, quel que soit le grade auquel ils sont assimilés.............	....	0 07 5	0 02 5

(Les non-combattans sont assimilés aux soldats.) Il est accordé aux interprètes, en sus de la solde attribuée au grade auquel ils sont assimilés, un supplément de 75 centimes par journée de présence. Il n'y a qu'un seul interprète pour 500 hommes.

Les officiers promus à de nouveaux grades par leur gouvernement, depuis leur captivité, n'ont droit qu'au traitement du grade qu'ils avaient lorsqu'ils ont été faits prisonniers de guerre.

Nota. Les otages sont traités comme non-combattans lorsqu'ils n'ont pas de moyens d'existence.

Les sous-officiers et soldats et les non-combattans, prisonniers de guerre (les Anglais exceptés), ont droit à une ration de pain et à une ration de chauffage par jour.

Les prisonniers de guerre anglais, bas officiers, soldats et non-combattans ont droit, pour chaque journée de présence, à une ration de pain ou biscuit, une ration de viande, une ration de riz ou de légume, une ration de sel et une ration de chauffage.

Les femmes et les enfans, prisonniers, de toutes les puissances, n'ont droit, en station, qu'à une ration de pain et à une ration de chauffage.

On délivre à tous les prisonniers, hommes, femmes et enfans, présens au dépôt, pour leur coucher, des demi-fournitures ou de la paille de couchage. Cette dernière fourniture se calcule d'après le nombre de journées de station et se régularise par des revues.

Les prisonniers de guerre anglais, bas officiers, soldats, non-combattans, femmes et enfans, ont droit à une masse d'entretien fixée à 6 francs par an pour chaque prisonnier, et à une masse de linge et chaussure fixée à 5 centimes par jour, aussi pour chaque prisonnier. Ces deux masses sont décomptées d'après le nombre de journées de présence en station et d'absence à l'hôpital. Elles s'administrent en commun, et les prisonniers n'en reçoivent aucun décompte.

La solde des prisonniers de guerre travailleurs (les Anglais exceptés) ne doit pas leur être payée. Elle est mise en réserve pour former une masse d'habillement dont l'emploi est déterminé spécialement par le Ministre de la guerre.

La solde et les fournitures en nature ne sont dues aux prisonniers qu'à dater du lendemain de leur arrivée au dépôt. L'indemnité de route allouée aux prisonniers de guerre, et qui leur tient lieu de toute solde pendant la marche, est payée conformément à l'ordonnance réglementaire sur les frais de route.

SURVEILLANS DES DÉPOTS DE PRISONNIERS DE GUERRE
ET CONDUCTEURS DE CONVOIS DE PRISONNIERS DE GUERRE.

DÉSIGNATION des FONCTIONS A EXERCER près les prisonniers de guerre.	SOLDE			OBSERVATIONS.
	PAR AN.	PAR MOIS.	PAR JOUR.	
DÉPÔTS. Commandant de dépôt pris parmi les officiers ou sous-officiers de la gendarmerie...	....	....	....	N'a droit à aucune solde pour cet emploi.
Commandant de dépôt pris parmi les militaires en retraite ou en réforme.....	....	....	....	Le complément nécessaire pour, avec sa solde de retraite ou son traitement de réforme, porter son traitement à 100 fr. par mois.
Surveillant.	360 f	30 c	1 f.	
CONVOIS EN MARCHE. Pris dans les corps..	....	....	....	Ont droit aux supplémens de solde accordés aux conducteurs des recrues.
Pris parmi les militaires en réforme ou en retraite.	....	....	....	Ont droit, pour le temps de leur marche, au même complément de solde que les militaires en réforme ou en retraite employés à la conduite des détachemens de recrues, et, en outre, à l'augmentation de solde en route, s'ils sont au nombre de six, et à l'indemnité de route, s'ils sont au-dessous de ce nombre.

NOTA. Il ne peut y avoir qu'un seul commandant par dépôt de prisonniers de cinq cents hommes et au-dessous. Dans les dépôts excédant cette force, il peut y avoir, outre le commandant, un officier ou sous-officier chargé du détail.

(N° 37.) SUPPLÉMENT A LA SOLDE DE ROUTE
POUR LES DISTANCES D'ÉTAPES PARCOURUES EN UN JOUR EN SUS DE LA PREMIÈRE.

DÉSIGNATION DES GRADES.	FIXATION DU SUPPLÉMENT par distance d'étape.	OBSERV.
CORPS DE TOUTES ARMES.		
Colonel et lieutenant-colonel.................	2 f. 00 c.	
Chef de bataillon ou d'escadron, major	1 60	
Capitaine, adjudant-major, trésorier, officier d'habillement, chirurgien-major..............	1 20	
Lieutenant, sous-lieutenant, chirurgien aide-major, porte-drapeau, porte-étendard..........	1 00	
Adjudant sous-officier, vétérinaire en premier. ...	0 40	
Serg.-major, maréchal des logis chef, tamb.-major.	0 16	
Sergent, maréchal des logis, fourrier, trompette-major, vétérinaire en second, maître ouvrier (s'il est sous-officier).	0 14	
Caporal, caporal-tambour ou clairon, brigadier, brigadier trompette, musicien, soldat, tambour, clairon, trompette, maître ouvrier (s'il n'est pas sous-officier), enfant de troupe.............	0 10	

Nombre de chevrons.	FIXATION JOURNALIÈRE.				OBSERVATIONS.
	Infanterie de ligne et légère.		Cavalerie et armes spéciales.		
	Sous-officiers.	Caporaux et soldats.	Sous-officiers.	Caporaux ou brigadiers et soldats.	
	fr. c.	fr. c.	fr. c.	fr. c.	Les canonniers vétérans et les vétérans du génie reçoivent la même haute paye d'ancienneté que celle réglée pour les armes spéciales.
Haute paye pour ancienneté de service. après 7 ans... 1	0 10 0	0 08 0	0 45 0	0 42 0	
après 44 ans... 2	0 45 0	0 40 0	0 20 0	0 45 0	Il n'en est point accordé aux compagnies de sous-officiers, de fusiliers et de gendarmes vétérans.
après 45 ans... 3	0 20 0	0 45 0	0 25 0	0 20 0	
Haute paye au tambour-major...	0 fr. 32 c. 8		0 fr. 32 c. 8		Cette fixation est applicable aux sergents-clairons des bataillons de chasseurs à pied.
Haute paye au caporal-sapeur et au sapeur...	0 05 0		....		au régiment des zouaves. 2e sem. 1842, p. 251.

La haute paye a été accordée aux cavaliers vétérans par l'ordonnance du 3 février 1843.

(A) Y compris le régiment des zouaves pour les sous-officiers et soldats français seulement. Ceux indigènes ont droit à une indemnité spéciale fixée à trois centimes par jour, pour chaque période de trois années consécutives. 2e sem. 1842, p. 251.)

(B) Y compris les spahis pour les sous-officiers, brigadiers et soldats français seulement; les indigènes la reçoivent sur le pied de 40 centimes, après deux ans de service, et à 45 centimes, après trois ans. (2e sem. 1844, p. 423.)

Dans les bataillons de tirailleurs d'Afrique, après trois ans de service, dans le corps, les sous-officiers et soldats ont droit à une haute paye fixée à 20 centimes pour les adjudants et les sergents-majors, 45 centimes pour les sergents et fourriers. 40 centimes pour les caporaux et tambours, et centimes pour les tirailleurs. (2e sem. 1844, p. 431.)

(N° 39.) INDEMNITÉ POUR FRAIS DE REPRÉSENTATION ET DE BUREAU.

Arrêté du 14 juillet 1848, *Journal militaire*, p. 24, modifié par les lois de finances des 15 mai 1849 et 15 mai 1850.

GRADES ET EMPLOIS.	FIXATION DE L'INDEMNITÉ POUR						OBSERVATIONS.
	FRAIS DE REPRÉSENTATION			FRAIS DE BUREAU (A)			
	par an	par mois	par jour.	par an.	par mois.	par jour.	
	fr. c. m.	fr. c. m.	fr. c. m.	fr. c. m.	fr. c. m.	fr. c. m.	1° Les commandants de division qui exercent directement le commandement de la subdivision de leur résidence ont droit à l'indemnité de frais de bureau, déterminée pour la classe à laquelle appartient cette subdivision.
ÉTATS-MAJORS. commandant la 1re division militaire..	6000 00 0	500 00 0	16 66 6	6000 00 0	500 00 0	16 66 6	
Command. une division active à Paris	3600 00 0	300 00 0	10 00 0	1400 00 0	116 66 6	3 88 8	
command. une division de 1re classe (B)	4200 00 0	350 00 0	11 66 6	1800 00 0	150 00 0	5 00 0	
command. une division de 2e classe (C)	3600 00 0	300 00 0	10 00 0	1400 00 0	116 66 6	3 88 8	2° Les commandants de division ou de subdivision qui réunissent momentané-
président d'un comité d'armes (1)	....			....		.....	

(1) Il est alloué à ces officiers généraux, à titre de frais de représentation, une indemnité de 200 francs par mois pendant la durée de la session des comités.

(A) Les allocations affectées aux frais de bureau ne sont point passibles de la retenue de 2 p. 0/0.

(B) Les divisions rangées dans la 1re classe sont les 2e, 3e, 5e, 6e, 8e, 9e, 10e, 12e, 14e, 15e et 16e.

(C) Les divisions rangées dans la 2e classe sont les 4e, 7e, 11e, 13e, 17e, 18e, 19e, 20e et 21e.

GRADES ET EMPLOIS.	FIXATION DE L'INDEMNITÉ POUR						OBSERVATIONS.
	FRAIS DE REPRÉSENTATION			FRAIS DE BUREAU			
	par an.	par mois.	par jour.	par an.	par mois.	par jour.	
ÉTATS-MAJORS	fr. c. m	fr. c. m.	fr. c. m.	fr. c. m	fr. c. m	fr. c. m.	...ment à leur commandement celui d'une ou plusieurs subdivisions, reçoivent l'indemnité de frais de bureau affectée à ces subdivisions. La même règle est suivie à l'égard du colonel, qui, appelé à remplacer provisoirement un général de brigade, tout en continuant de commander une partie quelconque de son corps, ne cesse pas d'avoir droit à l'indemnité attribuée à ce dernier commandement.
Inspecteurs généraux d'armes (D).	....	....	....	....	....	....	
Officiers généraux employés dans les camps de manœuvre (E).	....	....	....	....	....	....	
Général — commandant la subdivision de la Seine et la place de Paris .	2200 00 0	183 33 3	6 11 1	4800 00 0	400 00 0	13 33 3	3. Les indemnités de représentation et de frais de bureau des officiers généraux et autres, employés à une armée sur le pied de guerre ou en rassemblement, sauf celles des chefs de corps, sont fixées par des décisions spéciales.
commandant une subdivision militaire de 1re classe (F) .	....	....	....	....	....	....	
commandant une brigade dans l'intérieur.	800 00 0	66 66 6	2 22 2	400 00 0	33 33 3	1 11 1	
command. l'artillerie dans les div. milit..	....	....	....	....	....	....	
command. une subdiv. milit de 2e classe. .	....	....	....	....	....	....	
Commandant d'une école militaire ou du collège militaire de La Flèche. .	1600 00 0	133 33 3	4 44 4	800 00 0	66 66 6	2 22 2	Du 1er octobre au 31 mars, les commandants des places de 1re, 2e et 3e classes reçoivent une indemnité supplémentaire de 30 fr. par mois pour le chauffage de leur bureau.
Directeur des poudres et salpêtres. .	1200 00 0	100 00 0	3 33 3	....	....	....	
État-major des places — Commandant de place à Lille, Metz, Strasbourg, Brest, Toulon, Lyon .	1100 00 0	91 66 6	3 05 5	400 00 0	33 33 3	1 11 1	Lorsque, dans des circonstances extraordinaires, les nécessités du service exigent qu'il soit alloué des frais de bureau à des commandants de places ouvertes, le ministre détermine la quotité de ces allocations spéciales.
Command. d'une autre place de 1re classe	900 00 0	75 00 0	2 50 0	300 00 0	25 00 0	0 83 3	
Commandant d'une place de 2e classe .	660 00 0	55 00 0	1 83 3	240 00 0	20 00 0	0 66 6	
Commandant d'une place de 3e classe. .	340 00 0	28 33 3	0 94 4	160 00 0	13 33 3	0 44 4	
Colonel du génie, commandant supérieur de l'arme en Algérie .	3840 00 0	320 00 0	10 66 6	960 00 0	80 00 0	2 66 6	
Officier commandant une école du génie.	....	....	....	....	....	....	
CORPS DE TROUPE.							
Officier supér. command. — Colonel commandant un régiment { d'infanterie, d'artillerie, du génie	1500 00 0	125 00 0	4 16 6	300 00 0	25 00 0	0 83 3	
de cavalerie, un b. de chass. à pied	1200 00 0	100 00 0	3 33 3	300 00 0	25 00 0	0 83 3	
un batail. d'infanterie légère d'Afrique, un bat. de tirailleurs indigènes d'Afrique, le bat. d'ouvriers d'ad., un esc. du train des parcs d'artillerie, un esc. du train des équipages militaires.	600 00 0	50 00 0	1 66 6	200 00 0	16 66 6	0 55 5	

(D) Les indemnités extraordinaires des inspecteurs généraux d'armes sont déterminées, chaque année, par une décision du Ministre de la guerre. Elles ne sont point passibles de la retenue de 2 p. 0/0.

(E) Les indemnités attribuées à ces officiers généraux sont fixées par le Ministre de la guerre.

(F) Sont rangées dans la 1re classe les subdivisions de Versailles, Orléans, Rouen, Arras, Nancy, Dijon, Châlon-sur-Saône, Lyon, Grenoble, Toulon, Avignon, Nîmes, Périgueux, Bourges, Limoges, Moulins, Napoléon-Vendée, Tours, Brest et Ajaccio. Toutes les autres subdivisions sont rangées dans la 2e classe.

DÉSIGNATION DES ARMES ET DES GRADES.		NOMBRE de RATIONS par JOUR.	OBSERVATIONS
État-major général....	Lieutenant général......	6	L'indemnité représentative de fourrages est invariablement fixée à 1 franc par ration.
	Maréchal de camp......	4	
Corps royal d'état-major.............	Colonel..............	2	Les capitaines de cavalerie, employés comme officiers d'ordonnance, ont droit à l'indemnité de fourrages sur le pied de deux rations par jour, s'ils justifient avoir conservé leurs chevaux.
	Lieutenant-colonel......	2	
	Chef d'escadron.........	1	
	Capitaine.............	1	
	Lieutenant officier d'ordonnance............	1	
Intendance militaire..	Intendant.............	3	
	Sous-intendant........	2	
	Adjoint à l'intendance...	1	
États-majors paticuliers de l'artillerie et du génie...........	Colonel..............	2	Les officiers d'artillerie et du génie employés comme aides de camp près des officiers généraux de ces armes reçoivent l'indemnité de fourrages pour le nombre de rations allouées aux officiers de leur grade dans les régimens d'artillerie.
	Lieutenant-colonel......	2	
	Chef de bataillon ou d'escadron...........	1	
État-major des parcs de construction des équipages militaires.	Colonel..............	2	
	Lieutenant-colonel......	2	
	Chef d'escadron........	1	
	Capitaine (autre que celui en résidence fixe)	1	
	Lieutenant et sous-lieutenant.............	1	
Corps de troupes à pied............ ..	Colonel	2	
	Lieutenant-colonel......	2	
	Chef de bataillon et major	1	

NOTA. Les droits des officiers employés, soit comme aides de camp ou officiers d'ordonnance du Roi et des princes de la famille royale, soit à l'état-major du ministre de la guerre, ou à ceux de la 1re division militaire et de la place de Paris, sont réglés par des décisions spéciales.

GRADES.	par an.	par mois.	par jour.
ÉTAT-MAJOR GÉNÉRAL ET CORPS ROYAL D'ÉTAT-MAJOR.			
Maréchal de France. } Lieutenant général.. } commandant en chef une armée.	6,000ᶠ	500ᶠ	16ᶠ 66ᶜ 6
Lieutenant général.	1,800	150	5 00 0
Maréchal de camp	1,200	100	3 33 3
Colonel	960	80	2 66 6
Lieutenant-colonel	840	70	2 33 3
Chef de bataillon ou d'escadron	720	60	2 00 0
Capitaine	300	30	1 00 0
Lieutenant	240	20	0 66 6
INTENDANCE MILITAIRE.			
Intendant	1,200	100	3 33 3
Sous-intendant	960	80	2 66 6
Adjoint } de 1ʳᵉ classe	720	60	2 00 0
de 2ᵉ classe	360	30	1 00 0
ÉTAT-MAJOR DES PLACES.			
Commandant de place, citadelle, fort ou château	"	"	"
Major de place	"	"	"
Adjudant de place	"	"	"
Secrétaire-archiviste. } Officier	"	"	"
Sous-officier	180	15	0 50 0
Aumônier	360	30	1 00 0
Portier-consigne	144	12	0 40 0
Batelier aide-portier	132	11	0 36 6
ÉTATS-MAJORS DE L'ARTILLERIE ET DU GÉNIE.			
Colonel	960	80	2 66 6
Lieutenant-colonel	810	70	2 33 3
Chef de bataillon ou d'escadron	720	60	2 00 0
Capitaine et lieutenant	360	30	1 00 0
Contrôleur des manufactures d'armes	"	"	"
Contrôleur et contrôleur adjoint des fonderies	240	20	0 66 6
Contrôleur d'armes dans les directions	144	12	0 40 0
Agent principal comptable de l'artillerie, garde d'artillerie ou du génie, chef et sous-chef d'ouvriers d'état, maître et chef artificier	180	15	0 50 0
Ouvrier d'état	120	10	0 33 3
ÉCOLES D'ARTILLERIE ET DU GÉNIE.			
Professeur	360	30	1 00 0
Répétiteur	180	15	0 50 0
PARCS DE CONSTRUCTION DU TRAIN DES ÉQUIPAGES MILITAIRES.			
Colonel	960	80	2 66 6
Lieutenant-colonel	840	70	2 33 3
Chef d'escadron	720	60	2 00 0
Capitaine	360	30	1 00 0
Lieutenant et sous-lieutenant	240	20	0 66 6
Garde d'équipage, chef et sous-chef d'ouvriers d'état	180	15	0 50 0
Ouvrier d'état	120	10	0 33 3
Portier	144	12	0 40 0
Aide-portier	132	11	0 36 6

L'INDEMNITÉ

D'AMEUBLEMENT,						OBSERVATIONS.
par an.	par mois.			par jour.		
2,000f	166	66m	6	5	65c	5	Voir le tableau n° 55 ter en ce qui concerne l'armée d'Afrique.
600	50	00	0	1	66	6	Les lieutenants généraux commandant les divisions militaires (la 1re exceptée), logés aux frais de l'État, reçoivent une indemnité d'ameublement fixée à 1,800 fr. par an.
400	33	33	3	1	11	1	
320	26	66	6	0	88	8	
280	23	33	3	0	77	7	
240	20	00	0	0	66	6	
180	15	00	0	0	50	0	
120	10	00	0	0	33	3	
400	33	33	3	1	11	1	Les sous-intendants militaires de 2e classe sont traités selon la fixation arrêtée pour le grade de lieutenant-colonel. (Intérieur et Algérie.) Lois de finances des 15 mai 1849 et 1850.
320	26	66	6	0	88	8	
240	20	00	0	0	66	6	
180	15	00	0	0	50	0	
"	"			"			
"	"			"			
"	"			"			Selon leur grade.
"	"			"			
90	7	50	0	0	25	0	
180	15	00	0	0	50	0	N'ont pas droit à l'indemnité d'ameublement.
"	"			"			
"	"			"			
320	26	66	6	0	88	8	
280	23	33	3	0	77	7	
240	20	00	0	0	66	6	
180	15	00	0	0	50	0	
120	10	00	0	0	33	3	N'y a pas droit.
72	6	00	0	0	20	0	
90	7	50	0	0	25	0	
60	5	00	0	0	16	6	
180	15	00	0	0	50	0	
90	7	50	0	0	25	0	
320	26	66	6	0	88	8	
280	23	33	3	0	77	7	
240	20	00	0	0	66	6	
180	15	00	0	0	50	0	
120	10	00	0	0	33	3	
90	7	50	0	0	25	0	
60	5	00	0	0	16	6	
"	"			"			

GRADES	FIXATION DE LOGEMENT				
	par an.	par mois.	par jour.		
HÔPITAUX MILITAIRES.					
Médecin, chirurgien ou pharmacien inspecteur............	1,500ᶠ	125ᶠ	4ᶠ	16ᶜ	6
Médecin, chirurgien ou pharmacien principal de 1ʳᵉ et 2ᵉ cl	720	60	2	00	0
Médecin ordinaire, chirurgien ou pharmacien-major.......	360	30	1	00	0
Premier professeur......	»	»		»	
Deuxième professeur............	»			»	
Médecin adjoint, chirurgien ou pharmacien aide-major.....	240	20	0	66	6
Chirurgien et pharmacien aide-maj. commiss. et s.-aide.	240	20	0	66	6
Officier d'administration principal...	720	60	2	00	0
Officier d'administration comptable et aumônier...........	360	30	1	00	0
Adjudants d'administration............	240	20	0	66	6
SUBSISTANCES MILITAIRES, HABILLEMENT ET CAMPEMENT.					
Officier d'administration principal........	720	60	2	00	0
Officier d'admidistration comptable........	360	30	1	00	0
Adjudans d'administration............	240	20	0	66	6
CORPS DE TROUPE. (A)					
Colonel............	960	80	2	66	6
Lieutenant-colonel...........	840	70	2	33	3
Chef de bataillon ou d'escadron et major.......	720	60	2	00	0
Trésorier. — Indemnité personnelle...........	360	30	1	00	0
Trésorier. — Indemnité pour l'emplacement du bureau (1)............	216	18	0	60	0
Officier payeur en fonction près d'une portion de corps — Indemnité personnelle........	»	»		»	
Officier payeur en fonction près d'une portion de corps — Indemnité pour l'emplacement du bureau (1)............	120	10	0	33	3
Officier d'habillement — Indemnité personnelle...........	360	30	1	00	0
Officier d'habillement — Indemnité pour l'emplacement du bureau (1).........	120	10	0	33	3
Capitaine, adjudant-major, chirurgien-major............	360	30	1	00	0
Lieutenant, sous-lieutenant, chirurgien aide-major.......	240	20	0	66	6
Vétérinaires principaux................	360	30	1	00	0
Vétérinaires en premier................	240	20	0	66	6

NOTA. Les indemnites de logement et d'ameublement sont augmentées de moitié, en sus Paris (*intrà muros*), et qu'ils se trouvent dans une des positions donnant droit au supplé résidence à Paris est réduit au quart, et au tiers, pour les généraux de brigade et inten

L'emplacement nécessaire au service du génie pour le dépôt des papiers, plans et mé Toutefois, s'il était absolument impossible d'y pourvoir dans quelques localités, ce fait de 40 fr. ou de 5 fr. par mois, selon le cas.

(1) En cas d'absence des trésoriers, officiers payeurs et officiers d'habillement titulaires, grade.

(A) Y compris le régiment des Zouaves, les bataillons de Tirailleurs d'Afrique et les Spahis.

DE L'INDEMNITÉ

D'AMEUBLEMENT,			OBSERVATIONS.
par an.	par mois.	par jour.	
500f	41f 66c 6	1f 38c 8	2e Sem. 1841, p. 312.
240	20 00 0	0 66 6	
180	15 00 0	0 50 0	
"	"	"	Selon leur grade.
120	10 00 0	0 33 3	2e Sem. 1841, p. 313.
120	10 00 0	0 33 3	
240	20 00 0	0 66 6	
180	15 00 0	0 50 0	
120	10 00 0	0 33 3	
240	20 00 0	0 66 6	
180	15 00 0	0 50 0	
120	10 00 0	0 33 3	
320	26 66 6	0 88 8	
280	23 33 3	0 77 7	
240	20 00 0	0 66 6	
180	15 00 0	0 50 0	
108	9 00 0	0 30 0	
"	"	"	Celle de son grade.
60	5 00 0	0 16 6	
180	15 00 0	0 50 0	
60	5 00 0	0 16 6	Les capitaines et lieutenans des compagnies de discipline recevant la solde du grade supérieur, le même avantage leur est accordé sous le rapport de l'indemnité de logement.
180	15 00 0	0 50 0	N'y ont pas droit, attendu qu'en raison de la nature de leurs fonctions, ils doivent toujours être logés dans les bâtimens militaires.
120	10 00 0	0 33 3	
180	15 00 0	0 50 0	
120	10 00 0	0 33 3	

pour les officiers et employés désignés au tableau ci—dessus, lorsqu'ils sont employés à
ment de solde. Le supplément de moitié en sus, alloué aux généraux de division, pour
dants militaires employés dans la même résidence. (Lois de finances des 15 mai 1849 et 1850.)
moires de chaque place, doit être fourni dans les bâtiments militaires, et avec meubles.
devrait être constaté par un procès-verbal, et il serait alloué une indemnité représentative

leurs suppléants reçoivent cette portion d'indemnité avec l'indemnité de logement de leur

GRADES ET EMPLOIS.

ÉTATS-MAJORS.
—

Chefs d'état-major
des divisions militaires.

- 1re division. . . . .
- 8e et 9e *idem.* . . . .
- 15e *idem.* . . . .
- 5e *idem.* . . . .
- 2e et 16e *idem.* . . . .
- 3e, 12e et 14e *idem.* . . . .
- 4e, 6e, 11e et 13e *idem.* . . . .
- 7e, 10e et 17e *idem.* . . . .
- 18e *idem.* . . . .
- 19e, 20e et 21e *idem.* . . . .

Chefs d'état-major des trois divisions militaires en Algérie. . . . .

Officiers employés aux
opérations topographiques
et géodésiques.

- Officier supérieur. . . . .
- Capitaines, lieutenants, sous-lieutenants. . . . .

Intendance militaire. . . . .

Commandant de poste militaire, citadelle, fort ou château non classés parmi les places de
guerre. . . . .

État-major particulier
de l'artillerie.

- Inspecteurs des. . . . forges. . . . .
- fonderies. . . . .
- manufactures d'armes. . . . .
- Vérificateur de la comptabilité des arsenaux. . . . . .
- Direct.r d'une direction de 1re classe (A). { à l'intérieur } . . .
- *Idem.* . . . . de 2e classe (B). { ou en } . . .
- *Idem.* . . . . de 3e classe (C). { Algérie. } . . .

État-major particulier
du génie.

- Directeur des fortifications dans l'intérieur ou en Algérie.

Parc de construction
des équipages militaires.

- Colonel ou lieutenant-colonel directeur. . . . .
- Chef d'escadron commandant un parc. . . . .

CORPS DE TROUPE (D).

Major.

- Régiment d'infanterie, de cavalerie, d'artillerie, du génie,
  corps du train des équipages et école de cavalerie. . .
- Régiment de pontonniers. . . . .
- Régiment de zouaves. . . . .
- Bataillon de chasseurs à pied. . . . .
- Bataillon d'ouvriers d'administration. . . . .

Major ou officier
en remplissant les fonctions.

- Escadron du train des parcs d'artillerie. . . . .
- Bataillon d'infanterie légère d'Afrique. . . . .
- Escadron du train des équipages militaires. . . . . . .
- Bataillon de tirailleurs indigènes de l'Algérie. . . . . .

Officier d'habillement.

- Régiment d'infanterie, de cavalerie, du génie et corps du
  train des équipages militaires. . . . .
- Ecole de cavalerie et bataillon d'infanterie légère d'Afrique.
- Régiment d'artillerie. . . . .
- Bataillons de chasseurs à pied, bataillon d'ouvriers d'ad-
  ministration et régiment de pontonniers. . . . .
- Escadron du train des parcs d'artill. et des équipages milit.
- Régiment de zouaves. . . . .

(A) Directions de Paris, Besançon, Douai, Grenoble, La Fère, Metz, Rennes, Strasbourg,
(B) Directions de Bastia, Bayonne, Cherbourg, Embrun, La Rochelle, Lille, Mézières,
(C) Directions de Brest, du Havre, de Montpellier et de Tours.
(D) Les chefs de corps doivent pourvoir à leurs frais de bureau, au moyen de l'indemnité qui

FRAIS DE BUREAU.

(Tarif modifié par celui du 15 janvier 1852, et par les lois de finances des 15 mai 1849 et 15 mai 1850.)

FIXATION			OBSERVATIONS.
par an.	par mois.	par jour.	
fr.	fr. c. m	fr. c. m	
10 000	833 3.3 3	27 77 7	Dans ces fixations sont comprises les indemnités particulières accordées pour le service des places ouvertes non classées, désignées ci-après :
2.400	200 00 0	6 66 6	Rouen (2e division). . . 600 fr.
2,300	191 66 6	6 38 8	Nancy (5e idem). 400
2 200	183 33 3	6 11 1	Marseille (9e idem). . . . 600
2.000	166 66 6	5 55 5	Avignon (9e idem). 200
1,800	150 00 0	5 00 0	Toulouse (12e idem). . . . 500
1,500	125 00 0	4 16 6	Nantes (15e idem). . . . 500
1,400	116 66 6	3 88 8	Rennes (16e idem). . . . 300
1,300	108 33 3	3 64 4	
1,000	83 33 3	2 77 7	
1,800	150 00 0	5 00 0	
2.400	200 00 0	6 66 6	Ces indemnités ne sont dues que pour le temps de présence sur le terrain, et seulement aux officiers employés en vertu de commissions ministérielles.
1,800	150 00 0	5 00 0	Les frais de bureau des officiers de l'intendance militaire sont fixés tous les ans par des décisions spéciales, en raison de l'importance du service dont ces fonctionnaires se trouvent respectivement chargés.
. . . .	. . . .	. . . .	Les officiers supérieurs actuellement chargés par exception d'un commandement de cette nature, conservent la jouissance de l'indemnité dont ils sont en possession.
450	12 50 0	0 41 6	
1,800	150 00 0	5 00 0	
1,350	112 50 0	3 75 0	
1,200	100 00 0	3 33 3	
1,800	150 00 0	5 00 0	Cette fixation est applicable au directeur de l'arsenal du génie à Metz.
1,800	150 00 0	5 00 0	
600	50 00 0	1 66 6	
300	25 00 0	0 83 3	
150	12 50 0	0 41 6	
450	37 50 0	1 25 0	2e sem. 1842, p. 252.
150	12 50 0	0 41 6	
150	12 50 0	0 41 6	
250	20 83 3	0 69 4	
200	16 66 6	0 55 5	
250	20 83 3	0 69 4	1er sem. 1842, p. 260.
200	16 66 6	0 55 5	Décision du 31 mai 1851, 1er sem., p. 267.
400	33 33 3	1 11 1	
300	25 00 0	0 83 3	
500	41 66 6	1 38 8	
200	16 66 6	0 55 5	
250	20 83 3	0 69 4	1er sem. 1842, p. 260.
550	45 83 3	1 52 7	2e sem. 1842, p. 252.

Toulouse et Toulon.
Nantes, Perpignan, Saint-Omer et Valenciennes.

leur est allouée sous le titre de frais de représentation.

GRADES ET EMPLOIS.

Officier payeur du corps des zouaves.
— avec 1 bataillon. . . . .
— 2 idem. . . . .
— 3 idem. . . . .

Officier payeur des bataillons de chasseurs à pied. . . . .

Officier payeur d'un régiment de cavalerie.
dans l'intérieur. . .
— avec 2 escadrons. . . . .
— 3 idem. . . . .
— 4 idem. . . . .
— 5 idem. . . . .
— 6 idem. . . . .
aux armées. . . .
— avec 2 escadrons. . . . .
— 3 idem. . . . .
— 4 idem. . . . .
— 5 idem. . . . .
— 6 idem. . . . .

Commandants des dépôts et succursales de remonte.
Dépôts. . . . .
de 1re classe. . . . .
de 2e idem. . . . .
Succursales. . . .
de 1re classe. . . . .
de 2e idem. . . . .

Officiers commandant des fractions de corps s'administrant séparément tant dans l'intérieur qu'aux armées.
Un escadron de cavalerie. . . . .
Bataillons de chasseurs à pied (pour chaque compagnie détachée à l'armée) (1). . . . .
Compagnie détachée du bataillon d'ouvriers d'administrat.
Compagnie détachée d'un régiment du génie. . . . .
Compagnie détachée du régiment de pontonniers. . . . .
Batterie détachée d'un régiment d'artillerie. . . . .
Compagnie détachée du train des parcs d'artillerie. . . . . . .
Comp. détachée du tr. des équip. mil. ayant un effectif de
{ 300 hommes et au-dessous. . . . . . .
{ 301 à 400 hommes. . . . .
{ 401 hommes et au-dessus. . . . . . .
Détachement moindre d'une compagnie ou d'une batterie.

Retenues à faire aux trésoriers des corps qui ont des portions détachées.

Régiment d'infanterie et corps des zouaves.
Pour 1 bataillon détaché. . . . .
— 2 idem. . . . .
— 3 idem. . . . .
— 4 idem. . . . .

Régiment de cavalerie.
Pour 1 escadron détaché. . . . .
— 2 idem. . . . .
— 3 idem. . . . .
— 4 idem. . . . .
— 5 idem. . . . .
— 6 idem. . . . .

Bataillon de chasseurs à pied (pour chaque compagnie détachée à l'armée). . . . .
Bataillon de tirailleurs indigènes d'Afrique. . . . .
Compagnie détachée d'un rég. du génie, du rég. de pontonn., du bataillon d'ouvr. d'administr.
Batterie détachée d'un régiment d'artillerie. . . . .
Compagnie détachée du train des parcs d'artillerie. . . . .
Compagnie détachée du train des équipages militaires. . . . .

POUR FRAIS DE BUREAU.

FIXATION			OBSERVATIONS.
par an. (fr.)	par mois. (fr. c. m.)	par jour. (fr. c. m.)	
800	66 66 6	2 22 2	
1,700	141 66 6	4 72 2	2e sem. 1842. p. 252.
2,050	170 83 3	5 69 4	
. . . .	. . . .	. . . .	Il est alloué 110 fr. par compagnie, comme indemnité annuelle pour frais de bureau des officiers payeurs des portions de bataillons de chasseurs à pied qui sont administrées, dans l'intérieur, par un conseil éventuel. (Décis. du 2 juin 1848. 1er sem., p. 440.)
600	50 00 0	1 66 6	
700	58 33 3	1 94 4	
800	66 66 6	2 22 2	
900	75 00 0	2 50 0	
1,000	83 33 3	2 77 7	
700	58 33 3	1 94 4	
800	66 66 6	2 22 2	
1,000	83 33 3	2 77 7	
1,100	94 66 6	3 05 5	
1,350	108 33 3	3 61 1	
900	75 00 0	2 50 0	Il peut être alloué, par décision ministérielle, un supplément d'indemnité de frais de bureau aux commandants des dépôts et succursales de remonte, lorsque le nombre des chevaux achetés dans le cours d'une année, pour un même établissement, s'élève à plus de mille. Dans ce cas, le supplément d'indemnité ne peut excéder 500 fr.
750	62 05 0	2 08 3	
500	41 66 6	1 38 8	
340	28 33 3	0 94 4	
250	20 83 3	0 69 4	Si la portion détachée est moindre d'un escadron, les frais de bureau auxquels donne lieu son administration restent à la charge de l'abonnement du trésorier ou de l'officier payeur.
125	10 41 6	0 34 7	(1) Il n'est point fait d'allocation particulière de frais de bureau pour les détachements stationnés dans l'intérieur. Le trésorier doit pourvoir à cette dépense sur son abonnement, sans qu'il y ait lieu à aucune allocation supplémentaire.
180	15 00 0	0 50 0	
200	16 66 6	0 55 5	A l'armée, le commandant de la portion principale pourvoit, au moyen de son abonnement, à toutes les dépenses de bureau, y compris celles des détachements, s'il en existe.
250	20 83 3	0 69 4	Pour chaque période trimestr., l'applicat. des fixations ci-contre est réglée d'après l'effectif existant au 1er jour du trim. et que constate la rev. correspond. (Déc. roy. du 21 août 1846. 2e s., p.493.)
300	25 00 0	0 83 3	
100	8 33 3	0 27 7	Les détachements de remonte, en raison de leur effectif peu élevé, n'ont point droit à une indemnité de frais de bureau. Les dépenses de cette nature que leur administration peut occasionner continuent d'être payées par le trésorier du corps sur son abonnement.
400	33 33 3	1 11 1	
800	66 66 6	2 22 2	
1,000	83 33 3	2 77 7	
1,200	100 00 0	3 33 3	
60	5 00 0	0 16 6	
120	10 00 0	0 33 3	
180	15 00 0	0 50 0	
240	20 00 0	0 66 6	
300	25 00 0	0 83 3	
360	30 00 0	1 00 0	
50	4 16 6	0 13 8	
1,200	100 00 0	3 33 3	2e sem. 1842, p. 285.
30	2 50 0	0 08 3	
40	3 33 3	0 11 1	Il n'est fait aucune retenue pour les détachements moindres d'une compagnie ou d'une batterie.

GRADES ET EMPLOIS.

Trésorier

Régiment d'infanterie...... { à 4 bataillons. . . . .
à 3 idem. . . . .
à 2 idem. . . . .

Régiment de zouaves. . . . .

Régiment de cavalerie...... { à 6 escadrons. . . . .
à 5 idem. . . . .
à 4 idem. . . . .

Corps des spahis d'Afrique. . . . .
École de cavalerie. . . . .

Régiment d'artillerie. . . . .

Régiment du génie. . . . .

Corps du train des équipages..... { pour 10 compagnies. . . . .
pour chaque compagnie excédant le complet. . . . .

Bataillon de chasseurs à pied. . . . .
Bataillon d'ouvriers d'administration. . . . .
Régiment de pontonniers. . . . .
Bataillon d'infanterie légère d'Afrique. . . . .
Escadron du train des parcs d'artillerie. . . . .
Bataillon des tirailleurs indigènes d'Afrique. . . . .

Escadrons des équipages militaires. . . . .

Officiers et sous-officiers comptables dans les compagnies formant corps entier.

Compagnie de discipline. . . . . . { Officier chargé des détails de la comptabilité, pour faire face à toutes les dépenses. . . . .

Compagnies d'ouv. d'artill., du génie, du train des équipages ; compag. de vétérans. . . . { Commandant de la compagnie, chargé de pourvoir à toutes les dépenses. . .
Sous-officier chargé des détails de la comptabilité (comme indemnité personnelle). . . . .

Chargé des détails dans les dépôts de prisonniers de guerre.

Frais de bureau fixes. . . . .

Frais de bureau sup mentaires. { dans les dépôts de 500 à 1,000 prisonniers. . . . .
idem de 1,000 à 2,000. . . . .
idem au-dessus de 2,000. . . . . . .

Officier payeur d'un régiment d'infanterie (1).

dans l'intérieur... { avec 3 bataillons. . . . .
avec 4 idem. . . . .

aux armées..... { avec 3 bataillons. . . . .
avec 4 idem. . . . .

Retenues à faire aux trésoriers des corps qui ont des portions détachées.

Régiment d'infanterie. { pour 3 bataillons détachés. . . . .
pour 4 idem . . . .

(1) Décision du Président de la République du 28 février 1851, 1° sem., p 78.

POUR FRAIS DE BUREAU.

par an.	par mois. (fr. c. m.)	par jour. (fr. c. m.)	OBSERVATIONS.
fr.	fr. c. m.	fr. c. m.	
3,000	250 00 0	8 33 3	
2,600	216 66 6	7 22 2	
2,100	175 00 0	5 83 3	
3,200	166 66 6	8 88 8	2e sem. 1842, p. 252.
1,800	150 00 0	5 00 0	
1,700	144 66 6	4 72 2	
1,600	133 33 3	4 44 4	
1,200	100 00 0	3 33 3	2e sem. 1844, p. 423.
1,600	133 33 3	4 44 4	
3,200	266 66 6	8 88 8	(1) Les trésoriers des six régiments d'artillerie dont font partie les six batteries à pied non montées détachées en Algérie, subiront, sur leur abonnement de frais de bureau, pour ces batteries, comme pour toute autre batterie détachée, la retenue de 40 fr. par an, prescrite par le tarif. Il y a lieu d'allouer, pour frais de bureau, aux commandants des batteries à pied non montées dont il s'agit, l'indemnité annuelle de 200 fr., uniformément fixée pour chaque batterie détachée. (Décis. minist. du 10 juill. 1847, 2e sem., p. 15.)
2,200	183 33 3	6 11 4	
2,600	216 66 6	7 22 2	
400	8 33 3	0 27 7	
1,500	125 00 0	4 16 6	
1,500	125 00 0	4 16 6	
1,200	100 00 0	3 33 3	2e sem. 1842, p. 186. Peloton hors rang, cadre de dépôt et 6 compagnies. — Pour 4 compagnies, le cadre de dépôt et la compagnie hors rang, l'allocation n'est que de 1.300 fr. — L'allocation est diminuée de 100 fr. par an, pour chaque compagnie qui vient à être dissoute. (1er sem. 1852, p. 266.)
1,500	125 00 0	4 16 6	
500	41 66 6	1 38 8	
480	40 00 0	0 50 0	
480	40 00 0	0 50 0	
300	25 00 0	0 83 6	
300	25 00 0	0 83 3	
360	30 00 0	1 00 0	
420	35 00 0	1 16 0	
1,850	154 16 6	5 13 8	L'officier payeur doit tenir compte au trésorier de la dépense occasionnée par la présence, au dépôt, de toute compagnie qui s'y trouverait en sus du nombre fixé par l'ordonnance organique de l'arme (une par bataillon). La même obligation existe, pour le trésorier, à l'égard de l'officier payeur, en ce qui touche les compagnies affectées au dépôt par ladite ordonnance et qui viendraient à quitter la portion centrale pour faire partie des bataillons détachés (1). Il n'est point fait d'allocation particulière de frais de bureau pour un détachement d'infanterie moindre d'un bataillon ; dans ce cas, le trésorier ou l'officier payeur doit pourvoir à la dépense sur son abonnement, sans qu'il y ait lieu à aucune allocation supplémentaire. NOTA. Dans toute portion de corps administrée par un conseil éventuel (infanterie ou cavalerie), l'officier payeur est tenu de supporter les dépenses de frais de bureau que nécessitent les fonctions de major et d'officier d'habillement. La quotité des allocations à prélever sur son abonnement, pour cet objet, est réglée par une délibération du conseil éventuel, proportionnellement au nombre de bataillons ou d'escadrons détachés (1).
2,300	191 66 6	6 38 8	
2,050	170 83 3	5 69 4	
2,500	208 33 3	6 94 4	
1,150	95 83 3	3 19 4	
1,400	116 66 6	3 88 8	

MAJOR.

Un registre des déserteurs;
Les états de mutations journalières;
Les pièces, tableaux et états de toute nature relatifs au recrutement;
Les signalemens des déserteurs;
Les plaintes en désertion ou pour tout autre délit;
Les honoraires d'un secrétaire;
L'emplacement, le chauffage et l'éclairage du bureau;
Achat de papier, plumes, encre et autres fournitures de bureau.

OFFICIER D'HABILLEMENT.

Un registre des recettes et consommations des étoffes et effets d'habille-
ment;
Un registre-matricule de l'habillement;
Un registre-matricule de l'équipement;
Un registre-matricule du harnachement;
Un registre-matricule de l'armement;
Un journal des réparations à faire à ces divers objets;
Un registre des pièces d'armes;
Un registre de correspondance;
Les livrets d'armes et de munitions;
Les demandes d'habillement, etc., et les pièces à l'appui
Les bons généraux d'habillement et de harnachement;
Les bons généraux de petit équipement;
Les marchés de toute espèce;
Les états d'habillement des hommes passant à d'autres corps;
Les honoraires d'un secrétaire;
Achat de papier, plumes, encre et autres fournitures de bureau;
Le chauffage et l'éclairage du bureau, et généralement toutes les dépenses
qu'entraine la gestion du comptable;
Les fournitures du bureau de l'officier d'armement.

TRÉSORIER.

Un registre des délibérations;
Un registre de caisse;
Un livret des sommes en dépôt dans les caisses du trésor:
Un registre-journal des recettes et payemens;
Un registre central d'exercice;
Un registre des situations trimestrielles de la masse individuelle;
Un registre-matricule des chevaux;
Un registre des avances et fournitures en route aux militaires isolés;
Un registre des situations journalières de l'effectif et des distributions de
vivres, etc.;
Un registre des fourneaux économiques;
Un livret de solde;
Un registre de correspondance;

Un registre du capitaine instructeur (cavalerie);
Les registres d'ordre;
Les livres de compagnie (1re et 2e partie);
Les registres de punition;
Les feuilles de journées et les feuilles d'appel de l'état-major et des compagnies;
Les feuilles de décompte de la masse individuelle;
Les feuilles de prêt;
Les situations et rapports journaliers des compagnies;
Les billets d'hôpital;
Les certificats de bonne conduite et ceux d'existence;
Les congés et permissions de toute nature;
Les états de situation à fournir au ministère de la guerre et aux états-majors;
Les états mensuels de mutations des officiers;
Les bons de subsistances, fourrages et chauffage;
Les procès-verbaux de pertes de chevaux;
Les procès-verbaux de délivrance ou de reprise des fourneaux économiques;
Les certificats de visite et de contre-visite;
Les mémoires de proposition pour la retraite, etc.:
Les états de service des officiers,
Les certificats de cessation de payement;
Les états de masse des hommes passant à d'autres corps;
Les divers états à l'appui des revues de liquidation, et enfin les états de solde, bordereaux, feuilles d'émargement et autres imprimés.

Le trésorier doit fournir au lieutenant-colonel les registres ou feuilles à l'usage de cet officier supérieur, savoir :
Un registre du personnel des officiers;
Un registre d'ordre du régiment;
Un registre-journal des marches et opérations militaires;
Un registre des corps de garde de police;
Un registre des jugemens des conseils de discipline;
Les tableaux d'avancement des sous-officiers et soldats;
Les feuilles de rapports journaliers.

Il doit aussi payer : 1° aux adjudans et aux sergens-majors, l'indemnité de deux francs par mois qui leur est accordée pour frais de bureau (1); 2° la dépense du chauffage et de l'éclairage de son bureau; 3° les frais de passe-de-sacs et les honoraires de ses secrétaires; 4° les fournitures et ustensiles de bureau, et généralement toutes les dépenses qu'entraîne sa gestion, de quelque nature qu'elles soient.

* * *

Nota. En cas de décès ou de changement de destination d'un trésorier ou d'un officier payeur, le nouveau titulaire doit tenir compte à son prédécesseur ou à sa succession de la valeur relative des registres et des livres de compagnie en service, eu égard à la durée qu'ils ont encore à parcourir. Il doit aussi rembourser la valeur des imprimés qui lui sont remis, s'il peut les utiliser pour son service.

D'après le même principe, lorsqu'une portion de corps destinée à s'administrer séparément se détache de la portion principale, ou que les deux portions se réunissent, le trésorier et l'officier payeur se tiennent également compte entre eux de la valeur relative des livres de compagnie en service.

---

(1) La fixation particulière déterminée pour les régimens d'artillerie est maintenue.

(N° 43.) INDEMNITÉ EN REMPLACEMENT D'EAU-DE-VIE.

Tarif du 26 avril 1849, *Journal militaire*, p. 237.

DÉSIGNATION des divisions militaires.	FIXATION de l'indemnité par jour.	OBSERVATIONS.
	fr. c. m.	
1re division militaire...........	0 03 00	Le ministre a décidé qu'à l'avenir il ne sera plus fait de distribution d'eau-de-vie des magasins militaires dans les divisions territoriales de l'intérieur. Lorsque des allocations extraordinaires de ce liquide auront été autorisées, les corps y pourvoiront directement au moyen d'une indemnité, payable avec la solde.
2e.	0 03 00	
3e.	0 03 00	
4e.	0 03 00	
5e.	0 03 00	
6e.	0 03 00	
7e.	0 02 00	
8e.	0 02 00	Le taux de cette indemnité, applicable à la ration de 1/16e de litre, sera le double de celle fixée par le tarif en vigueur du 26 avril 1849, inséré au *Journal militaire*, 1er sem., p. 237.
9e.	0 02 50	
10e.	0 02 50	
11e.	0 02 50	
12e.	0 02 00	
13e.	0 03 00	
14e.	0 02 00	
15e.	0 03 00	(Décision ministérielle du 20 nov. 1851, 2e sem., p. 338.)
16e.	0 03 00	
17e.	0 02 50	

NOTA.— La durée réglementaire de l'allocation de l'indemnité en remplacement d'eau-de-vie est fixée ainsi qu'il suit :
Dans les 1re, 2e, 3e, 4e, 5e, 13e, 14e, 15e et 16e divisions, du 21 juin au 31 août.
Dans les 6e, 7e, 8e, 9e, 10e, 11e, 12e et 17e divisions, du 1er juin au 30 septembre.
Cette indemnité n'est pas due pour les militaires présents dans les salles de convalescents.
(Décision ministérielle du 12 mars 1846, *Journal militaire*, p. 164.

(N° 44). INDEMNITÉ EXTRAORDINAIRE EN RASSEMBLEMENT.

États-majors et corps de toutes armes.
- Officier supérieur.. 40 f 00 c par mois.
- Capitaine et chirurgien-major.............................. 40 00
- Lieutenant, chirurgien aide-major, sous-lieutenant.......... 30 00
- Garde d'artillerie, du génie ou des équipages militaires 24 00
- Vétérinaire
  - principal. 40 00
  - en premier. .... 30 00 } 2e Sem. 1843, p. 86.
  - aide-vétérinaire. 24 00
  - sous-aide vétérinaire. 18 00
- Adjudant sous-officier....................................... 0 15 par jour
- Sous-officier.. 0 8
- Caporal ou Brigadier et Soldat.............................. 0 5

Services administratifs.
- Médecin, chirurgien ou pharmacien principal..................
- Officier d'administration principal
  - des hôpitaux..
  - des subsistances militaires............................. } 60 00 par mois
  - de l'habillement et du campement........................
- Médecin ordinaire, chirurgien ou pharmacien-major............
- Officier d'administration comptable
  - des hôpitaux..
  - des subsistances militaires............................. } 40 00 par mois
  - de l'habillement et du campement........................

(Suite du n° 44.)

Services administratifs. (Suite.)	Médecin adjoint, chirurgien ou pharmacien aide-major, chirurgien sous-aide................................	
	Adjudant d'administration des hôpitaux........................	30 f. 00 c. par mois.
	des subsistances militaires................	
	de l'habillement et du campement........	

Lorsque des employés militaires non désignés au présent tableau doivent participer à l'allocation de l'indemnité en rassemblement, les fixations ci-dessus leur sont appliquées par assimilation.

Dans le cas de mission ou de service extraordinaire, le ministre de la guerre détermine l'indemnité qu'il peut y avoir lieu d'accorder.

(N° 45). INDEMNITÉ POUR PERTES DE CHEVAUX ET D'EFFETS.

| GRADES. | | MONTANT de l'indemnité à allouer | | |
| | | aux militaires prisonniers de guerre, | | aux militaires non prisonniers de guerre, pour chaque cheval tué par l'ennemi |
		pour perte d'effets.	pour perte de chevaux.	
État-major.	Maréchal de France..................	6,000 f	5,400 f	
	Lieutenant général.................	3,000	1,800	
	Maréchal de camp..................	2,000	1,350	
	Officiers du corps royal d'état-major. — Colonel..................	900	900	
	Lieutenant-colonel...	800	900	
	Chef d'escadron.....	700	450	
	Capitaine............	500	450	450f
	Lieutenant et sous-lieutenant........	400	450	
	Officiers attachés à l'état-major ou faisant partie intégrante des états-majors particuliers de l'artillerie ou du génie. — Colonel..................	800	900	
	Lieutenant-colonel...	700	900	
	Chef de bataillon ou d'escadron..........	600	450	
	Capitaine............	400	450	
	Lieutenant et sous-lieutenant..........	300	450	
Intendance militaire.	Intendant...............	2,000	1,350	
	Sous-intendant.........	900	900	450
	Adjoint à l'intendance. de 1re classe......	700	450	
	de 2e classe.........	600	450	
Troupes à pied.	Régimens du génie, compagnies d'ouvriers d'artillerie et du génie, régiment de pontonniers. — Colonel..................	800	900	
	Lieutenant-colonel...	700	900	
	Chef de bataillon....	600	450	450
	Capitaine............	400	450	
	Lieutenant...........	300	450	
	Infanterie et les zouaves 2e Sem. 1842, p. 250. — Colonel..................	800	800	
	Lieutenant-colonel..	700	800	
	Chef de bataillon....	600	400	400
	Capitaine...........	400	....	
	Lieutenant et sous-lieutenant.........	300	....	
Troupes à cheval.	Régimens d'artillerie, de carabiniers et de cuirassiers. — Colonel..................	900	900	
	Lieutenant-colonel...	800	900	
	Chef d'escadron.....	700	450	450 (a)
	Capitaine............	500	450	
	Lieutenant et sous-lieutenant.........	400	450	
	Vétérinaire principal.................	400	400	400
	Vétérinaire en premier...............	....	300	........(A)

(a) Ces fixations sont applicables aux officiers des régimens d'artillerie détachés à l'état-major de leur arme.

(A) 1er Sem. 1843, p. 66.

GRADES.	MONTANT de l'indemnité à allouer		
	aux militaires prisonniers de guerre,		aux militaires non prisonniers de guerre, pour chaque cheval tué par l'ennemi.
	pour perte d'effets.	pour perte de chevaux.	
Troupes à cheval (Suite.) — Cavalerie et trains — Colonel.	900 f	800 f	400 f
Lieutenant-colonel.	800	800	
Chef d'escadron.	700	400	
Capitaine.	500	400	
Lieutenant et sous-lieutenant.	400	400	
Compagnies de sapeurs-conducteurs du génie. — Capitaine.	500	400	
Lieutenant et sous-lieutenant.	400	400	
OFFICIERS DE SANTÉ.			
Médecin, chirurgien ou pharmacien principal.	700	400	400
Médecin ordinaire, chirurgien ou pharmacien-major.	600	400	
Chirurgien ou pharmacien aide-major.	400	400	
Chirurgien sous-aide-major.	300	400	
SERVICES ADMINISTRATIFS.			
Officier d'administration principal.	700	400	400
————————— comptable.	600	400	
Adjudant en premier.	400	400	
————— en second.	300	400	

(N° 46). INDEMNITÉ AUX VAGUEMESTRES.

	FIXATION journalière.	OBSERVATIONS.
VAGUEMESTRES D'ARMÉE.	f c	
Vaguemestre du quartier général.	1 66 6	
Vaguemestre de division.	1 33 3	
Aide-vaguemestre.	0 75 0	
VAGUEMESTRES DES CORPS DE TROUPE.		
Régimens d'infanterie de ligne ou légère. — Corps réuni... Pour un régiment à 4 bataillons.	1 00 0	Dans le cas de morcellement d'un bataillon, l'allocation de l'indemnité de 25 centimes se fractionne entre les sous-officiers faisant fonctions de vaguemestres, à raison du nombre de compagnies dont se compose chaque détachement.
Idem. à 3 bataillons.	0 75 0	
Pour le dépôt constitué.	0 25 0	
Corps divisé.. Pour 1 ou 2 bataillons réunis au dépôt (avec ou sans l'état-major).	0 50 0	
Pour trois bataillons réunis au dépôt (avec ou sans l'état-major).	0 75 0	
Pour chaque bataillon détaché.	0 25 0	
NOTA. Lorsque le vaguemestre se trouve avec l'état-major du régiment, il ne peut lui être alloué moins de 50 centimes, quelle que soit la force de la portion du corps réunie à l'état-major.		
Bataillons de chasseurs à pied.	0 500	Dans le cas de morcellement d'un bataillon, l'allocation de l'indemnité de 50 centimes se fractionne entre les sous-officiers faisant fonctions de vaguemestres, à raison du nombre de compagnies dont se compose chaque détachement.

		FIXATION journalière.	OBSERVATIONS.
Bataillon d'infanterie légère d'Afrique.	Pour le corps entier, sans qu'il puisse être fait aucune allocation particulière pour les portions détachées..	0f 50c 0	
Bataillon d'ouvriers d'administration.	Corps réuni en entier.................	0 50 0	
	Corps divisé. Pour la portion principale.........	0 25 0	
	Pour chaque compagnie détachée...	0 15 0	
Régimens de cavalerie.	Corps réuni. Pour un régiment à 6 escadrons....	1 00 0	Il n'est fait aucune allocation supplémentaire pour les fractions d'escadron.
	Idem .... à 5 escadrons....	0 75 0	
	Pour le dépôt ou 1 escadron.......	0 25 0	
	Corps divisé. Pour 1 ou 2 escadrons.........	0 25 0	
	Pour 3 ou 4 escadrons..........	0 50 0	
	Pour 5 ou 6 escadrons..........	0 75 0	
École de cavalerie................		1 00 0	
Régimens d'artillerie.	Pour le dépôt seul............	0 25 0	
	Pour chaque batterie en sus réunie au dépôt..	0 05 0	
	Pour le corps entier...........	0 85 0	
	Pour une batterie isolée..........	0 15 0	
Régiment de pontonniers.	Pour le dépôt seul...........	0 15 0	
	Pour le dépôt et la réunion au dépôt de 1 à 4 compagnies.........	0 20 0	Lorsque plusieurs batteries ou compagnies détachées des corps d'artillerie et du génie sont réunies, il est alloué 15 centimes pour la première de ces batteries ou compagnies et 5 centimes en sus pour chacune des autres.
	Idem de 5 à 10.............	0 50 0	
	Idem de plus de 10............	0 75 0	
	Pour une compagnie isolée..........	0 15 0	
Escadron du train des parcs d'artillerie.	Pour le dépôt seul...........	0 15 0	
	Pour le dépôt et la réunion au dépôt de 1 à 4 compagnies.........	0 30 0	
	Idem de plus de 4............	0 50 0	
	Pour une compagnie isolée.........	0 15 0	
Régimens du génie.	Pour le dépôt seul...........	0 25 0	
	Pour le dépôt et la réunion au dépôt de 1 à 5 compagnies.........	0 40 0	
	Idem de 6 à 10.............	0 55 0	
	Idem de 11 à 15............	0 70 0	
	Idem de plus de 15...........	0 75 0	
	Pour une compagnie isolée.........	0 15 0	
Corps du train des équipages militaires.	Pour le dépôt et l'état-major, quel que soit le nombre des compagnies qui y sont réunies..	0 30 0	1er Sem. 1842, p. 261.
	Pour une compagnie isolée............	0 15 0	
Compagnie de discipline, de vétérans, d'ouvriers d'artillerie, du génie et des équipages militaires.............		0 15 0	

(N° 47). GRATIFICATION DE PREMIÈRE MISE D'ÉQUIPEMENT AUX SOUS-OFFICIERS PROMUS OFFICIERS.

DÉSIGNATION DES ARMES.	FIXATION de la gratification.	OBSERVATIONS.
Infanterie de ligne et légère, bataillon de chasseurs à pied, bataillon d'ouvriers d'administration..(A).............	550 f	(a) Les sous-officiers promus sous-lieutenans dans le bataillon de pontonniers ou dans les compagnies d'ouvriers d'artillerie, et qui passent ensuite, avec ce grade ou celui de lieutenant, dans les régimens d'artillerie, reçoivent un supplément de première mise fixé à 250 francs.
Carabiniers et cuirassiers....................	1,050	
Dragons, lanciers, chasseurs et hussards..(B)......	950	
Régimens d'artillerie..................	950	
Régiment de pontonniers et compagnies d'ouvriers d'artillerie..................	700 (a)	
Régimens du génie et compagnies d'ouvriers du génie......	570	
Train des parcs d'artillerie, compagnies de sapeurs-conducteurs du génie et train des équipages militaires.	850	
Compagnies d'ouvriers du train des équipages militaires. .	570	

(A) Y compris le corps des Zouaves et les sous-officiers français des bataillons de Tirailleurs indigènes d'Afrique. 2e Sem. 1842. p. 250 et 285.

(B) Y compris les sous-officiers français du corps des Spahis et des Chasseurs d'Afrique. 2e Sem. 1839, p. 225 et 2e Sem. 1841, p. 423.

(N° 48.) GRATIFICATION AUX SOUS-OFFICIERS ET CAPORAUX OU BRIGADIERS INSTRUCTEURS.

DÉSIGNATION DES CORPS.		FIXATION par corps.	OBSERVATIONS.
Régimens d'infanterie de ligne et légère	à 4 bataillons	400 f.	
	à 3 bataillons	300	
Bataillon	de chasseurs à pied	100	
	d'infanterie légère d'Afrique	100	
	d'ouvriers d'administration	100	
Régimens de cavalerie		200	
Régimens d'artillerie		800	Il est alloué 630 fr. pour les régimens qui ont une 13e batterie.
Régiment de pontonniers		300	
Escadron du train des parcs		200	
Compagnies d'ouvriers d'artillerie		40	
Régimens du génie		400	
Compagnies d'ouvriers du génie		40	
Corps du train des équipages militaires		200	
Compagnies d'ouvriers *idem*		40	

(N° 49.) GRATIFICATION D'ENTRÉE EN CAMPAGNE.
Modifié par les lois de finances des 15 mai 1849 et 15 mai 1850. *Journal militaire*, p. 233.

GRADES.			FIXATION de la gratification pour chaque grade.	OBSERVATIONS.
État-major général.	Maréchal de France		12.000 f.	
	Lieutenant général commandant en chef		8,000	
	Lieutenant général		4,500	
	Maréchal de camp		3.000	
Intendance militaire.	Intendant en chef		6,000	
	Intendant		3,000	
	Sous-intendant	de 1re classe	1,800	
		de 2e classe	1,200	
	Adjoint à l'intendance.	de 1re classe	1,000	
		de 2e classe	700	
Troupes à pied. (c)	Colonel		1,200	
	Lieutenant-colonel		1,000	
	Chef de bataillon et major		900	
	Capitaine		600	
	Lieutenant et sous-lieutenant		400	
Troupes à cheval. (D)	Colonel		1,800	Les officiers du corps d'état-major (y compris les capitaines et lieutenants détachés dans les corps de troupes), les officiers d'ordonnance et les officiers de l'artillerie, du génie et des équipages militaires, ont droit à la gratification d'entrée en campagne sur le même pied que les officiers des corps de troupes à cheval.
	Lieutenant-colonel		1,200	
	Chef d'escadron et major		1,000	
	Capitaine		700	
	Lieutenant et sous-lieutenant		500	
	Vétérinaire principal		600	
	Vétérinaire en premier		400 (E)	
Agent principal comptable d'artillerie, garde d'artillerie ou du génie et garde d'équipages militaires			400	
Aumônier de brigade			600	
Officiers de santé.	Médecin, chirurgien ou pharm. principal		1,000	
	Médecin ordin., chirurg. ou pharm.-major		900	
	Médecin adjoint, chirurgien ou pharmacien aide-major		600	
	Chirurgien sous-aide-major		400	
Administrations militaires.	Officier d'administration principal		1,000	
	——————————— comptable		900	
	Adjudant en premier		600	
	————— en second		400	

(c) Y compris les officiers français des Zouaves et des bataillons de Tirailleurs indigènes d'Afrique. 2e sem. 1842, p. 250 et 285.

(D) Y compris les officiers français des corps de Spahis et des Chasseurs d'Afrique. 2e s. 1839, p. 225 et 2e s. 1314, p. 423.

(E) 1er sem. 1843, p. 86.

ARMES.	GRADES.		
État-major général et corps royal d'état-major.................	Lieutenant général................................... Maréchal de camp........................... Colonel................................... Lieutenant-colonel............................ Chef d'escadron.......................... Capitaine.............................. Lieutenant et sous-lieutenant...................		
Intendance militaire............	Intendant............................		
	Sous-intendant	de 1re classe.....	de 2e classe.....
	Adjoint à l'intendance...	de 1re classe.....	de 2e classe.....
État-major des places......... ..	Colonel .... Lieutenant-colonel........................ Chef de bataillon ou d'escadron................ Capitaine.......................... Lieutenant. .... Sous-lieutenant		
État-major particulier de l'artillerie................	Colonel.............................. Lieutenant-colonel....................... Chef d'escadron .... Capitaine .... Sous-lieutenant élève....................		
État-major particulier du génie...	Colonel............................. Lieutenant-colonel..................... Chef de bataillon .... Capitaine.......................... Lieutenant.......................... Sous-lieutenant élève....................		
Infanterie (y compris les vétérans de toutes armes)............ et les Zouaves. 2e Sem. 1842, p. 250.	Colonel................................ Lieutenant-colonel........................ Chef de bataillon ou major .... Capitaine.......................... Lieutenant.......................... Sous-lieutenant.........................		

NON-ACTIVITÉ.

OFFICIERS sortis de l'activité par suite de licenciement de corps, de suppression d'emploi, le rentrée de captivité à l'ennemi ou d'infirmités temporaires.			OFFICIERS sortis de l'activité par retrait ou par suspension d'emploi.			OBSERVATIONS.
Par an.	Par mois.	Par jour.	Par an.	Par mois.	Par jour.	
f	f c	f c	f	f c	f c	
7,500	625 00 0	20 83 3	6,000	500 00 0	16 66 6	
5,000	416 66 6	13 88 8	4,000	333 33 3	11 11 1	
3,125	260 41 6	8 68 0	2,500	208 33 3	6 94 4	
2,650	220 83 3	7 36 1	2,120	176 66 6	5 88 8	
2,250	187 50 0	6 25 0	1,800	150 00 0	5 00 0	
1,200	100 00 0	3 33 3	960	80 00 0	2 66 6	Traités selon l'arme dans laquelle ils sont classés.
....	....	....	......	....	......	
5,000	416 66 6	13 88 8	4,000	333 33 3	11 11 1	
3,125	260 41 6	8 68 0	2,500	208 33 3	6 94 4	Les sous-intendans et les adjoints mis en non-activité antérieurement à l'ordonnance du 10 juin 1835 continuent à être traités suivant le tarif du 16 septembre 1834.
2,650	220 83 3	7 36 1	2,120	176 66 6	5 88 8	
2,250	187 50 0	6 25 0	18,00	150 00 0	5 00 0	
1,250	104 16 6	3 47 2	1,000	83 33 3	2 77 7	
2,500	208 33 3	6 94 4	2,000	166 66 6	5 55 5	
2,150	179 16 6	5 97 2	1,720	143 33 3	4 77 7	
1,800	150 00 0	5 00 0	14,40	120 00 0	4 90 0	
1,000	83 33 3	2 77 7	800	66 66 6	2 22 2	
870	72 50 0	2 41 6	580	48 33 3	1 61 1	
810	67 50 0	2 25 0	540	45 00 0	1 50 0	
3,125	260 41 6	8 68 0	2,500	208 33 3	6 94 4	
2,650	220 83 3	7 36 1	2,120	176 66 6	5 88 8	
2,250	187 50 0	6 25 0	1,800	150 00 0	5 00 0	
1,200	100 00 0	3 33 3	960	80 00 0	2 66 6	
870	72 50 0	2 41 6	580	48 33 3	1 61 1	
3,125	260 41 6	8 68 0	2,500	208 33 3	6 94 4	
2,650	220 83 3	7 36 1	2,120	176 66 6	5 88 8	
2,250	187 50 0	6 25 0	1,800	150 00 0	5 00 0	
1,200	100 00 0	3 33 3	960	80 00 0	2 66 6	
1,110	92 50 0	3 08 3	740	61 66 6	2 05 5	
870	72 50 0	2 41 6	580	48 33 3	1 61 1	
2,500	208 33 3	6 94 4	2,000	166 66 6	5 55 5	
2,150	179 16 6	5 97 2	1,720	143 33 3	4 77 7	
1,800	150 00 0	5 00 0	1,440	120 00 0	4 00 0	
1,000	83 33 3	2 77 7	800	66 66 6	2 22 2	
870	72 50 0	2 41 6	580	48 33 3	1 61 1	
810	67 50 0	2 25 0	540	45 00 0	1 50 0	

SOLDE DE

ARMES.	GRADES.
Cavalerie	Colonel.............
	Lieutenant-colonel.....
	Chef d'escadron ou major......
	Capitaine...............
	Lieutenant...............
	Sous-lieutenant.............
Artillerie — Régimens	Colonel.............
	Lieutenant-colonel.....
	Chef d'escadron ou major......
	Capitaine............
	Lieutenant, sous-lieutenant.........
Artillerie — Régimens de pontonniers et compagnies d'ouvriers	Colonel.............
	Lieutenant-colonel.....
	Chef d'escadron ....
	Capitaine.....
	Lieutenant, sous-lieutenant.........
Artillerie — Train des parcs	Lieutenant-colonel.........
	Chef d'escadron.........
	Capitaine.............
	Lieutenant.............
	Sous-lieutenant.............
Génie — Régimens et compagnie d'ouvriers	Colonel.............
	Lieutenant-colonel.....
	Chef de bataillon ou major.......
	Capitaine.............
	Lieutenant, sous-lieutenant.........
Équipages militaires	Colonel directeur du parc de construction.........
	Lieutenant-colonel.....
	Chef d'escadron ou major........
	Capitaine...........
	Lieutenant...........
	Sous-lieutenant...........

OFFICIERS sortis de l'activité par suite de licenciement de corps, de suppression d'emploi, de rentrée de captivité à l'ennemi, ou d'infirmités temporaires.							OFFICIERS sortis de l'activité par retrait ou par suspension d'emploi.							OBSERVATIONS.
Par an.	Par mois.			Par jour.			Par an.	Par mois.			Par jour.			
2,750 f	220 f	16 c	6	7 f	63 c	8	2,200 f	183 f	33 c	3	6 f	11 c	1	
2,350	195	83	3	6	52	7	1,880	156	66	6	5	22	2	
2,000	166	66	6	5	55	5	1,600	133	33	3	4	44	4	
1,150	95	83	3	3	19	4	920	76	66	6	2	55	5	
960	80	00	0	2	66	6	640	53	33	3	1	77	7	
900	75	00	0	2	50	0	600	50	00	0	1	66	6	
3,375	281	25	0	9	37	6	2,700	225	00	0	7	50	0	
2,850	237	50	0	7	91	6	2,280	190	00	0	6	33	3	
2,450	201	16	6	6	80	5	1,960	163	33	3	5	41	4	
1,300	108	33	3	3	61	1	1,040	86	66	6	2	88	8	
1,110	92	50	0	3	08	3	740	61	66	6	2	05	5	
3,125	260	41	6	8	68	0	2,500	208	33	3	6	94	4	
2,650	220	83	3	7	36	1	2,120	176	66	6	5	88	8	
2,250	187	50	0	6	25	0	1,800	150	00	0	5	00	0	
1,200	100	00	0	3	33	3	960	80	00	0	2	66	6	
990	82	50	0	2	75	0	660	55	00	0	1	83	3	
2,650	220	83	3	7	36	1	2,120	176	66	6	5	88	8	
2,250	187	50	0	6	25	0	1,800	150	00	0	5	00	0	
1,250	104	16	6	3	47	2	1,000	83	33	3	2	77	7	
1,110	92	50	0	3	08	3	740	61	66	6	2	05	5	
960	80	00	0	2	66	6	640	53	33	3	1	77	7	
3,125	260	41	6	8	68	0	2,500	208	33	3	6	94	4	
2,650	220	83	3	7	36	1	2,120	176	66	6	5	88	8	
2,250	187	50	0	6	25	0	1,800	150	00	0	5	00	0	
1,200	100	00	0	3	33	3	900	80	00	0	2	66	6	
990	82	50	0	2	75	0	660	55	00	0	1	83	3	
3,125	260	41	6	8	68	0	2,500	208	33	3	6	94	4	
2,650	220	83	3	7	36	1	2,120	176	66	6	5	88	8	
2,250	187	50	0	6	25	0	1,800	150	00	0	5	00	0	
1,000	83	33	3	2	77	7	800	66	66	6	2	22	2	
990	82	50	0	2	73	0	660	55	00	0	1	83	3	
940	80	00	0	2	66	6	610	53	33	3	1	77	7	

ARMES.	GRADES.
Bataillon d'ouvriers d'administration..........	Chef de bataillon.................................... .... Capitaine ...··....................................... Lieutenant.....................................•........ Sous-lieutenant....................................
Gendarmerie...	Colonel et lieutenant-colonel.................... Chef d'escadron....··............................ Capitaine... Lieutenant, sous-lieutenant....................••.......
Garde municipale de la ville de Paris....	Colonel et lieutenant-colonel.................... Chef d'escadron ou de bataillon et major......... Capitaine et chirurgien-major.................... Lieutenant, sous-lieutenant............·····.......
Sapeurs-pompiers de la ville de Paris.. .... ,	Lieutenant-colonel................................ .... Chef de bataillon ....· · Capitaine......................................•···· Lieutenant.....................................·.···· Sous-lieutenant. ....
SERVICES ADMINISTRATIFS.	
Officiers de santé des armées. . (A)	Médecin, chirurgien ou pharmacien inspecteur............. Médecin, chirurgien ou pharmacien principal.............. Médecin ordinaire, chirurgien ou pharmacien-major........ Médecin adjoint..................................... Chirurgien ou pharmacien aide-major.................... Chirurgien sous-aide.................................
Officiers d'administration des hôpitaux militaires, des subsistances, de l'habillement et du campement.............	Officier d'administration principal.................... Officier d'administration comptable.................... Adjudant d'administration...........{ en premier........... { en second...... ....

(A) Les chirurgiens et pharmaciens aide-majors commissionnés ainsi que les chirurgiens sous-accessoires, pour une année de service accomplie. Cette indemnité ne peut excéder six mois de

NON-ACTIVITÉ.

OFFICIERS sortis de l'activité par suite de licenciement de corps, de suppression d'emploi, de rentrée de captivité à l'ennemi ou d'infirmités temporaires.			OFFICIERS sortis de l'activité par retrait ou par suspension d'emploi			OBSERVATIONS
Par an.	Par mois	Par jour.	Par an.	Par mois.	Par jour.	
2,250 f	187 f 50 c 0	6 f 25 c 0	1,800 f	150 f 00 c 0	5 f 00 c 0	
1,000	83 33 3	2 77 7	800	66 66 6	2 22 2	
990	82 50 0	2 75 0	660	55 00 0	1 83 3	
960	80 00 0	2 66 6	640	53 33 3	1 77 7	
3,000	250 00 0	8 33 3	2,400	200 00 0	6 66 6	
2,235	186 25 0	6 20 8	1,788	149 00 0	4 96 6	
1,350	112 50 0	3 75 0	1,080	90 00 0	3 00 0	
1,170	97 50 0	3 25 0	780	65 00 0	2 16 6	
3,000	250 00 0	8 33 3	2,400	200 00 0	6 66 6	
2,235	186 25 0	6 20 8	1,788	149 00 0	4 96 6	
1,350	112 50 0	3 75 0	1,080	90 00 0	3 00 0	
1,170	97 50 0	3 25 0	780	65 00 0	2 16 6	
2,150	179 16 6	5 97 2	1,720	143 33 3	4 77 7	
1,800	150 00 0	5 00 0	1,440	120 00 0	4 00 0	
1,000	83 33 3	2 77 7	800	66 66 6	2 22 2	
870	72 50 0	2 41 6	580	48 33 3	1 61 1	
810	67 50 0	2 25 0	540	45 00 0	1 50 0	
4,250	354 16 6	11 80 5	3,400	283 33 3	9 44 4	Les officiers de santé des hôpitaux militaires et des corps mis en non-activité antérieurement à l'ordonnance du 12 août 1836 et les officiers d'administration mis en non-activité antérieurement à l'ordonnance du 28 février 1838, continuent à être traités suivant le tarif du 16 septembre 1834.
2,000	166 66 6	5 55 5	1,600	133 33 3	4 44 4	
1,250	104 16 6	3 47 2	1,000	83 33 3	2 77 7	
1,230	102 50 0	3 41 6	820	68 33 3	2 27 7	
1,100	92 50 0	3 08 3	740	61 66 6	2 05 5	
810	67 50 0	2 25 0	540	45 00 0	1 50 0	
2,000	166 66 6	5 55 5	1,600	133 33 3	4 44 4	2e Sem. 1841, p. 312.
1,100	91 66 6	3 05 5	880	73 33 3	2 44 4	
1,020	85 00 0	2 83 3	680	56 66 6	1 88 8	
720	60 00 0	2 00 0	480	40 00 0	1 33 3	

aides auxiliaires, licenciés, reçoivent une gratification d'un mois de solde, pied de paix, sans solde. 2e Sem. 1841, p. 312.

SOLDE DE CONGÉ ILLIMITÉ.

ARMES.	GRADES.	FIXATION DE LA SOLDE						
		par an.	par mois.			par jour.		
Corps royal d'état-major.	Colonel...............	3,125ᶠ	260ᶠ	41ᶜ	6	8ᶠ	68ᶜ	0
	Lieutenant-colonel...........	2,650	220	83	3	7	36	1
	Chef d'escadron..............	2,250	187	50	0	6	25	0
	Capitaine................	1,250	104	16	6	3	47	2
État-major des places.	Colonel................	2,500	208	33	3	6	94	4
	Lieutenant-colonel	2,150	179	16	6	5	97	2
	Chef de bataillon............	1,800	150	00	0	5	00	0
	Capitaine................	1,000	83	33	3	2	77	7
	Lieutenant..............	650	54	16	6	1	80	5
	Sous-lieutenant..............	600	50	00	0	1	66	6
États-majors particuliers de l'artillerie et du génie.	Colonel..................	3,125	260	41	6	8	68	0
	Lieutenant-colonel.........	2,650	220	83	3	7	36	1
	Chef de bataillon ou d'escadron..	2,250	187	50	0	6	25	0
	Capitaine..................	1,200	100	00	0	3	33	3
Infanterie.....	Colonel..................	2,500	208	33	3	6	94	4
	Lieutenant-colonel............ ..	2,150	179	16	6	5	97	2
	Chef de bataillon..............	1,800	150	00	0	5	00	0
	Capitaine................	1,000	83	33	3	2	77	7
	Lieutenant...............	650	54	16	6	1	80	5
	Sous-lieutenant	600	50	00	0	1	66	6
Cavalerie.....	Colonel.................	2,750	229	16	6	7	63	8
	Lieutenant-colonel	2,350	195	83	3	6	51	7
	Chef d'escadron..............	2,000	166	66	6	5	55	5
	Capitaine................	1,150	95	83	3⁶	3	19	4
	Lieutenant................	725	60	41		2	01	4
	Sous-lieutenant.	675	56	25	0	1	87	5

ARMES.	GRADES.	par an.	par mois.			par jour.		
Artillerie.								
Régimens.	Colonel	3,375f	281 f	25 c	0	9 f	37 c	5
	Lieutenant-colonel	2,850	237	50	0	7	91	6
	Chef d'escadron	2,450	204	16	6	6	80	5
	Capitaine	1,300	108	33	3	3	61	1
	Lieutenant	850	70	83	3	2	36	1
Ancien bataillon de pontonniers.	Lieutenant-colonel	2,650	220	83	3	7	36	1
	Chef de bataillon	2,250	187	50	0	6	25	0
	Capitaine	1,200	100	00	0	3	33	3
	Lieutenant	750	62	50	0	2	08	3
Train des parcs d'artillerie.	Chef d'escadron	2,250	187	50	0	6	25	0
	Capitaine	1,250	104	16	6	3	47	2
	Lieutenant	850	70	83	3	2	36	1
Génie.	Colonel	3,125	260	41	6	8	68	0
	Lieutenant-colonel	2,650	220	83	3	7	36	1
	Chef de bataillon	2,250	187	50	0	6	25	0
	Capitaine	1,200	100	00	0	3	33	3
	Lieutenant	750	62	50	0	2	08	3
Corps du train des équipages militaires.	Chef d'escadron	2,250	187	50	0	6	25	0
	Capitaine	1,000	83	33	3	2	77	7
	Lieutenant	750	62	50	0	2	08	3
	Sous-lieutenant	725	60	41	7	2	01	4
Officiers de santé.	Chirurgien-major	1,000	83	33	3	2	77	7
	Chirurgien aide-major	750	62	50	0	2	08	3
Vétérinaires.	. . . .	600	50	00	0	1	66	6

DÉSIGNATION DES GRADES ET DES ARMES.	FIXATION de la première mise.	PRIME journalière. (A)
Adjudants sous-officiers. { Infanterie et bataillon d'ouvriers d'administration..	....	0 28
Cavalerie, trains et génie.	....	0 30
Ecole de cavalerie..	....	0 41
Artillerie et pontonniers..	....	0 36
Vétérinaires, aides et sous aides.	235 f. 00 c.	0 20
Maîtres ouvriers de tout corps organisé en régiment, en bataillon ou en escadron.	170 00 (D)	0 24
SOUS-OFFICIERS, CAPORAUX OU BRIGADIERS ET SOLDATS.		
Infanterie de ligne ou légère (E).	40 00	0 10
Bataillons de tirailleurs d'Afrique (B).	100 00	0 25
Spahis indigènes d'Afrique. (F)	200 00	0 70
Régim. des zouaves (F) { Sous-Officiers..	110 00	0 25
Caporaux et Soldats..	118 00	0 25
Carabiniers.	70 00	0 14
Cuirassiers..	75 00	0 14
Dragons.	69 00	0 14
Lanciers..	73 00	0 14
Chasseurs.	72 00	0 14
Hussards..	66 00	0 14
Ecole de cavalerie..	75 00	0 14
Artillerie. . { Hommes montés.	74 00	0 14
Hommes non montés.	49 00	0 10
Canonniers conducteurs.	75 00	0 14
Pontonniers..	43 00	0 10
Ouvriers d'artillerie.	49 00	0 10
Génie...... { Mineurs, sapeurs et ouvriers.	51 00	0 10
Sapeurs conducteurs..	59 00	0 14
Trains des parcs d'artillerie et des équipages.	59 00	0 14
Ouvriers des équipages..	40 00	0 10
Ouvriers d'administration.	40 00	0 10
Vétérans.... { Cavaliers.	62 00	0 14
De toute autre arme..	40 00	0 10
Compagnies de discipline.	40 00	0 10
Compagnies d'infirmiers militaires.	40 00	0 15
Hommes de recrue jugés susceptibles de réforme lors de leur arrivée au corps (première mise provisoire).	17 00	.....

(A) La prime individuelle des adjudants sous-officiers, des vétérinaires et des maîtres ouvriers est de leur habillement (excepté le casque, le manteau et le grand équipement, dans la cavalerie).
Celle des adjudants sous-officiers est perçue par eux en même temps que la solde; celle des maîtres
(B) Les adjudants sous-officiers et les vétérinaires n'ont point de masse; celle des maîtres ouvriers
(C) Ce supplément n'est pas dû aux adjudants sous-officiers, aux vétérinaires, ni aux maîtres ouvriers
(D) Les sous-officiers, caporaux, brigadiers et soldats nommés maîtres ouvriers n'ont droit à aucune billement dont ils peuvent faire usage dans leur nouvel emploi. Disposition applicable également à ceux qui
(E) Les sous-officiers, caporaux et soldats des régiments d'infanterie stationnés en Corse ont droit à un supplément n'est dû ni aux adjudants sous-officiers ni aux maîtres ouvriers.

(F) Les sous-officiers, caporaux et soldats indigènes n'y ont pas droit. 2e sem. 1842, p. 285.

COMPLET de LA MASSE (B).	SUPPLÉMENT de 1re mise à allouer.		aux s.-officiers promus adjudants s.-officiers.	OBSERVATIONS.
	aux sous-officiers caporaux, brigadiers ou soldats, admis par suite de mutations dans un corps de troupe (c)			
	à pied.	à cheval.		
....	....	....	....	NOTA. Il est alloué pour les hommes passant des troupes à pied ou à cheval dans un corps discipli- naire une indemnité égale à la moitié de la première mise déterminée pour l'arme de l'infanterie. Cette allocation ne se renouvelle pas lorsque les hommes passent d'un corps disciplinaire dans un autre.
....	....	....	....	
....	....	....	....	
....	....	....	....	
80 f.00 c.	....	....	....	
35 00	....	40 f.00 c.	140 f 00	2e sem., 1842, p. 232,
100 00	« f. « c	« «	« »	2e sem., 1842, p. 232 et, 2e sem., 1811, p. 223.
400 00	« «	« «	180 00	2e sem., 1842, p. 249.
140 00	« «	« «	140 00	A ceux promus sous-officiers.
118 00	« «	« «	22 00	
55 00	10 00	....	130 00	
55 00	10 00	....	130 00	
55 00	10 00	....	170 00	
55 00	10 00	....	110 00	
55 00	10 00	....	140 00	
55 00	10 00	....	180 00	
55 00	10 00	....	180 00	
55 00	10 00	....	170 00	
40 00	....	40 00	....	
55 00	10 00	....	....	
40 00	....	40 00	170 00	
40 00	....	40 00	....	
40 00	....	40 00	150 00	
55 00	10 00	....	....	
55 00	10 00	....	140 00	
35 00	....	40 00	....	
35 00	....	40 00	140 00	
55 00	10 00	....	....	
35 00	....	40 00	....	La première mise n'est due qu'aux hommes de nouvelle levée.
35 00	....	40 00	....	
35 00	....	....	....	
....	....	....	....	

affectée à l'entretien et au renouvellement, non-seulement de l'équipement de ces militaires, mais encore

ouvriers est versée à leur masse.
est soumise à toutes les règles établies pour la masse des sous-officiers et soldats.
qui passent d'un corps dans un autre.
première mise ni à aucun supplément de première mise, attendu qu'ils conservent ceux de leurs effets d'ha-
bangent de corps ou d'arme. (Décis. min. du 27 mars 1845, 1er sem., p. 150.)
supplément de prime journalière fixée à deux centimes pour les journées de présence au corps. Ce

ARMES.	PREMIÈRE MISE aux corps de nouvelle	
	1re portion.	2e portion.
	fr.	fr.
Régiments — Infanterie — 3 bataillons.	2,800	6,200
Régiments — Infanterie — A ajouter ou à déduire pour chaque bataillon d'augmentation ou de diminution.	....	2,000
Régiments — Régiment des zouaves.	....	....
Régiments — Cavalerie — 5 escadrons.	600	2,400
Régiments — Cavalerie — A ajouter ou à déduire pour chaque escadrons d'augmentation ou de diminution.	....	400
Régiments — Corps des spahis d'Afrique.	100	....
Régiments — Artillerie.	1,200	2,400
Régiments — Pontonniers.	....	....
Régiments — Génie.	2,800	6,200
Bataillons ou escadrons — Chasseurs à pied. — Par compagnie (a).	....	250
Bataillons ou escadrons — Infanterie légère d'Afrique, ouvriers d'administration, trains des parcs et des équipages. (a) — Compagnie de 60 hommes et au-dessus.	....	200
Bataillons ou escadrons — Infanterie légère d'Afrique, ouvriers d'administration, trains des parcs et des équipages. (a) — Comp. au dessous de 60 hommes	....	(b) 100
Bataillons ou escadrons — de tirailleurs indigènes d'Afrique.	....	....
Compagnies formant corps. — Ouvriers d'artillerie, du génie et des équipages, vétérans, compagnies de discipline.	....	200
École de cavalerie.	....	....

NOTA. Les frais de culte ne donnent pas lieu à une allocation spéciale : ils sont prélevés sur les fonds ne peut dépasser un maximum de cent cinquante francs par an pour tous les corps réunis dans la même service divin. Cette dépense est limitée à cent francs quand il y a dans la place un aumônier militaire.

DÉSIGNATION DES ARMES.	FIXATION PAR CHEVAL.			
	HORS DE PARIS,		DANS PARIS,	
	par an.	par jour.	par an.	par jour.
	fr. c.	fr. c. m.	fr. c.	fr. c. m.
Régiments de { carabiniers, cuirassiers, dragons, lanciers, chasseurs, hussards }	18 00	0 04 934	20 00	0 05 479
École de cavalerie.				
Régiments de chasseurs d'Afrique.				
Régiments d'artillerie.	27 00	0 07 397	27 00	0 07 397
Escadrons du train des { parcs d'artillerie.	30 00	0 08 219	30 00	0 08 219
Escadrons du train des { équipages militaires.	30 00	0 08 219	30 00	0 08 219
Compagn. de sapeurs conducteurs du génie.	30 00	0 08 219	30 00	0 08 219
Mulets de bât des équipages régimentaires (y compris l'entretien du bât).	34 00	0 09 315	34 00	0 09 315
Dépôts de remonte.				

ALLOUÉE à la formation.	ALLOCATIONS annuelles.			OBSERVATIONS.
TOTAL.	1re portion.	2. partion.	TOTAL.	
fr. 9,000	fr. 9,000	fr. 6,000	fr. 15,000	
2,000	....	2,000	2,000	
....	9,000	6,750	15,750	(A) 250 francs par compagnie, non compris celle hors rang., 2e sem., 1842, p. 251.
3,000	2,500	3,000	5,500 (A)	
400	....	500	500	
100	660	....	600	2e sem., 1841, p. 423 et 2e sem., 1842, p. 286.
3,600	3,000	6,000	9,000	
....	3,000	3,600	6,600	
9,000	9,000	6,000	15,000	
250	....	300	300	(a) Les compagnies, sections ou pelotons hors rang ne participent pas aux allocations ci-contre.
200	....	300	300	(b) Il n'est pas alloué de supplément de 1re mise lorsque l'effectif vient à dépasser 60 hommes.
100	....	200	200	
....	....	....	....	A raison de 112 fr. 50 pour chaque compagnie organisée, 2e sem. 1842, p. 286.
200	....	300	300	(c) Décision du 31 déc. 1830, J. M. p. 487.
....	2,500 (c)	3,000	3,000	

affectés à la deuxième portion de la masse générale d'entretien ; mais, en aucun cas, la dépense
garnison, elle est payée par le régiment le plus ancien dans la garnison, lequel demeure chargé d'assurer

HARNACHEMENT ET FERRAGE.

EN ALGÉRIE. (8 nov. 1846, 2e sem., p. 570.)		OBSERVATIONS
par an.	par jour.	
fr. c.	fr. c. m.	
....	....	
33 00	0 09 044	Cette fixation est applicable aux régim. de cavalerie envoyés de France en Algérie.
27 00	0 07 397	
30 00	0 08 219	
40 00	0 10 958	
34 00	0 09 345	Compris les souaves, 2e sem. 1842, p. 250 — Fixation applicable aux bataillons de tirailleurs indigènes. (Décis. du 31 mai 1851, 1er sem., p. 267.)
. . . .	. . . .	Il est alloué une indemnité de 18 fr., une fois payée pour chaque cheval admis dans les dépôts de remonte. (Circul. du 24 fév. 1847, 1er sem. p. 48.)

DÉSIGNATION DES ARMES ET DES GRADES.	NOMBRE DE		
	SUR LE PIED DE PAIX (A)		
	Vivres.	Four-rages.	Chauf-fage.
Maréchal de France			
Officiers généraux. — Lieutenant général chef de l'état-major général d'une armée			
Officiers généraux. — Idem commandant en chef un corps d'armée			
Officiers généraux. — Lieutenant général			
Officiers généraux. — Maréchal de camp chef d'état-major d'un corps d'armée			
Officiers généraux. — Maréchal de camp			
Corps royal d'état-major. — Colonel ou lieutenant-colonel chef d'état-major d'une division			
Corps royal d'état-major. — Idem chargé de la partie topographique			
Corps royal d'état-major. — Colonel ou lieutenant-colonel d'état-major			
Corps royal d'état-major. — Chef d'escadron			
Corps royal d'état-major. — Capitaine			
Corps royal d'état-major. — Lieutenant			
Intendance militaire. — Intendant général			
Intendance militaire. — Intendant en chef			
Intendance militaire. — Intendant			
Intendance militaire. — Sous-intendant			
Intendance militaire. — Adjoint			
État-major des places. — Commandans de place. — Colonel			
État-major des places. — Commandans de place. — Lieutenant-colonel			
État-major des places. — Commandans de place. — Chef de bataillon			
État-major des places. — Commandans de place. — Capitaine			
État-major des places. — Majors de place, adjudans et secrétaires de place, et commandans de postes militaires. — Chef de bataillon			
État-major des places. — Majors de place, adjudans et secrétaires de place, et commandans de postes militaires. — Capitaine			
État-major des places. — Majors de place, adjudans et secrétaires de place, et commandans de postes militaires. — Lieutenant			
État-major des places. — Majors de place, adjudans et secrétaires de place, et commandans de postes militaires. — Sous-lieutenant			
État-major des places. — Majors de place, adjudans et secrétaires de place, et commandans de postes militaires. — Sous-officier			
État-major des places. — Aumônier			
État-major des places. — Portier-consigne			

(A) Les officiers d'état-major et autres sans troupe ayant droit d'être montés, ainsi que les officiers sa[...]
pour le nombre de rations attribué à leur grade par le tarif, tableau n° 40.
(B) Les rations de chauffage sur le pied de guerre ne sont dues que lorsque l'allocation en a été autorisée[...]

RATIONS PAR JOUR ET PAR GRADE,

SUR LE PIED DE GUERRE.

Vivres.	Fourrages.				Chauffage. (s)	OBSERVATIONS.
	Chevaux de selle.	Chevaux de trait.	Chevaux ou mulets de bât.	TOTAL.		
24	18	....	10	28	24	
10	8	8	6	22	10	Le maréchal de camp remplissant les fonctions de chef d'état-major général d'une armée reçoit le nombre de rations de toute espèce attribué à ces fonctions.
16	16	....	6	22	16	
8	8	....	6	14	8	
7	6	4	3	13	7	
6	6	....	3	9	6	
4	4	2	3	9	6	Les officiers employés aux armées à la suite des états-majors ou comme officiers d'ordonnance, reçoivent le même nombre de rations que les officiers de leur grade dans le corps royal d'état-major.
4	4	4	3	11	6	
3	4	....	3	7	6	
2	3	....	....	3	4	Ces fixations sont applicables aux officiers d'ordonnance ainsi qu'aux lieutenans appelés à remplir des fonctions d'état-major, après avoir achevé le temps de service auquel ils sont tenus dans l'infanterie et la cavalerie.
2	3	....	....	3	4	
2	3	....	....	3	4	
12	8	8	4	20	12	
10	8	4	4	16	10	
6	4	4	3	11	8	
3	3	2	2	7	6	Le sous-intendant militaire chargé des fonctions d'intendant reçoit le nombre de rations de toute espèce attribué à ce dernier grade.
2	2	....	1	3	4	
3	3	....	....	3	6	
3	3	....	....	3	6	
2	2	....	....	2	4	
2	1	....	....	1	4	
2	2	....	....	2	4	Les rations de fourrages attribuées par le présent tarif aux officiers des états-majors de place ne leur sont allouées qu'en cas de siége.
2	....	....	....	....	4	
1 1/2	....	....	....	....	4	
1 1/2	....	....	....	....	4	
1	....	....	....	....	2	
2	....	....	....	....	4	
1	....	....	....	....	2	

...périeurs des corps de troupes à pied, reçoivent sur le pied de paix l'indemnité représentative de rations fixées par une décision spéciale.

DÉSIGNATION DES ARMES ET DES GRADES.	NOMBRE DE		
	SUR LE PIED DE PAIX.		
	Vivres.	Fourrages.	Chauffage.
Colonel ou lieutenant-colonel d'artillerie ou du génie, chef de l'état-major de l'arme			
État-major particulier de l'artillerie. Colonel			
Lieutenant-colonel			
Chef d'escadron			
Capitaine			
État-major particulier du génie. Colonel			
Lieutenant-colonel			
Chef de bataillon			
Capitaine			
Lieutenant			
État-major des parcs de construction des équipages militaires. Colonel			
Lieutenant-colonel			
Chef d'escadron			
Capitaine (autre que celui en résidence fixe)			
Lieutenant et sous-lieutenant			
CORPS DE TROUPE.			
Colonels et lieutenans-colonels d'infanterie			
Idem du génie			
Colonels de cavalerie et d'artillerie		3	
Colonel du régiment de pontonniers			
Lieutenans-colonels de cavalerie et d'artillerie		3	
Idem du régiment de pontonniers			
Chefs de bataillon et majors d'infanterie			
Chefs d'escadron et majors de cavalerie, artillerie et trains		2	
Chefs de bataillon ou d'escadron et majors du régiment de pontonniers et des régimens du génie			
Trésoriers et officiers d'habillement des troupes à cheval et des régimens d'artillerie (a)			
Adjoints aux trésoriers dans les corps de toutes armes			
Officiers payeurs d'infanterie			
de cavalerie		1	
Adjudans-majors d'infanterie			
du génie et du régiment de pontonniers		2	
de cavalerie, artillerie et trains		1	
du corps des zouaves			
Lieutenans d'état-major détachés dans les troupes à pied			
dans les troupes à cheval		1	

RATIONS PAR JOUR ET PAR GRADE,
SUR LE PIED DE GUERRE.

Fourrages.

Vivres.	Chevaux de selle.	Chevaux de trait.	Chevaux ou mulets de bât.	TOTAL.	Chauffage.	OBSERVATIONS.
4	4	2	3	9	6	
3	4		3	7	6	
3	4		3	7	6	
2	3			3	4	
2	3			3	4	
3	4		3	7	6	
3	4		3	7	6	
2	3			3	4	
2	3			3	4	
2	2			2	4	
3	4		3	7	6	
3	4		3	7	6	
2	3			3	4	
2	3			3	4	
2	2			2	4	
(A) 3	3		4	7	6	(A) Y compris les Zouaves et les Spahis. 2e Sem. 1842, p. 245 et 521 du 2e Sem. même ann.
3	4		4	8	6	(B) Pour avoir droit aux rations de fourrages qui leur sont allouées au lieu de l'indemnité représentative dont ils jouissaient précédemment, les officiers comptables des corps de troupes à cheval (y compris ceux des régimens d'artillerie) seront rigoureusement tenus de justifier, selon la règle commune, de l'existence de leurs chevaux.
3	5		4	9	6	
3	4		4	8	6	
3	4		4	8	6	
2	2		1	3	4	
(A) 2	3		1	4	4	
2	3		1	4	4	
						Selon leur grade effectif.
2	1			1	4	
2	2		1	3	4	
2	1			1	4	
2	3			3	4	
2	3			3	4	
2	1			1	4	3e Sem. 1842, p. 245.
2	1			1	4	
2	2			2	4	

17.

DÉSIGNATION DES ARMES ET DES GRADES.	NOMBRE DE		
	SUR LE PIED DE PAIX.		
	Vivres.	Four-rages.	Chauf-fage.
Capitaines — d'infanterie	. . . .	. . . .	. . .
du génie, du régiment de pontonniers et des compagnies d'ouvriers.	. . . .	. . .	. . . .
de cavalerie, artillerie et trains.	. . . .	2	. . .
Lieutenans et sous-lieutenans — d'infanterie	. . . .	. . .	. . .
du génie, du régiment de pontonniers et des compagnies d'ouvriers.	. . . .	. . . .	. . . .
de cavalerie, artillerie et trains.	. . .	1	. . .
Bataillons de chasseurs à pied et bataill. d'ouvriers d'administration. — Chef de bataillon.	. . . .	. . . .	. . . .
Capitaine	. . . .	. . . .	. . . .
Lieutenant et sous-lieutenant	. . . .	. . . .	. . . .
Sous-officiers, fourriers, caporaux-tambours, caporaux-sapeurs, brigadiers-trompettes, maîtres ouvriers, musiciens-gagistes. . .	1	. . . .	2
Caporaux, brigadiers, soldats, enfans de troupe	1	. . . .	1
Vétérinaires. — principal..	. . . .	. . . .	. . . .
En premier.	. . . .	. . . .	. . . .
Aides et sous-aides.	. . . .	. . . .	. . . .
Garde nationale en activité.	. . . .	. . . .	. . . .
Gendarmerie..	. . . .	. . . .	. . . .
SERVICE DE SANTÉ.			
Médecin, chirurgien ou pharmacien principal	. . . .	. . . .	. . . .
Chirurgien-major des corps de troupes à pied	. . . .	. . . .	. . . .
Chirurgien-major des corps de troupes à cheval. — Cavalerie . . . . Artillerie. Trains.	. . . .	1	. . . .
Chirurgien aide-major des corps de troupes à pied.	. . . .	. . . .	. . . .
Chirurgien aide-major des corps de troupes à cheval. — Cavalerie . . . . Artillerie. Trains.	. . . .	1	. . . .
Médecin ordinaire, chirurgien ou pharmacien-major attachés aux hôpitaux et aux ambulances.	. . . .	. . . .	. . . .
Médecin-adjoint, chirurgien et pharmacien aides et sous-aides attachés aux hôpitaux et aux ambulances.	. . . .	. . . .	. . . .

RATIONS PAR JOUR ET PAR GRADE, SUR LE PIED DE GUERRE.

Vivres.	Chevaux de selle.	Chevaux de trait.	Chevaux ou mulets de bât.	TOTAL.	Chauffage.	OBSERVATIONS.
2					4	
2	3			3	4	Sur le pied de guerre, les officiers d'infanterie âgés de plus de 50 ans ont droit à une ration de fourrages.
2	3			3	4	
1 1/2					4	
2	2			2	4	
2	2			2	4	
2	3		1	3	4	
2					4	
1 1/2					4	
1					2	
1					1	
2	2				4	
2	1				4	1er Sém. 1843, p. 86.
					2	
						Comme l'infanterie.
						En campagne comme les troupes à cheval.
2	2		2	4	4	
2	1		2	3	4	
2	1		2	3	4	
2	1			1	4	
2	1			1	4	
2	1		2	3	4	
2				1	4	

DÉSIGNATION DES ARMES ET DES GRADES.	NOMBRE DE		
	SUR LE PIED DE PAIX.		
	Vivres.	Four- rages.	Chauf- fage.
ADMINISTRATIONS MILITAIRES.			
Payeur général	. . .	. . .	. . .
Payeur principal, divisionnaire, chef de comptabilité, directeur en chef des postes	. . .	. . .	. . .
Payeur adjoint et caissier du payeur général	. . .	. . .	. . .
Officier d'administration principal des hôpitaux, des subsistances, de l'habillement et du campement, inspecteur et directeur particulier des postes, directeur des équipages du trésor, traducteur de l'imprimerie	. . .	. . .	. . .
Services des hôpitaux, des subsistances, de l'habillement et du campement. Officier d'administration comptable	. . .	. . .	. . .
Adjudant d'administration en premier et en second	. . .	. . .	. . .
Chef de parc, chef de brigade, contrôleurs, caissiers et employés des postes de 1re classe, sous-directeur des équipages du trésor			
Sous-chef de parc, agent principal comptable et garde d'artillerie, garde principal et ordinaire du génie, conducteur en chef et ordinaire d'artillerie, conducteur en chef principal et particulier des équipages du trésor	. . .	. . .	. . .
Employés attachés aux états-majors, aux intendans, sous-intendans militaires et adjoints à l'intendance	. . .	. . .	. . .
Vaguemestres	. . .	. . .	. . .
Infirmiers militaires de tous grades, conducteurs de mulets de bât, garçons de bureau, de caisse, vaguemestre et postillon du trésor	. . .	. . .	. . .

Les rations de fourrages portées au présent tarif ne sont dues qu'autant que les officiers ont
Si ce nombre est inférieur, les rations ne doivent être allouées qu'en raison de l'effectif.
Des tarifs spéciaux déterminent, lorsqu'il y a lieu, les diverses prestations en nature à allouer

RATIONS PAR JOUR ET PAR GRADE, SUR LE PIED DE GUERRE.						OBSERVATIONS.
Vivres.	Fourrages.			TOTAL.	Chauffage.	
	Chevaux de selle.	Chevaux de trait.	Chevaux ou mulets de bât.			
6	4	4	3	11	8	
3	3	2	2	7	6	
2	2	. . . .	1	3	4	
2	2	. . . .	. . . .	2	4	
2	1	. . . .	. . . .	1	4	
1 1/2	1	. . . .	. . . .	1	4	
1	1	. . . .	. . . .	1	2	
1	. . . .	. . . .	. . . .	. . . .	1	
. . . .	. . . .	. . . .	. . . .	. . . .	. . . .	Selon leur grade.
1	. . . .	. . . .	. . . .	. . . .	1	Les infirmiers militaires n'ont pas droit aux rations de vivres lorsqu'ils sont nourris dans les hôpitaux.

le nombre de chevaux qui leur est attribué.

aux corps d'occupation.

N° 55 *bis*. *TARIF de la Solde et des Vivres alloués aux prisonniers arabes détenus en France et en Algérie.*

DÉSIGNATION DES CLASSES.	Solde journalière.	RATIONS JOURNALIÈRES.				Vêtements.	OBSERVAT.
		Pain à 750 gr.	Riz à 60 gr.	Sel à 1/60°.	Bois à 800 gr.		
	fr. c.						Les femmes auront droit aux mêmes allocations que les hommes de la classe à laquelle elles appartiennent.
1re classe.	0 50	1	1	1	2	1	
2e classe..	0 25	1	1	1	1	1	
3e id. { domestiques.	0 15	1	1	1	1	1	
{ enfants de 3 à 10 ans.. .	0 15	1/2	1/2	1/2	1/2	1	
Enfants au-dessous de 2 ans. . .	»	»	»	»	»	1	

La première classe comprend les chefs et personnages influents sous le rapport politique, militaire ou religieux.

La 2e classe, les individus de moindre importance, les serviteurs composant la maison des prisonniers de 1re classe, et les enfants de 10 à 15 ans.

La 3e classe, les enfants de 2 à 10 ans.

———

Une double ration de chauffage est accordée en sus de la ration journalière pour chaque malade traité à l'infirmerie. Lorsqu'il est distribué du couscoussou, la ration de riz est supprimée.

Les prisonniers en France, mis en liberté, reçoivent à l'exclusion de toute allocation en nature, et jusqu'au jour exclu de leur embarquement pour l'Algérie, une indemnité journalière, fixée à 2 fr. pour la 1re classe, 1 fr. 50 c pour la 2e, et 1 fr. pour la 3e.

(*Décision ministérielle du 31 octobre 1843.*)

GRADES.	FIXATION DE L'INDEMNITÉ						OBSERVATIONS.
	DE LOGEMENT,			D'AMEUBLEMENT,			
	par an.	par mois.	par jour.	par an.	par mois.	par jour.	
	fr.	fr. c. m.	fr. c. m.	fr.	fr.	fr. c. m.	1° L'indemnité de logement est due aux officiers et aux employés militaires désignés au présent tarif, lorsqu'ils ne sont point logés en nature, et ne sont ni campés ni baraqués.
Officiers de toutes armes.							Ceux à qui il est fourni des logements non meublés ou qui sont campés ou baraqués ont droit seulement à l'indemnité d'ameublement.
Colonel	960	80 00 0	2 66 6	300	25	0 83 3	
Lieutenant-colonel	840	70 00 0	2 33 3	. 00	25	0 83 3	2° Les officiers et employés militaires conservent pendant la durée des expéditions auxquelles ils prennent part, l'indemnité de logement ou d'ameublement dont ils jouissaient au moment de leur départ. La même règle est applicable à ceux qui sont chargés d'une mission temporaire en Algérie ou qui font mouvement dans l'intérieur de la colonie ou d'un point de la côte sur un autre.
Chef de bataillon ou d'escadron et major	720	60 00 0	2 00 0	300	25	0 83 3	
Capitaine	420	35 00 0	1 16 6	180	15	0 50 0	
Lieutenant et sous-lieutenant	300	25 00 0	0 83 3	180	15	0 50 0	
Fonctionnaires de l'intendance militaire.							3° Les officiers et employés militaires arrivant de France pour faire partie de l'armée d'Algérie ont droit à l'indemnité de logement du jour de leur débarquement, s'ils ne sont pas logés en nature, soit qu'ils restent dans la place, ou qu'ils soient dirigés sur un autre point. Dans ce dernier cas, l'indemnité est allouée sans interruption jusqu'à l'arrivée à destination. Il en est de même pour les officiers et employés militaires rentrant de congé.
Sous-intendant militaire { de 1ʳᵉ classe	960	80 00 0	2 66 6	300	25	0 83 3	
{ de 2ᵉ classe	840	70 00 0	2 33 3	300	25	0 83 3	
Adjoint { de 1ʳᵉ classe	720	60 00 0	2 00 0	300	25	0 83 3	
{ de 2ᵉ classe	420	35 00 0	1 16 6	180	15	0 50 0	
Officiers de santé.							4° Les officiers et employés militaires qui vont en congé, sont mis en disponibilité, en réforme, en non-activité ou admis à la retraite, conservent l'indemnité de logement ou d'ameublement dont ils jouissaient jusqu'à l'expiration de la quinzaine pendant laquelle a lieu leur embarquement ou la cessation de leurs fonctions, s'ils restent en Algérie. Sont traités d'après le même principe, les officiers et employés militaires qui entrent aux hôpitaux ou sont mis en jugement.
Médecin, chirurgien ou pharmacien principal	720	60 00 0	2 00 0	300	25	0 83 3	
Médecin ordinaire, chirurgien ou pharmacien-major	420	35 00 0	1 16 6	180	15	0 50 0	
Médecin adjoint, chirurgien ou pharmacien aide-major et chirurgien sous-aide-major	300	25 00 0	0 83 3	180	15	0 50 0	
Officiers d'administration.							5° Les officiers et employés militaires qui, étant logés à leurs frais, sont admis dans un bâtiment militaire durant le cours d'une quinzaine, conservent l'indemnité de logement jusqu'à l'expiration de cette quinzaine.
Officier d'administration principal	720	60 00 0	2 00 0	300	25	0 83 3	
Officier d'administration comptable	420	35 00 0	1 16 6	180	15	0 50 0	
Adjudant d'administration	300	25 00 0	0 83 3	180	15	0 50 0	
Vétérinaires.							6° Les officiers et employés militaires qui obtiennent des congés avec solde de présence, pour aller prendre les eaux dans des établissements militaires ou civils et qui n'y sont pas traités aux frais de l'Etat, ont droit à l'indemnité de logement sur le pied fixé par le tarif du 5 déc. 1840, pour le temps effectif de leur séjour dûment constaté dans ces établissements.
Vétérinaire principal	420	35 00 0	1 16 6	180	15	0 50 0	
Vétérinaire en 1ᵉʳ	300	25 00 0	0 83 3	180	15	0 50 0	
Employés militaires.							7° Outre l'indemnité personnelle, les trésoriers, les officiers payeurs et les officiers d'habillement ont droit, pour emplacement ou pour ameublement de bureau, aux indemnités déterminées par le tarif précité.
Commis principal de l'intendance militaire	400	33 33 3	1 11 1	180	15	0 50 0	
Agent principal comptable de l'artillerie.							
Gardes de l'artillerie, du génie et des équipages.							
Maître et chef artificier.							8° Pour les cas qui ne seraient pas prévus dans les observations ci-dessus, on se conformera à l'ordonnance du 25 déc. 1837.
Contrôleur et réviseur d'armes.	300	25 00 0	0 83 3	180	15	0 59 0	
Chef et sous-chef d'ouvriers d'état.							
Commis entretenus de toute classe de l'intendance militaire.							
Ouvrier d'état	168	14 00 0	0 46 6	84	7	0 23 3	
Portier consigne	144	12 00 0	0 40 0	»	»	»	

TABLE DES TARIFS.

FIN DE LA TABLE DES TARIFS.

ANNEXES.

Gendarmerie départementale et Gendarmerie mobile.

Garde républicaine.

Sapeurs-Pompiers.

Tarif de la solde, des hautes payes, indemnités

OFFI...

GRADES.	SOLDE de présence, par an.	par mois.	par jour.	SOLDE D'ABSENCE, par jour, en congé.	à l'hôpital ou aux eaux.	en détention.	en captivité.	Indemnité pour les services extraordinaires par jour dans l'intérieur ou aux armées.
	fr.	fr. c. m.	fr. c. m.	fr. c. m.	fr. c. m.	fr. c. m.	fr. c. m.	fr. c.
Colonel, chef de la 1re légion.	7,000	658 33 33	21 94 44	10 97 22	18 94 44	10 97 22	9 02 77	5 00
Chefs des autres légions départementales. — Colonel.	6,500	511 66 66	18 05 55	9 02 77	15 05 55	9 02 77	9 02 77	5 00
Lieutenant-colonel.	6,000	500 00 00	16 66 66	8 33 33	13 66 66	8 33 33	8 33 33	5 00
Chef de la légion de gendarmerie d'Afrique. — Colonel.	7,500	625 00 00	20 83 33	9 02 77	15 05 55	9 02 77	9 02 77	»
Lieutenant-colonel.	7,000	583 33 33	19 44 44	8 33 33	13 66 66	8 33 33	8 33 33	»
COMPAGNIE DE LA SEINE.								
Chef d'escadron, commandant.	5,530	460 83 33	15 36 11	7 68 05	12 26 11	7 68 05	6 25 00	4 00
Capitaine, commandant de lieutenance.	3,300	275 00 00	9 16 66	4 58 33	7 16 66	4 58 33	3 75 00	3 00
Capitaine-trésorier.	3,300	275 00 00	9 16 66	4 58 33	7 16 66	4 58 33	3 75 00	3 00
Lieutenant et sous-lieutenant.	2,600	216 66 66	7 22 22	3 61 11	5 72 22	3 61 11	2 77 77	2 50
Chirurgien aide-major.	2,600	216 66 66	7 22 22	3 61 11	5 72 22	3 61 11	2 77 77	2 50
COMPAGNIES DES AUTRES DÉPARTEMENTS.								
Commandans de compagnies. — Chef d'escadron.	4,500	375 00 00	12 50 00	6 25 00	9 50 00	6 25 00	6 25 00	4 00
Capitaine.	3,000	250 00 00	8 33 33	4 16 66	6 33 33	4 16 66	4 16 66	3 00
Commandant de lieutenance. — Capitaine.	2,700	225 00 00	7 50 00	3 75 00	5 50 00	3 75 00	3 75 00	3 00
Lieutenants et sous-lieutenants.	2,000	166 66 66	5 55 55	2 77 77	4 05 55	2 77 77	2 77 77	2 50
Trésorier. — Capitaine.	2,700	225 00 00	7 50 00	3 75 00	5 50 00	3 75 00	3 75 00	3 00
Lieutenants et sous-lieutenants.	2,000	166 66 66	5 55 55	2 77 77	4 05 55	2 77 77	2 77 77	2 50
LÉGION DE GENDARMERIE D'AFRIQUE (6).								
Chef d'escadron.	5,500	460 83 33	15 36 11	6 25 00	9 50 00	6 25 00	6 25 00	»
Capitaine commandant.	3,600	300 00 00	10 00 00	4 16 66	6 33 33	4 16 66	4 16 66	»
Capitaine-trésorier.	3,300	275 00 00	9 16 66	3 75 00	5 50 00	3 75 00	3 75 00	»
Lieutenant et sous-lieutenant.	2,600	216 66 66	7 22 22	2 77 77	4 05 55	2 77 77	2 77 77	»

(1) L'indemnité pour la revue annuelle des chefs de la légion, en Corse, est de 400 francs.

(2) Le chef d'escadron commandant la compagnie de la Seine, et le capitaine commandant la première section de la lieutenance supplémentaires.

(3) Les lieutenants et sous-lieutenants de la compagnie de la Seine, logés hors Paris, reçoivent la même indemnité d'ameu-

(4) Les capitaines-trésoriers qui étaient en possession du grade et des fonctions le 30 avril 1841 continueront à recevoir deux

(5) Les journées donnant droit, aux officiers, à l'abonnement de fourrages, sont décomptées dans les revues d'après les prix brigades. La différence de dépense qui en résulte en plus ou en moins, est prise sur le fonds de réserve des fourrages ou profite

(6) Les fixations du présent tarif sont applicables aux militaires de la légion de gendarmerie d'Afrique, depuis le jour de leur

Les suppléments de solde accordés, à quelque titre que ce soit aux troupes de l'armée d'Algérie, ne sont pas dus à la légion de employés en Algérie.

t abonnements de la Gendarmerie.

ERS.

Nota. Ce tarif modifie ceux annexés, 1° au règlement du 21 nov. 1823 et à l'ordonnance du 25 juill. 1839 *pour la gendarmerie départementale ; 2° et à l'ordonnance du 31 août 1839, pour la légion de gendarmerie d'Afrique.*
Ordonnance du 30 avril 1841, et circulaire du 20 mai 1841, *Journal militaire*, p. 279.

INDEMNITÉ pour revues et tournées. (1).	Indemnité pour frais de bureau. (2).	INDEMNITÉ de logement aux officiers non logés dans les bâtiments publics ou casernes de gendarmerie,			INDEMNITÉ d'ameublement aux officiers (3) logés dans les bâtiments publics ou casernes de gendarmerie,			ABONNEMENT de remonte aux lieutenants et sous-lieutenants,			ABONNEMENT de fourrages.		OBSERVATIONS.
		par an.	par mois.	par jour.	par an.	par mois.	par jour.	par an.	par mois.	par jour.	Nombre de rations journalières allouées à chaque grade (4).	Prix de chaque ration (5).	
fr.	fr.	fr.	fr.	fr. c. m.	fr.	fr. c. m.	fr. c. m.	fr.	fr. c. m.	fr. c. m.			
200 par départ parcouru.	»	1,440	120	4 00 00	480	40 00 00	1 33 33	»	»	»	3	»	
Idem.	»	960	80	2 66 66	320	26 66 66	0 88 88	»	»	»	3	»	
Idem.	»	960	80	2 66 66	280	23 33 33	0 77 77	»	»	»	3	»	
»	»	»	»	»	320	26 66 66	0 88 88	»	»	»	4	»	
»	»	»	»	»	280	23 33 33	0 77 77	»	»	»	4	»	
150 par an. tournée.	600	1,080	90	3 00 00	360	30 00 00	1 00 00	»	»	»	2	»	
50 par an. tournée.	600	510	45	1 50 00	270	22 50 00	0 75 00	»	»	»	1	»	
»	300 par an.	540	45	1 50 00	270	22 50 00	0 75 00	»	»	»	1	»	
50 tournée.	»	360	30	1 00 00	180	15 00 00	0 50 00	130	10 83 33	0 36 11	1	»	
»	»	360	30	1 00 00	180	15 00 00	0 50 00	130	10 83 33	0 36 11	1	»	
150 tournée.	»	720	60	2 00 00	240	20 00 00	0 66 66	»	»	»	2	»	
Idem.	»	360	30	1 00 00	180	15 00 00	0 50 00	»	»	»	2	»	
50 tournée.	»	360	30	1 00 00	180	15 00 00	0 50 00	»	»	»	1	»	
Idem.	»	240	20	0 66 66	120	10 00 00	0 33 33	130	10 83 33	0 36 11	1	»	
»	300 par an.	360	30	1 00 00	180	15 00 00	0 50 00	»	»	»	1	»	
»	Idem.	360	30	1 00 00	180	15 00 00	0 50 00	»	»	»	1	»	
»	»	»	»	»	240	20 00 00	0 66 66	»	»	»	3	»	
»	»	»	»	»	180	15 00 00	0 50 00	»	»	»	2	»	
»	200 par an.	»	»	»	180	15 00 00	0 50 00	»	»	»	1	»	
»	»	»	»	»	120	10 00 00	0 33 33	130	10 83 33	0 36 11	2	»	

...Paris, reçoivent une indemnité annuelle de 600 francs, à titre de frais de bureau et de tournée, pour la direction des brigades
...nent que ceux des compagnies des autres départements.
...ons de fourrages.
...muns déterminés tous les ans pour chaque compagnie ; mais ils ne reçoivent que le prix moyen de répartition entre les
... fonds. Les militaires de la légion de gendarmerie d'Afrique reçoivent les fourrages des magasins de l'armée.
...arquement en Algérie, jusqu'à celui de leur embarquement pour rentrer en France.
...darmerie d'Afrique. Les rations de vivres sont allouées pour tous les grades, sur le même pied que pour les corps de cavalerie

SOUS-OFFICIERS, BRIGA[...]

GRADES.	SOLDE DE PRÉSENCE (1) y compris la portion pour la masse individuelle de compagnie — par an.	par mois.	par jour.	SOLDE D'ABSENCE, par jour — en congé.	à l'hôpital ou aux eaux.	en détention.	en captivité.	HAUTES PAYES pour ancienneté, par jour — après 7 ans.	après 11 ans.
GENDARMERIE.									
Compagnie de la Seine.	fr.	fr. c. m.	fr. c. m.	fr. c. m.	fr. c. m.	fr. c. m.	fr. c. m.	fr. c. m.	fr. c. m.
Troupe à cheval — Adjudant sous-officier	1,500	125 00 00	4 16 66	2 08 33	2 08 33	2 08 33	2 08 33	0 15 00	0 20 00
Maréchal des logis	1,460	121 66 66	4 05 55	2 02 77	2 02 77	2 02 77	1 52 77	0 15 00	0 20 00
Brigadier	1,360	113 33 33	3 77 77	1 88 88	1 88 88	1 88 88	1 38 88	0 12 00	0 15 00
Gendarmes et trompettes	1,000	83 33 33	2 77 77	1 38 88	1 38 88	1 38 88	1 04 16	0 12 00	0 15 00
Troupe à pied — Maréchal des logis	1,010	84 16 66	2 80 55	1 40 27	1 40 27	1 40 27	1 11 11	0 15 00	0 20 00
Brigadier	910	75 83 33	2 52 77	1 26 38	1 26 38	1 26 38	0 97 22	0 12 00	0 15 00
Gendarme	770	64 16 66	2 13 88	1 06 94	1 06 94	1 06 94	0 83 33	0 12 00	0 15 00
Compagnies des autres départemens.									
Troupe à cheval — Maréchal des logis	1,100	91 66 66	3 05 55	1 52 77	1 52 77	1 52 77	1 52 77	0 15 00	0 25 00
Brigadiers	1,000	83 33 33	2 77 77	1 38 88	1 38 88	1 38 88	1 38 88	0 12 00	0 15 00
Gendarme et trompette	750	62 50 00	2 08 33	1 04 16	1 04 16	1 04 16	1 04 16	0 12 00	0 15 00
Troupe à pied — Maréchal des logis	800	66 66 66	2 22 22	1 11 11	1 11 11	1 11 11	1 11 11	0 15 00	0 20 00
Brigadier	700	58 33 33	1 94 41	0 97 22	0 97 22	0 97 22	0 97 22	0 12 00	0 15 00
Gendarme	600	50 00 00	1 66 66	0 83 33	0 83 33	0 83 33	0 83 33	0 12 00	0 15 00
Légion de gendarmerie d'Afrique									
Troupe à cheval — Maréchal des logis chef adjoint au trésorier	1,400	116 66 66	3 88 88	1 66 66	1 66 66	1 66 66	1 66 66	0 15 00	0 20 00
Maréchal des logis	1,265	105 41 66	3 51 38	1 52 77	1 52 77	1 52 77	1 52 77	0 15 00	0 20 00
Brigadier	1,165	97 08 33	3 23 61	1 38 88	1 38 88	1 38 88	1 38 88	0 12 00	0 15 00
Gendarme	935	77 91 66	2 59 72	1 04 16	1 04 16	1 04 16	1 04 16	0 12 00	0 15 00
Troupe à pied — Maréchal des logis	900	75 00 00	2 50 00	1 11 11	1 11 11	1 11 11	1 11 11	0 15 00	0 20 00
Brigadier	800	66 66 66	2 22 22	0 97 22	0 97 22	0 97 22	0 97 22	0 12 00	0 15 00
Gendarme	700	58 33 33	1 94 44	0 83 33	0 83 33	0 83 33	0 83 33	0 12 00	0 15 00
Bataillon de voltigeurs corses.									
Petit état-major — Adjudant sous-officier	1,000	83 33 33	2 77 77	1 38 88	1 38 88	1 38 88	1 38 88	»	»
Caporal clairon	650	54 16 66	1 80 55	0 90 27	0 90 27	0 90 27	0 90 27	»	»
Maîtres — Armurier	750	62 50 00	2 08 3	1 04 16	1 04 16	1 04 16	1 04 16	»	»
Maîtres — Tailleur	550	45 83 33	1 52 77	0 76 38	0 76 38	0 76 38	0 76 38	»	»
Maîtres — Cordonnier	550	45 83 33	1 52 77	0 76 38	0 76 38	0 76 38	0 76 38	»	»
Compagnies — Sergent-major	850	70 83 33	2 36 11	1 18 05	1 18 05	1 18 05	1 18 05	»	»
Sergent	750	62 50 00	2 08 33	1 04 16	1 04 16	1 04 16	1 04 16	»	»
Fourrier — Sergent	750	62 50 00	2 08 33	1 04 16	1 04 16	1 04 16	1 04 16	»	»
Fourrier — Caporal	650	54 16 66	1 80 55	0 90 27	0 90 27	0 90 27	0 90 27	»	»
Caporal	6.0	54 16 66	1 80 55	0 90 27	0 90 27	0 90 27	0 90 27	»	»
Voltigeur ou clairon	550	45 83 33	1 52 77	0 76 38	0 76 38	0 76 38	0 76 38	»	»

DIERS ET GENDARMES.

(2) services.	INDEMNITÉS de service extraordinaire et de découcher, par journée,		ABONNEMENT d'entretien, de remonte et de secours payable par journée de solde de présence ou d'absence.					Premières mises d'habillement aux nouveaux admis.	Abonnement de fourrages (3).
après 15 ans.	dans l'intérieur.	aux armées.	Fonds de secours et dépenses administratives.	Fonds d'entretien et de remonte.	par an.	par mois.	par jour.		
fr. c. m.	fr. c. m.	fr. c. m.	fr. c. m.	fr. c. m.	fr. c. m.	fr. c. m.	fr. c. m.	fr. c.	
0 25 00	0 70 00	0 90 00							
0 25 00	0 70 00	0 90 00	15 00 00	20 00 00	35 00 00	2 91 66	0 09 7222	300 00	»
0 20 00	0 60 00	0 80 00							
0 20 00	0 50 00	0 70 00							
0 25 00	0 60 00	0 70 00							
0 20 00	0 50 00	0 60 00	15 00 00	10 00 00	25 00 00	2 08 33	0 06 9444	150 00	»
0 20 00	0 40 00	0 50 00							
0 25 00	0 70 00	0 90 00							
0 20 00	0 60 00	0 80 00	15 00 00	20 00 00	35 00 00	2 91 66	0 09 7222	300 00	»
0 20 00	0 50 00	0 70 00							
0 25 00	0 60 00	0 70 00							
0 20 00	0 50 00	0 60 00	15 00 00	10 00 00	25 00 00	2 08 33	0 06 9444	150 00	»
0 20 00	0 40 00	0 50 00							
0 25 00	»	»							
0 25 00	»	»							
0 20 00	»	»	15 00 00	20 00 00	35 00 00	2 91 66	0 09 7222	300 00	»
0 20 00	»	»							
0 25 00	»	»							
0 20 00	»	»	15 00 00	10 00 00	25 00 00	2 08 33	0 06 9444	150 00	»
0 20 00	»	»							
»	»	»							
»	»	»							
»	»	»							
»	»	»							
»	»	»	15 00 00	»	15 00 00	1 25 00	0 04 1666	150 00	»
»	»	»							
»	»	»							
»	»	»							
»	»	»							

OBSERVATIONS.

(1) La solde des sous-officiers et gendarmes est calculée et payable par mois, à raison de la douzième partie de la fixation annuelle ; et par jour, à raison de la trois cent soixantième partie.

(2) Contrairement à ce qui est pratiqué pour la solde, les hautes payes sont dues, pour chaque journée de présence ou d'absence, à raison de trois cent soixante-cinq jours pour l'année entière.

(3) Les journées des sous-officiers, brigadiers et gendarmes, donnant droit à l'abonnement des fourrages sont décomptées, dans les revues, d'après les prix communs déterminés tous les ans pour chaque compagnie ; mais ces militaires ne reçoivent que le prix de répartition alloué à leurs brigades respectives. La différence de dépense qui en résulte en plus ou en moins, est prise sur le fonds de réserve de fourrages ou profite à ce fonds. Les militaires de la légion de gendarmerie d'Afrique reçoivent les fourrages des magasins de l'armée.

—

Les maréchaux des logis, qui sont nommés adjoints aux trésoriers, reçoivent une indemnité de 300 fr. par an, à titre de frais de bureau. Cette indemnité est fixée à 200 fr. pour le maréchal des logis chef, adjoint au trésorier de la légion de gendarmerie d'Afrique.

TARIF de la Solde, des Indemnités et [*texte coupé au bord de la page*]

GRADES.	SOLDE DE PRÉSENCE — HORS PARIS			SOLDE DE PRÉSENCE — DANS PARIS			SOL... En congé ou en détention	À l'hôpital
	Par an. (fr.)	Par mois. (fr. c. m.)	Par jour. (fr. c. m.)	Par an. (fr. c.)	Par mois. (fr. c. m.)	Par jour. (fr. c. m.)	(fr. c. m.)	(f. c.)
ÉTAT MAJOR.								
Chef d'escadron	4,500	375 » »	12 50 »	5,530 »	460 83 33	15 36 11	6 25 »	9 50
Capitaine adjudant-major	3,000	250 » »	8 33 33	3,600 »	300 » »	10 » »	4 16 66	6 35
Lieutenant ou sous-lieutenant trésorier	2,360 (A)	196 66 66	6 55 55	2,960 (A) »	246 66 66	8 22 22	3 27 77	5 05
Chirurgien aide-major de 1re classe	2,050	170 83 33	5 69 44	2,733 33	227 77 77	7 59 25	2 84 72	4 15
PETIT ÉTAT-MAJOR.								
Adjudant sous-officier	1,200	100 » »	3 33 33	1,450 »	120 83 33	4 02 77	1 66 66	1 8[illegible]
Maréchal des logis adjoint au trésorier	800	66 66 66	2 22 22	1,010 »	84 16 66	2 80 55	1 11 11	1 1[illegible]
Brigadier secrétaire du trésorier	700	58 33 33	1 94 44	910 »	75 83 33	2 52 77	97 22	97[illegible]
Brigadier-tambour	700	58 33 33	1 94 44	910 »	75 83 33	2 52 77	97 22	97[illegible]
COMPAGNIES.								
Capitaines	3,000	250 » »	8 33 33	3,600 »	300 » »	10 » »	4 16 66	6 3[illegible]
Lieutenants et sous-lieutenants	2,000	166 66 66	5 55 55	2,600 »	216 66 66	7 22 22	2 77 77	4 0[illegible]
Maréchaux des logis chefs	950	79 16 66	2 63 88	1,160 »	96 66 66	3 22 22	1 31 94	1 3[illegible]
Maréchaux des logis	800	66 66 66	2 22 22	1,010 »	84 16 66	2 80 55	1 11 11	1 1[illegible]
Maréchaux des logis fourriers	800	66 66 66	2 22 22	1,010 »	84 16 66	2 80 55	1 11 11	1 1[illegible]
Brigadiers	700	58 33 33	1 94 44	910 »	75 83 33	2 52 77	97 22	[illegible]
Gendarmes	600	50 » »	1 66 66	770 »	64 16 66	2 13 88	83 33	[illegible]
Tambours	600	50 » »	1 66 66	770 »	64 16 66	2 13 88	83 33	[illegible]

(A) La solde du trésorier est augmentée de 360 francs en raison des fonctions spéciales qu'il exerce.
(B) Les indemnités de logement et d'ameublement sont augmentées de moitié en sus pour les officiers désignés au... ci-dessus lorsqu'ils sont employés à Paris (intrà muros).

Indemnité pour frais de représentation (1).

	par an. (fr.)	par mois. (fr. c. m.)	par [jour]. (fr.)
Chef d'escadron commandant les 1er et 2e bataillons mobiles	800	66 66 66	2 [...]
Chef de la 17e légion de gendarmerie, commandant supérieur du bataillon de la Corse	500	41 66 66	1 [...]

(1) Décision du Président de la République du 19 mars 1851, *Journal militaire*, 1er sem., p. 139.

Abonnements de la Gendarmerie mobile.

Solde — étant en congé (m.)	Solde — En captivité (f. c. m.)	Indemnité pour frais de bureau (fr.)	Haute-paye — Après 7 ans (1 chevron) (c.)	Haute-paye — Après 11 ans (2 chevrons) (c.)	Haute-paye — Après 15 ans (3 chevrons) (c.)	Indemnité de logement aux officiers non logés dans les casernes (B) — Par an (fr.)	— Par mois (fr.)	— Par jour (f. c. m)	Indemnité d'ameublement aux officiers logés dans les casernes (B) — Par an (fr.)	— Par mois (fr.)	— Par jour (c. m.)	Indemnité de service extraordinaire par jour — Dans l'intérieur (f. c.)	— Aux armées (f. c.)	Abonnement d'entretien et de secours de la troupe — Par an (fr.)	— Par mois (f. c. m.)	— Par jour (c. m.)	Rations de fourrages allouées à chaque grade	Première mise d'habillement aux nouveaux admis (fr.)
»	6 25 »	»	»	»	»	720	60	2 » »	240	20	66 66	4 »	4 »	»	»	»	2	»
66	4 16 66	»	»	»	»	360	30	1 » »	180	15	50 »	3 »	3 »	»	»	»	1	»
77	3 27 77	300	»	»	»	360	30	1 » »	180	15	50 »	2 50	2 50	»	»	»	»	»
72	2 84 72	»	»	»	»	240	20	» 66 66	120	10	33 33	2 50	2 50	»	»	»	»	»
66	1 66 66	(1) 60	15	20	25	»	»	»	»	»	»	70	80	25	2 08 33	6 94,44	»	»
11	1 11 11	300	15	20	25	»	»	»	»	»	»	60	70	25	2 08 33	6 94,44	»	»
22	97 22	»	12	15	20	»	»	»	»	»	»	50	60	25	2 08 33	6 94,44	»	»
22	97 22	»	12	15	20	»	»	»	»	»	»	50	60	25	2 08 33	6 94,44	»	»
66	4 16 66	»	»	»	»	360	30	1 » »	180	15	50 »	3 »	3 »	»	»	»	1	»
77	2 77 77	»	»	»	»	240	20	» 66 66	120	10	33 33	2 50	2 50	»	»	»	»	»
94	1 31 94	(1) 60	15	20	25	»	»	»	»	»	»	60	70	25	2 08 33	6 94,44	»	»
11	1 11 11	»	15	20	25	»	»	»	»	»	»	60	70	25	2 08 33	6 94,44	»	»
11	1 11 11	»	15	20	25	»	»	»	»	»	»	60	70	25	2 08 33	6 94,44	»	»
22	97 22	»	12	15	20	»	»	»	»	»	»	50	60	25	2 08 33	6 94,44	»	»
33	83 33	»	12	15	20	»	»	»	»	»	»	40	50	25	2 08 33	6 94,44	»	150
33	83 33	»	12	15	20	»	»	»	»	»	»	40	50	25	2 08 33	6 94,44	»	150

Indemnité spéciale, dite de baguettes (1).

	par an. (fr.)	par mois. (fr. c. m.)	par jour. (fr. c. m.)
...diers-tambours	60	5 00 00	0 16 66
...ours	50	4 16 66	0 13 88

Indemnité aux vaguemestres.

...officier chargé des fonctions de vaguemestre	»	»	0 50 00

TARIF de la Solde, des Accessoires de la Solde, des

OFFI[CIERS]

GRADES.	SOLDE DE PRÉSENCE			SOLDE D'ABSENCE.			
	par an.	par mois.	par jour.	en congé ou en détention.	à l'hôpital ou aux eaux.	à l'hôpital étant en congé.	en capti-vité.
	fr. c.	fr. c. m.	fr. c. m.	fr. c. m.	fr. c. m.	fr. c. m.	fr. c. m.
Etat-major — Colonel	7800 00	658 33 33	21 94 44	10 97 22	18 94 44	7 97 22	9 02 77
Lieutenant-colonel	7000 00	583 33 33	19 44 44	9 72 22	16 44 44	6 72 22	8 33 33
Chef d'escadron	5530 00	460 83 33	15 36 11	7 68 05	12 36 11	4 68 05	6 25 00
Major	5530 00	460 83 33	15 36 11	7 68 05	12 36 11	4 68 05	6 25 00
Capne adj.-maj. de caval.	4000 00	333 33 33	11 11 11	5 55 55	9 11 11	3 55 55	4 66 66
Id. d'infanterie.	3800 00	316 66 66	10 55 55	5 27 77	8 55 55	3 27 77	4 31 16
Lieutenant d'habillement.	2700 00	225 00 00	7 50 00	3 75 00	5 50 00	2 25 00	2 80 55
Trésorier (emploi civil).	6000 00	500 00 00	16 66 66	8 33 33	14 66 66	6 33 33	6 66 66
Chirurgien 1re classe.	3750 00	312 50 00	10 41 66	5 20 83	8 41 66	3 20 83	4 16 66
major... 2e classe.	3125 00	260 41 66	8 68 05	4 34 02	6 68 05	2 34 02	3 47 22
Chirurgien 1re classe.	2733 33	227 77 77	7 59 25	3 79 62	6 09 25	2 29 62	2 84 72
aide-maj. 2e classe.	2466 66	205 55 55	6 85 18	3 42 59	5 35 18	1 92 59	2 56 94
Vétérinaire en premier.	2250 00	187 50 00	6 25 00	3 12 50	4 75 00	1 62 50	2 50 00
Compagnies d'infanterie — Capitaine	3800 00	316 66 66	10 55 55	5 27 77	8 55 55	3 27 77	4 31 16
Lieutenant et sous-lieuten.	2700 00	225 00 00	7 50 00	3 75 00	5 50 00	2 25 00	2 80 55
Escadrons de cavalerie — Capitaine	4000 00	333 33 33	11 11 11	5 55 55	9 11 11	3 55 55	4 66 66
Lieutenant et sous-lieuten.	2900 00	241 66 66	8 05 55	4 02 77	6 55 55	2 52 77	3 16 66

SOUS-OFFICIERS

GRADES.	SOLDE DE PRÉSENCE.			SOLDE D'ABSENCE.			
	par an.	par mois.	par jour.	En congé ou en détention.	à l'hôpital ou aux eaux.	à l'hôpital vénérien.	en capti-vité.
	fr.	fr. c. m.	fr. c. m.	fr. c. m.	fr. c. m.	fr. c. m.	fr. c. m.
Petit état-major — Adjudant sous-offic. d'inf.	1500	125 00 00	4 16 66	2 08 33	2 08 33	1 38 88	1 58 33
Id. de caval.	1800	150 00 00	5 00 00	2 50 00	2 50 00	1 66 66	1 90 00
Brigadier trompette	1360	113 33 33	3 77 77	1 88 88	1 88 88	1 25 92	1 35 86
Brigadier tambour	1000	83 33 33	2 77 77	1 38 88	1 38 88	0 92 59	1 04 16
Maître armurier	1250	104 16 66	3 47 22	1 73 61	1 73 61	1 15 74	1 30 20
Maître sellier	1000	83 33 33	2 77 77	1 38 88	1 38 88	0 92 59	1 04 16
Compagnies d'infanterie — Maréchal des logis chef	1400	116 66 66	3 88 88	1 94 44	1 94 44	1 29 62	1 44 44
Maréchal des logis	1250	104 16 66	3 47 22	1 73 61	1 73 61	1 15 74	1 30 20
Maréch. des log. fourrier	1250	104 16 66	3 47 22	1 73 61	1 73 61	1 15 74	1 30 20
Brigadier	1000	83 33 33	2 77 77	1 38 88	1 38 88	0 92 59	1 04 16
Garde	770	64 16 66	2 13 88	1 06 94	1 06 94	0 71 29	0 83 33
Tambour	770	64 16 66	2 13 88	1 06 94	1 06 94	0 71 29	0 83 33
Escadrons de cavalerie — Maréchal des logis chef	1450 (A)	120 83 33	4 02 77	2 01 38	2 01 38	1 34 25	1 51 38
Maréchal des logis	1550	129 16 66	4 30 55	2 15 27	2 15 27	1 43 55	1 65 22
Maréch. des log. fourrier	1300 (B)	108 33 33	3 61 11	1 80 55	1 80 55	1 20 37	1 35 5[illegible]
Brigadier	1360	113 33 33	3 77 77	1 88 88	1 88 88	1 25 92	1 38 8[illegible]
Garde	1000	83 33 33	2 77 77	1 38 88	1 38 88	0 92 59	1 04 16
Trompette	1000	83 33 33	2 77 77	1 38 88	1 38 88	0 92 59	1 04 16

Indemnités et Abonnements de la Garde républicaine.

OFFICIERS. (Approuvé le 4 août 1849.)

Indemnité de représentation pour frais (fr.)	Indemnité de bureau (fr.)	Indemnité de logement aux offic. non logés dans les bâtiments milit. — par an (fr.)	par mois (fr.)	par jour (fr.)	Indemnité d'ameublement aux officiers logés dans les bâtiments militaires. — par an (fr.)	par mois (fr. c.)	par jour (fr. c. m.)	Abonnement de remonte aux lieutenants et sous-lieutenants, et vétérinaires. — par an (fr)	par mois (fr. c. m.)	par jour (c. m.)	Fourrages. Nombre de rations par jour.	OBSERVATIONS.
400	»	1440	120	4 00	480	40 00	1 33 33	»	»	»	3	
»	»	1260	105	3 50	420	35 00	1 16 66	»	»	»	3	
»	»	1080	90	3 00	360	30 00	1 00 00	»	»	»	2	
»	500	1080	90	3 00	360	30 00	1 00 00	»	»	»	1	
»	»	540	45	1 50	270	22 50	0 75 00	»	»	»	1	
»	»	540	45	1 50	270	22 50	0 75 00	»	»	»	1	
»	300	360	30	1 00	180	15 00	0 50 00	»	»	»	0	
»	1500	540	45	1 50	270	22 50	0 75 00	»	»	»	0	
»	»	540	45	1 50	270	22 50	0 75 00	»	»	»	1	
»	»	540	45	1 50	270	22 50	0 75 00	»	»	»	0	
»	»	360	30	1 00	180	15 00	0 50 00	»	»	»	0	
»	»	360	30	1 00	180	15 00	0 50 00	»	»	»	1	
»	»	360	30	1 00	180	15 00	0 50 00	130	10 83 33	36 11	1	
»	»	540	45	1 50	270	22 50	0 75 00	»	»	»	0	
»	»	360	30	1 00	180	15 00	0 50 00	»	»	»	1	
»	»	540	45	1 50	270	22 50	0 75 00	»	»	»	0	
»	»	360	30	1 00	180	15 00	0 50 00	130	10 83 33	36 11	1	

BRIGADIERS ET GARDES.

Haute paye journalière pour ancienneté de services. — Après ... ans (1 chevron) (c.)	Après 11 ans (2 chevrons) (c.)	Après 15 ans (3 chevrons) (c.)	Indemnité pour frais de bureau. (fr.)	Indemnité spéciale pour les tambours et les trompettes. (fr.)	Abonnement d'entretien, de remonte et de secours payable par journée de solde de présence ou d'absence. — Fonds de secours et dépenses administ. (fr.)	Fonds d'entretien et de remonte. (fr.)	Total de l'abonnement d'entretien, de remonte et de secours — l'ar an (fr.)	l'ar mois (f. c. m.)	l'ar jour (c. m.)	Première mise d'habillem. aux nouveaux admis. (1)	Fourrages. Nombre de rations par jour.	OBSERVATIONS.
15	20	25	60	00	15	10	25	2 08 33	6 9444	»	0	(1) L'indemnité de première mise d'habillement est fixée ainsi qu'il suit : Cavalerie.. 300 f. Infanterie.. 150
15	20	25	60	00	15	20	35	2 91 66	9 7222	»	1	
12	15	20	00	60	15	20	35	2 91 66	9 7222	»	1	
12	15	20	00	60	15	10	25	2 08 33	6 9144	»	0	
15	20	25	00	00	15	10	25	2 08 33	6 9444	»	0	
12	15	20	00	00	15	10	25	2 08 33	6 9444	»	0	(A et B) Le maréchal des logis chef et le maréchal des logis fourrier de cavalerie qui ne sont pas montés, reçoivent la solde d'infanterie augmentée de 50 fr. à cause de la différence de leur tenue.
15	20	25	60	00	15	10	25	2 08 33	6 9144	»	0	
15	20	25	00	00	15	10	25	2 08 33	6 9144	»	0	
12	15	20	00	00	15	10	25	2 08 33	6 9144	»	0	
12	15	20	00	00	15	10	25	2 08 33	6 9144	»	0	
15	20	25	60	00	15	10	25	2 08 33	6 9444	»	0	
15	20	25	00	00	15	20	35	2 91 66	9 7222	»	1	
15	20	25	00	00	15	10	25	2 08 33	6 9444	»	0	
12	15	20	00	00	15	20	35	2 91 66	9 7222	»	1	
12	15	20	00	00	15	20	35	2 91 66	9 7222	»	1	
12	15	20	00	50	15	20	35	2 91 66	9 7222	»	1	

TARIF de la Solde et des Indemnités allouées au

EFFECTIF.	DÉSIGNATION DES GRADES.	CHEVAUX.	SOLDE par an, y compris la retenue de 2 p 100. (A)	INDEMNITÉ représentative de fourrages. (B)	MASSE individuelle, à 0.35 par jour et par sous-officier, caporal et sapeur. (C)	dépense annuelle pour solde et masse individuelle. (D)
	OFFICIERS.		fr. c.	fr. c.	fr. c.	fr. c.
1	Chef de bataillon commandant..	2	6000 00	547 50	»	6547 50
1	Capitaine ingénieur.	1	4000 00	547 50	»	4547 50
1	Capitaine adjudant-major.	1	3500 00	547 50	»	4047 50
3	Capitaines de 1re classe.	»	3500 00	»	»	3500 00
2	—— 2e classe.	»	3200 00	»	»	3200 00
3	Lieutenants de 1re classe.	»	2400 00	»	»	2400 00
2	—— 2e classe.	»	2200 00	»	»	2200 00
5	Sous-lieutenants.	»	2000 00	»	»	2000 00
1	Sous-lieutenant chargé de l'habillement..	»	2000 00	»	»	2000 00
1	Trésorier.	»	4000 00	»	»	4000 00
1	Chirurgien-major.	1	3750 00	547 50	»	4297 50
	—— aide-major.	»	2733 33	»	»	2733 33
	SECTION HORS RANG.					
2	Adjudants sous-officiers.	»	1613 30	»	127 75	1741 05
1	Sergent-major garde magasin.	»	992 80	»	127 75	1120 55
1	Sergent, 1er secrétaire du trésorier. . .	»	664 30	»	127 75	792 05
1	Sapeur, 2e id. id.	»	368 65	»	127 75	496 40
1	Caporal, secrétaire du commandant. . .	»	478 15	»	127 75	605 90
1	Caporal-clairon..	»	478 15	»	127 75	605 90
	COMPAGNIES.					
5	Sergents-majors.	»	992 80	»	127 75	1120 55
25	Sergents.	»	664 30	»	127 75	792 05
5	Fourriers.	»	664 30	»	127 75	792 05
90	Caporaux de 1re classe.	»	478 15	»	127 75	605 90
90	—— de 2e id.	»	405 15	»	127 75	532 90
190	Sapeurs de 1re id.	»	368 65	»	127 75	496 40
370	—— de 2e id.	»	332 15	»	127 75	459 90
15	Clairons.	»	386 90	»	127 75	514 65
819		5				

bataillon de Sapeurs-Pompiers de la ville de Paris.

(27 avril 1850.)

SOLDE PAR JOUR			TOTAL de la dépense pour le complet dans chaque grade.	OBSERVATIONS.
proprement dite compris les 2 p. 100 de retenue. D	en congé, en détention ou en jugement, demi-solde. E	à l'hôpital.		
fr. c. m.	fr. c. m.	fr. c. m.	fr. c.	
16 66 6	8 33 3	13 66 6	6547 50	
11 11 1	5 55 5	9 11 1	4547 50	
9 72 2	4 86 1	7 72 2	4047 50	
9 72 2	4 86 1	7 72 2	10500 00	
8 88 8	4 44 4	6 88 8	6400 00	
6 66 6	3 33 3	5 16 6	7200 00	
6 11 1	3 05 5	4 61 1	4400 00	
5 55 5	2 77 7	4 30 5	10000 00	
5 55 5	2 77 7	4 30 5	2000 00	
11 11 1	5 55 5	9 11 1	4000 00	
10 41 6	5 20 8	8 41 6	4297 50	
7 59 2	3 79 6	6 09 2	2733 33	
4 42 0	2 05 0	1 00 0	3482 10	
2 72 0	1 20 0	»	1120 55	
1 82 0	0 75 0	»	792 05	
1 01 0	0 37 5	»	496 40	
1 31 0	0 52 5	»	605 90	
1 31 0	0 52 5	»	605 90	
2 72 0	1 20 0	»	5602 75	
1 82 0	0 75 0	»	19804 25	
1 82 0	0 75 0	»	3960 25	
1 31 0	0 52 5	»	54534 00	
1 11 0	0 42 5	»	47964 00	
1 01 0	0 37 5	»	94316 00	
0 91 0	0 32 5	»	170163 00	
1 06 0	0 40 0	0 10 0	7719 75	
			477831 23	

OBSERVATIONS.

La solde comprend :

A L'ancienne masse de boulangerie qui est de 20 c. par jour pour les sous-officiers, caporaux et sapeurs présents, et celle de chauffage, est de 0,12 c. par journée de présence pour les sous-officiers, est de 0,06 c. par journée pour les caporaux et sapeurs.

B Les rations de fourrages sont décomptées, par approximation à raison de 1 fr. 50 c. l'une.

C Cette masse a pour objet de pourvoir à l'achat, à l'entretien et au renouvellement des effets d'habillement, de grand et petit équipement.

D La solde des officiers est passible de la retenue de 2 p. 100 au profit du trésor, la solde du trésorier est passible d'une retenue de 5 p. 100, au profit de la caisse des pensions des employés civils de la ville de Paris.

E Déduction faite de 32 centimes à la solde des sous-officiers et de 26 centimes à celle des caporaux et sapeurs, pour valeur représentative des rations de pain et de chauffage.

FRAIS DE BUREAU.

Chef de bataillon. . . 800 fr.
Capitaine-ingénieur. . . 300
Capitaine adjudant-major. 230
Trésorier. . . . . . 2600 { Recevra en outre une première mise de 400 fr.
Officier d'habillement. . 230

Total. . . 4160

PREMIÈRE MISE D'ÉQUIPEMENT.

Les sous-officiers, promus sous-lieutenants, ont droit à une indemnité de première mise d'équipement, fixée à 550 fr.

Nota. Le complet de la masse des sous-officiers, caporaux et sapeurs-pompiers, est fixée à 80 f.

Le sous-intendant militaire chargé de la police administrative du corps, reçoit une indemnité annuelle de 1000 fr., à titre de frais de bureau.

9 782329 314006